职业教育新能源汽车类专业
新形态一体化教材

新能源汽车
混合动力系统检修

主　编　张　华　吕丕华　章　菊
副主编　许智达　张晓龙　李敬福
参　编　谢剑和　王　建　冯文武

中德诺浩（北京）
教育科技股份有限公司　组编

中国教育出版传媒集团
高等教育出版社·北京

内容简介

本书是职业教育新能源汽车类专业新形态一体化教材。

本书根据新能源汽车企业一线典型工作任务进行编写，通过各类任务的学习和实际操作使学习者掌握混合动力汽车动力系统主要传感器以及各系统的结构组成、工作原理、故障原因分析及检修方法等知识，并具备独立完成混合动力汽车动力系统常见故障检测、维修、部件更换等各项工作的职业技能。

本书共分 3 个学习情境，15 个学习任务，主要内容包括：混动系统传感器检修、混动系统发动机检修、混动系统综合故障检修。

本书重点 / 难点的知识点 / 技能点，配有动画、微课等丰富的数字化资源，视频类资源可通过扫描书中二维码在线观看，学习者也可登录智慧职教（www.icve.com.cn）搜索课程“新能源汽车混合动力系统检修”进行在线学习。

本书可作为职业院校新能源汽车类专业的教学用书，也可供新能源汽车相关从业人员和社会人士学习参考。授课教师如需本书配套的教学课件等资源或是有其他需求，可发送邮件至 gzjx@pub.hep.cn 获取。

图书在版编目（CIP）数据

新能源汽车混合动力系统检修 / 张华，吕丕华，章菊主编；中德诺浩（北京）教育科技股份有限公司组编 . --北京：高等教育出版社，2024.9

ISBN 978-7-04-059599-4

Ⅰ. ①新… Ⅱ. ①张… ②吕… ③章… ④中… Ⅲ. ①新能源-汽车-动力系统-检修 Ⅳ. ①U469.7

中国国家版本馆 CIP 数据核字（2023）第 007550 号

XINNENGYUAN QICHE HUNHE DONGLI XITONG JIANXIU

策划编辑 姚 远　责任编辑 姚 远　封面设计 赵 阳　版式设计 杜微言
责任绘图 于 博　责任校对 王 雨　责任印制 刘弘远

出版发行 高等教育出版社
社　　址 北京市西城区德外大街 4 号
邮政编码 100120
印　　刷 涿州汇美亿浓印刷有限公司
开　　本 787mm × 1092mm 1/16
印　　张 16.5
字　　数 320 千字
购书热线 010-58581118
咨询电话 400-810-0598

网　　址 http://www.hep.edu.cn
　　　　 http://www.hep.com.cn
网上订购 http://www.hepmall.com.cn
　　　　 http://www.hepmall.com
　　　　 http://www.hepmall.cn
版　　次 2024年 9 月第 1 版
印　　次 2024年 9 月第 1 次印刷
定　　价 45.00 元

物 料 号 59599-00

前　言

汽车产业是我国国民经济支柱产业。我国汽车销量连续多年位居全球第一，在以电动化、智能化为主要技术特征的新能源汽车领域，我国连续9年位列全球新能源汽车销量榜首，汽车工业已成为我国经济发展的强劲动力。

党的二十大报告指出，“建设现代化产业体系，坚持把发展经济的着力点放在实体经济上，推进新型工业化”“实施科教兴国战略，强化现代化建设人才支撑”。发展新能源汽车对全面建成社会主义现代化强国具有重要意义。与之相对应，汽车行业对于相关的复合型技术技能性人才的需求越来越紧迫。

根据中共中央、国务院《关于加强新时代高技能人才队伍建设的意见》要求和工信部《新能源汽车产业发展规划（2021—2035年）》中“加快建立适应新能源汽车与相关产业融合发展需要的人才培养机制”的愿景，为贯彻落实国家职业教育大会精神，为我国汽车产业提供有力人才和技能支撑，本书编者团队以岗位职业技能为核心，把优化课程结构、加强实践教学、突出能力培养和提高教材质量作为突破口，编写了这套职业教育新能源汽车类专业新形态一体化教材。

本书及系列丛书融入企业新知识、新技术、新工艺、新方法，制订汽车产业链典型岗位工作标准，将新能源汽车理论知识与实践应用有机结合，综合培养学生的专业知识、技术技能、职业道德等职业综合素质和行动能力，具有以下特点：

1）产教融合，内容前瞻。集合职业院校与龙头企业等多方力量，依据职业教育国家专业教学标准，按照生产实际和岗位需求，将新技术、新工艺、新规范、典型生产案例纳入教材内容，对接职业标准和岗位（群）能力要求。

2）理实结合，工学一体。以真实生产项目、典型工作任务等为载体，把握学生认知特点，体现先进职业教育理念，将工作过程和学习过程融为一体，培养学生综合职业能力。

3）模式先进，编排合理。采取行动导向教学模式，结构化、模块化、系统化精心编排教材内容，满足项目学习、案例学习、模块化学习等不同学习方式的需求。

4）形态创新，数字引领。采用工作手册式教材形式，图、文、表并茂，“岗课赛证”融通，所配套数字资源形式多样、信息技术应用充分、内容丰富，封面附专属二维码方便使用者浏览和学习，有效激发学生学习兴趣和创新潜能。

5）融入思政，坚持导向。内容编写坚持正确的政治方向和价值导向，落实课程思政要求，弘扬劳动光荣、技能宝贵、创造伟大的时代风尚，培育劳模精神、劳动精神、工匠精神。

6）活页设计，制作精良。满足理论教学、实训等多种教学场景，采用活页形式方便使用。全书采用双色印刷，版面清晰，主题明确。

本书由河北科技工程职业技术大学张华、中德诺浩（北京）教育科技股份有限公司吕丕华、湖北汽车工业学院章菊担任主编，中德诺浩（北京）教育科技股份有限公司许智达、黑龙江农业职业技术学院张晓龙、山东理工职业学院李敬福担任副主编，江西应用技术职业学院谢剑和、王建、芜湖高级职业技术学校冯文武也参与了本教材编写。此外，本书在编写过程中还得到了行业、企业、职业院校的产、学、研各方面的专家、技术骨干的帮助和支持，在此致以诚挚的谢意。

本书及系列丛书可作为职业院校新能源汽车类专业核心教材，也可作为其他汽车类专业的核心课教材和拓展类教材使用，同时还可供从事汽车研究、设计、制造、使用和维修的工程技术人员学习和参考。

新能源汽车技术是新能源、新材料和互联网、大数据、人工智能等多种变革性技术的深度融合，整个行业还在不断地创新探索技术和服务工作的内容和模式，加之编写团队水平有限，使本书在一些具体问题的处理上难免有不尽如人意之处，敬请广大读者批评指正！

编者

2023年12月

目录

情境一
混动系统传感器检修

1

一、情境介绍

混合动力系统(简称混动系统)是新能源汽车动力结构中的重要形式;在配备混动系统的车辆中,混动系统的性能直接关系到车辆的行驶能力、驾驶感受和能源效率。混动系统实现电子控制和高精度运行,必须依赖传感器的反馈信号,本情境针对混动系统主要传感器进行规范的检修,包括位置传感器检修、空气流量传感器检修、氧传感器检修 3 个任务。

主要的学习内容有氧传感器的检查、氧传感器的测量、空燃比传感器的检测、D 型空气流量传感器的检修、L 型空气流量传感系统的检修、曲轴位置传感器的检修、凸轮轴位置传感器的检修等。

二、情境目标

◇ 能够参照维修手册的技术规范,选择正确的操作流程和检修要求,规范完成位置传感器的检修作业。

◇ 能够依据空气流量传感器的结构、原理,按照规范的操作流程,完成主要形式的空气流量传感器的拆装、测量、诊断作业。

◇ 能够根据位置传感器的结构、原理,规范完成曲轴位置传感器和凸轮轴位置传感器的检修、诊断作业。

任务一　位置传感器检修

一、任务导入

场景：某品牌新能源汽车售后维修中心。

人物：维修技师小袁、客户徐先生。

情节：徐先生的某品牌混合动力汽车在行驶约 33 500 km 时，车辆动力系统故障灯亮、发动机不能起动。经维修技师小袁初检后，判断故障可能出现在曲轴位置传感器或凸轮轴位置传感器相关设备中，需对曲轴位置传感器和凸轮轴位置传感器进行检测。

二、任务目标

◇ 能够根据曲轴位置传感器的结构原理，规范完成曲轴位置传感器的故障诊断与检修作业。

◇ 能够根据凸轮轴位置传感器的结构原理，规范完成凸轮轴位置传感器的故障诊断与检修作业。

三、任务实施

（一）曲轴位置传感器检修

1. 知识学习

（1）曲轴位置传感器的作用

曲轴位置传感器通过采集曲轴转角位置和发动机转速信号，检测活塞上止点信号，输入 ECU，从而确定点火提前角和喷油时间，其作用如表 1–1 所示。

表 1–1　曲轴位置传感器的作用

功用	具体描述
检测发动机转速信号	转速表，修正点火提前角，喷油提前角
检测上止点信号	根据判缸信号，判别其他缸的位置，配合凸轮轴位置传感器确认点火顺序
提供判缸信号	判别气缸位置

若曲轴位置传感器信号中断，会造成如下后果。

① 发动机不能起动。

② 发动机熄火。

③ 转速表不显示转速。

（2）曲轴位置传感器的安装位置

曲轴位置传感器一般安装在曲轴前端、分电器内或飞轮上。但曲轴位置传感器中的判缸信号一定安装在凸轮轴上或分电器内（奇数缸发动机可以安装在曲轴上）。曲轴位置传感器的安装位置如表 1–2 所示。

表 1–2　曲轴位置传感器的安装位置

安装位置	图　示
安装在曲轴前端	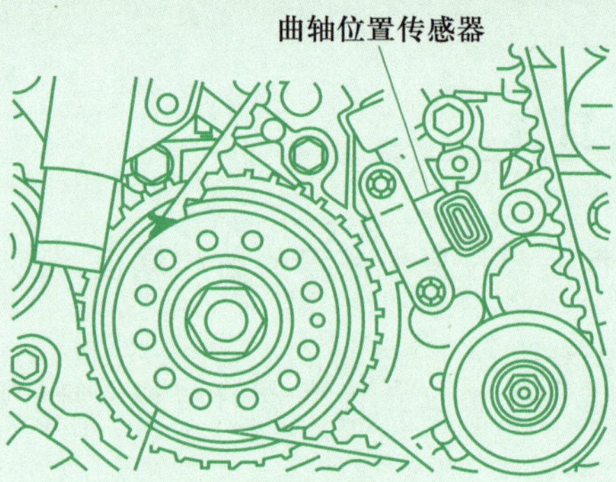
安装在分电器内	
安装在飞轮上	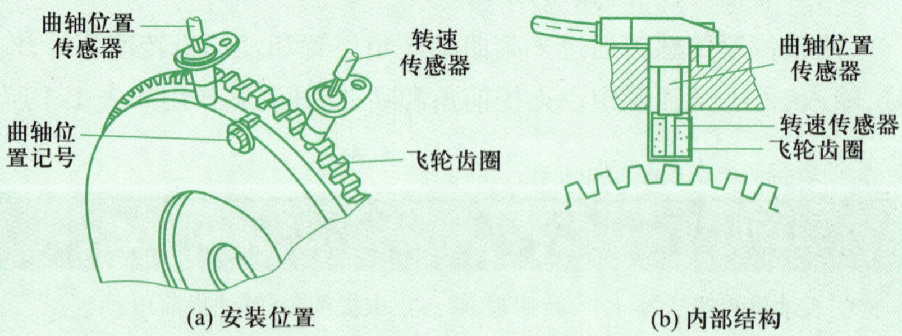(a) 安装位置　(b) 内部结构

（3）曲轴位置传感器的分类

曲轴位置传感器主要分为磁电感应式、霍尔效应式、光电式和巨磁式 4 种，其中以磁电感应式和霍尔效应式最为常见。除巨磁式外其余类型均为 3 个端子，巨磁式为

2 个端子，端子 1 和端子 2 之间电阻值应非常大，通常是若干兆欧，具体应查看维修手册。

无论是哪一种类型的曲轴位置传感器，具体产生发动机转速信号、曲轴转角信号还是判缸信号，都是由传感器的信号盘形状决定的。如果信号盘上只有一个齿或一个光孔，或者是霍尔效应式曲轴位置传感器只有一个窗口，这个信号盘所产生的信号一般为判缸信号，当然该信号盘还要满足安装在分电器内或凸轮轴上。如果信号盘上有许多相同的齿、光孔或窗口，这个信号盘产生的信号一般为发动机转速信号。

（4）磁电感应式曲轴位置传感器的工作原理

微课
曲轴位置传感器工作原理

磁电感应式曲轴位置传感器由线圈和磁铁组成，产生的信号是交流信号。磁力线穿过路径如图 1-1 所示，依次为永久磁铁 N 极、定子与转子间的气隙、转子凸齿、转子凸齿与定子磁头间的气隙、磁头、导磁板、永久磁铁 S 极。

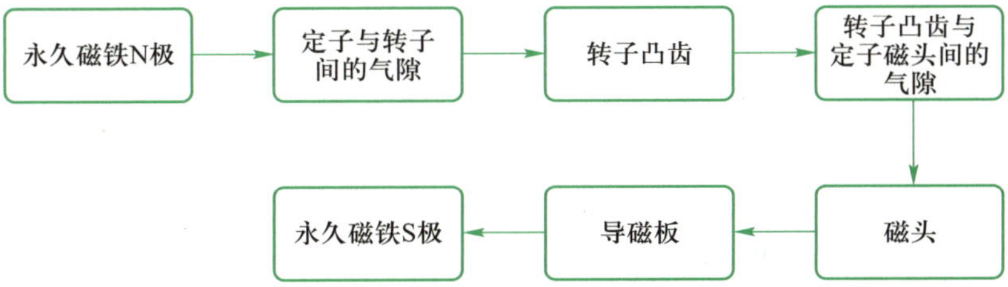

图 1-1　磁力线穿过路径

当信号转子旋转时，磁路中的气隙就会周期性地发生变化，磁路的磁阻和穿过信号线圈磁头的磁通量随之发生周期性变化。根据电磁感应原理，传感线圈中就会感应产生交变电动势。其原理及波形图如图 1-2 所示。

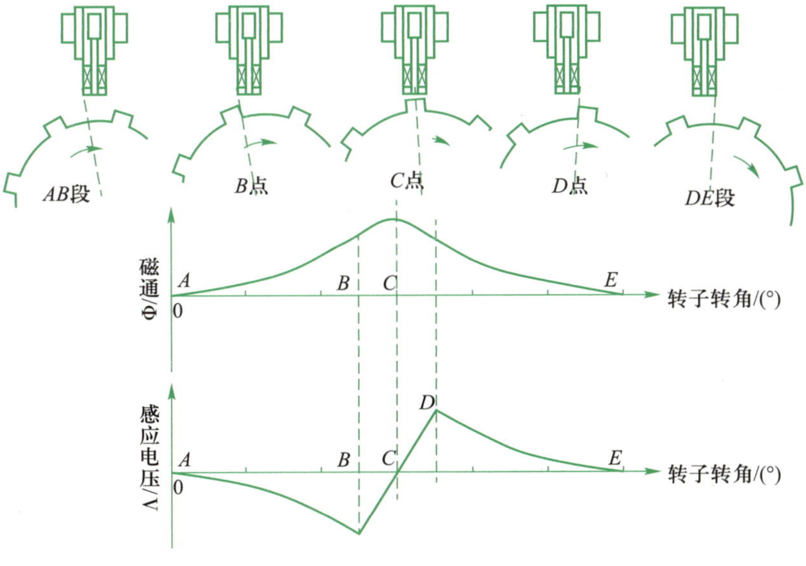

图 1-2　磁电感应式曲轴位置传感器的原理及波形图

正常情况下，波形的形状基本一致，在 0 V 电压的上下基本对称，每个峰值电压相差不多，波形频率随车速变化而变化，车速升高，波形频率增加，即波形变密。

（5）磁电感应式曲轴位置传感器的电气图

查阅相关手册，可知磁电感应式曲轴位置传感器的电气图如图 1–3 所示。

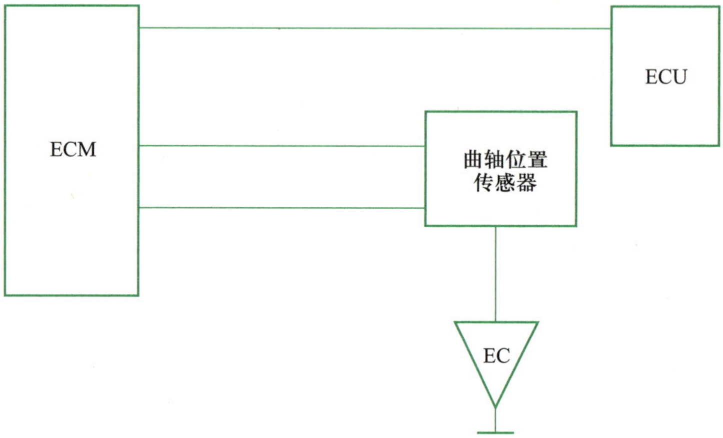

图 1–3　磁电感应式曲轴位置传感器的电气图

（6）曲轴位置传感器故障对发动机的影响

曲轴位置传感器故障主要有以下 3 种：无发动机转速信号或信号很弱；无上止点信号或信号很弱；无判缸信号或信号很弱。当出现故障时，对发动机的影响如图 1–4 所示。

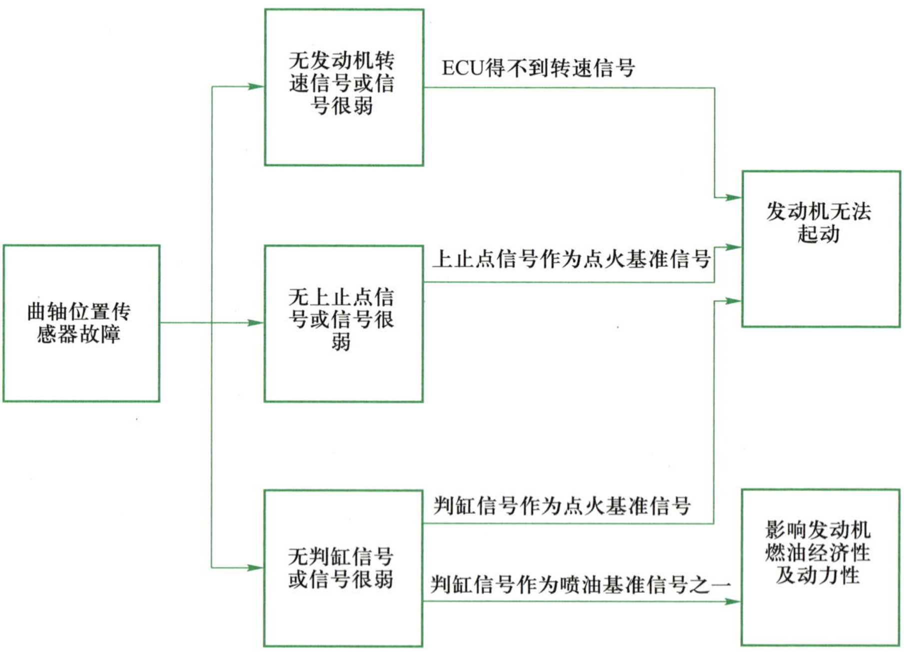

图 1–4　曲轴位置传感器故障对发动机的影响

① 无发动机转速信号或信号很弱。如果曲轴位置传感器故障导致无发动机转速信号或发动机转速信号很弱，那么 ECU 将无法确定曲轴所处的位置，而且不能准确地发出点火指令。由于 ECU 得不到发动机转速信号，因此发动机无法起动。

② 无上止点信号或信号很弱。如果曲轴位置传感器故障导致无上止点信号或上止点信号很弱，若上止点信号作为点火基准信号，则发动机将无法起动。

③ 无判缸信号或信号很弱。如果曲轴位置传感器故障导致无判缸信号或判缸信号很弱，对发动机的影响还要看判缸信号具体起什么作用。

如果判缸信号仅是喷油基准信号，而不是点火基准信号，那么发动机可以起动工作，故障现象不明显，但对发动机的燃油经济性和动力性都有一定影响。

（7）曲轴位置传感器故障检测流程

行驶中若突然熄火，再起动时没有任何起动征兆，应重点检查曲轴位置传感器信号是否丢失。

查阅相关手册，可知曲轴位置传感器一般从故障码分析、数据流分析、外观检测、ECU 和曲轴位置传感器线路检测等方面进行检测，如图 1–5 所示。

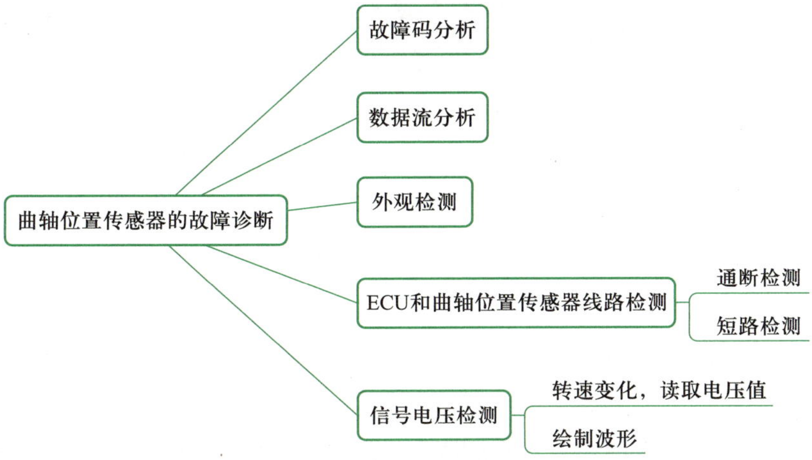

图 1–5　曲轴位置传感器故障检测流程

2. 技能操作

（1）操作准备

准备技能操作所需的物料，如表 1–3 所示。

表 1–3　物料准备

类别	所需物料
教学整车 / 实训平台	新能源教学整车
设备、仪器、工具	高压安全防护用品、绝缘工具、绝缘扭力扳手、诊断仪、万用表、刺线器、示波器

（2）故障码和数据流的检测

① 读取故障码。用诊断仪读取车辆故障码，将故障码填写在表 1–4 中，并根据故障码进行分析。

表 1–4 车辆故障码记录表

序号	故障码	故障码描述	是否正常	维修意见
1			是□ 否□	
2			是□ 否□	
3			是□ 否□	

② 读取数据流。从诊断仪上读取数据流，将数据流填写在表 1–5 中，并根据数据流进行分析。

表 1–5 数据流信息

序号	控制单元	名称	当前值 / 状态	标准值 / 状态	是否正常
1					是□ 否□
2					是□ 否□
3					是□ 否□

（3）外观检查

查阅相关手册，对曲轴位置传感器的外观进行检查，并记录在表 1–6 中。

表 1–6 外观检查

序号	项目	内容	操作记录	
1	检查安装状态	用非导磁厚薄规测量转子凸齿与磁头间的气隙	测量值：	正常□ 不正常□
2	检查异物	拆卸传感器检查磁头部位是否吸附有铁屑	有铁屑□ 无铁屑□	

（4）ECU 和曲轴位置传感器线路检测

① 通断检测。断开 ECU 连接器，断开曲轴位置传感器连接器，使用万用表电阻挡对 ECU 连接器与曲轴位置传感器连接器进行通断检测，并记录在表 1–7 中。

表 1-7　通断检测

序号	项目	内容	操作记录	
1	通断检测	ECU 连接器端子—曲轴位置传感器对应端子	端子 1 测量值：	正常□　不正常□
2			端子 2 测量值：	正常□　不正常□
3		曲轴位置传感器端子—车身搭铁	端子 1 测量值：	正常□　不正常□
4			端子 2 测量值：	正常□　不正常□

② 短路检测。使用万用表蜂鸣挡对 ECU 连接器与曲轴位置传感器连接器进行短路检测，并记录在表 1–8 中。

表 1-8　短路检测

序号	项目	内容	操作记录	
1	短路检测	ECU 连接器端子—曲轴位置传感器对应端子	端子 1 蜂鸣声：有□　无□	正常□　不正常□
2			端子 2 蜂鸣声：有□　无□	正常□　不正常□
3		曲轴位置传感器端子—车身搭铁	端子 1 蜂鸣声：有□　无□	正常□　不正常□
4			端子 2 蜂鸣声：有□　无□	正常□　不正常□

（5）信号电压波形检测

起动发动机，使用刺线器接线曲轴位置传感器线束插头 1 和 2 的两个端子，由低到高分 10 挡改变发动机转速，用万用表电压挡测量 10 组信号电压，记录在表 1–9 中，并测量波形，在图 1–6 中绘制波形图。

表 1-9　信号电压检测记录

序号	操作记录		序号	操作记录	
1	发动机转速 1：	电压值 1：	6	发动机转速 6：	电压值 6：
2	发动机转速 2：	电压值 2：	7	发动机转速 7：	电压值 7：
3	发动机转速 3：	电压值 3：	8	发动机转速 8：	电压值 8：
4	发动机转速 4：	电压值 4：	9	发动机转速 9：	电压值 9：
5	发动机转速 5：	电压值 5：	10	发动机转速 10：	电压值 10：

根据测量的信号电压值绘制信号电压波形图。

图 1–6 信号电压波形图

（二）凸轮轴位置传感器检修

1. 知识学习

（1）凸轮轴位置传感器的作用

凸轮轴位置传感器又称为气缸识别传感器，凸轮轴传感器的作用是通过采集凸轮轴的角度信号，并输入 ECU，以便 ECU 确定点火时刻和喷油时刻，是点火控制的主控信号。

凸轮轴位置传感器与曲轴位置传感器的相互关系如下。

① 当发动机起动时，ECU 需同时接收曲轴位置传感器信号和凸轮轴位置传感器信号后才可以按顺序控制点火。

② 当发动机运行时，若在发动机运行时拔掉凸轮轴位置传感器，发动机可能照常运转，也可能熄火（具体因车型的电子控制程式而异）。

③ 独立点火、顺序喷射的直列发动机既要安装曲轴位置传感器，又要安装凸轮轴位置传感器。

④ V 型发动机无论同时点火还是独立点火，无论分组喷射还是顺序喷射，都需要安装曲轴位置传感器和凸轮轴位置传感器。

（2）凸轮轴位置传感器的安装位置及分类

微课

霍尔效应式凸轮轴位置传感器工作原理

为了更好地提供凸轮轴的位置信息，凸轮轴位置传感器安装在凸轮轴同步运转的位置。对于有分电器的电控点火系统，凸轮轴位置传感器一般与曲轴位置传感器一起安装在分电器内；对于无分电器的电控点火系统，凸轮轴位置传感器一般安装在凸轮轴的一端或者安装在气门室罩盖上靠近凸轮轴的位置。

与曲轴位置传感器类似，凸轮轴位置传感器也分为磁电感应式、霍尔效应式、光电式。其中霍尔效应式最为常见，有时也将凸轮轴位置传感器称为霍尔效应式传感器。

（3）霍尔效应式凸轮轴位置传感器的工作原理

霍尔效应是电磁效应的一种，如图 1–7 所示，当电流垂直于外磁场通过半导体时，载流子发生偏转，垂直于电流和磁场的方向会产生一附加电场，从而在半导体的两端产生电动势差，这一现象就是霍尔效应，这个电动势差也被称为霍尔电动势差。霍尔效应使用左手定则判断。

利用霍尔效应制成的传感器称为霍尔效应式传感器，其有两个突出的优点：一是输出电压信号近似于方波信号；二是输出电压高低与被测物体的转速无关。霍尔效应式传感器与磁电感应式传感器最大的不同是需要外加电源。

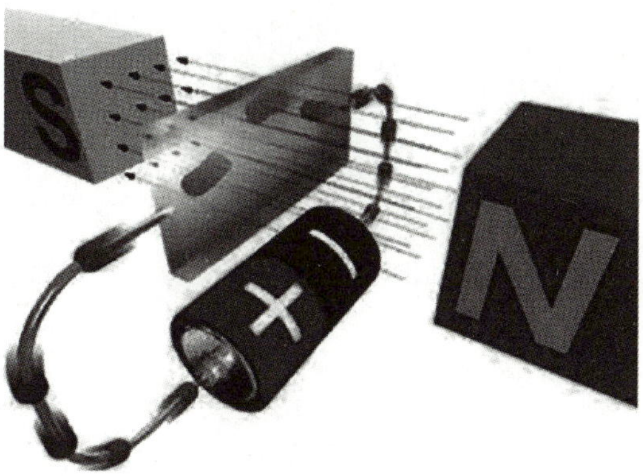

图 1–7　霍尔效应

霍尔效应式凸轮轴位置传感器由霍尔效应式传感器和脉冲环组成，如图 1–8 所示，脉冲环是一个半周环，通过环座安装在分电器轴上，随着分电器轴与曲轴同步旋转。当脉冲环的叶片进入霍尔效应式传感器时，凸轮轴位置传感器输出高电位；当脉冲环的叶片离开霍尔效应式传感器时，凸轮轴位置传感器输出低电位，分电器转

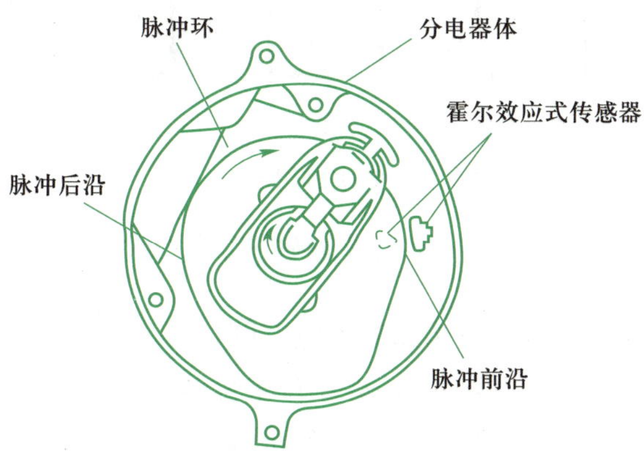

图 1–8　霍尔效应式凸轮轴位置传感器的结构

1 圈，高低电位各占 180°（相当于 360° 曲轴转角）。

如图 1–9 所示，霍尔效应式凸轮轴位置传感器利用霍尔效应通过切割磁场获取电压信号，在一缸压缩行程上止点前某一确定角度输出一个脉冲信号。ECU 将此信号作为计算曲轴位置的基准信号，并进一步计算出任意时刻曲轴所处位置的具体位置及其他各缸压缩行程上止点。

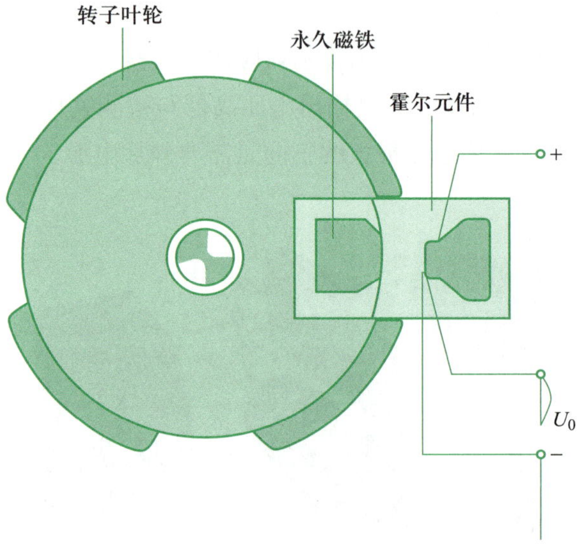

图 1–9　霍尔效应式凸轮轴位置传感器工作原理

霍尔效应式凸轮轴位置传感器的波形如图 1–10 所示，与曲轴位置传感器一样，凸轮轴位置传感器的频率也随转速的变化而变化。

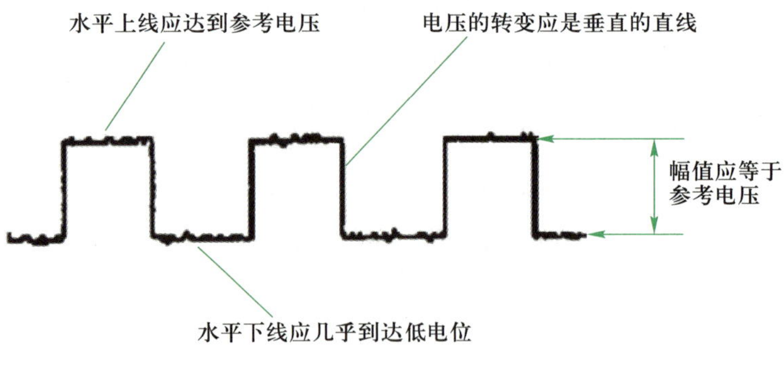

图 1–10　霍尔效应式凸轮轴位置传感器的波形图

（4）霍尔效应式凸轮轴位置传感器的电气图

查阅相关手册，可知霍尔效应式凸轮轴位置传感器的电气图如图 1–11 所示。

（5）凸轮轴位置传感器故障对发动机的影响

凸轮轴位置传感器如果出现故障，对发动机会产生如下影响。

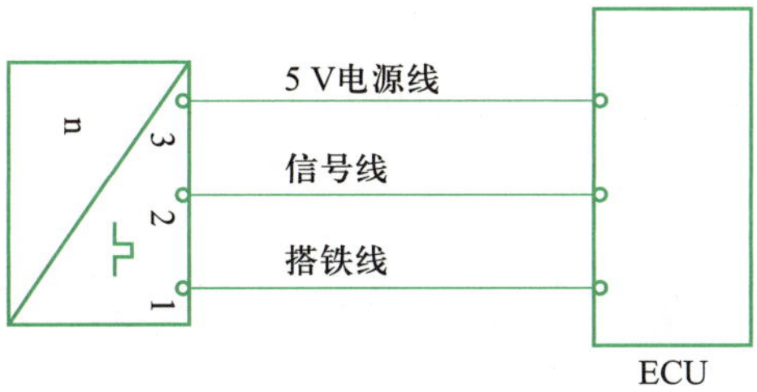

图 1–11　霍尔效应式凸轮轴位置传感器的电气图

① 发动机起动困难或无法起动。凸轮轴位置传感器可以判断点火顺序，若损坏，会引起起动困难，发动机难以起动。

② 发动机无力。凸轮轴位置传感器损坏后，ECU 无法接收到凸轮轴位置传感器的信号，即无法正确检测凸轮轴的位置变化，进而影响进气量和排气量，导致动力下降。

③ 油耗增加。凸轮轴位置传感器损坏后，ECU 无法准确喷油，造成油耗增加。

④ 怠速时突然熄火。凸轮轴位置传感器损坏，怠速时无法识别出第一次点火时刻，容易导致发动机突然熄火。

⑤ 容易发生爆震现象。

（6）凸轮轴位置传感器故障检测流程

查阅相关手册，可知凸轮轴位置传感器一般从故障码分析、数据流分析、电阻检测、电压检测、控制信号检测、接地通断检测、波形检测等方面进行检查，如图 1–12 所示。

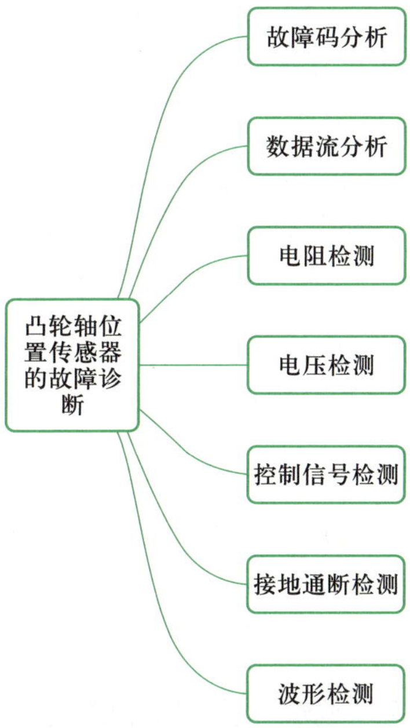

图 1–12　凸轮轴位置传感器故障检测流程

2. 技能操作

（1）操作准备

准备技能操作所需的物料，如表 1–10 所示。

表 1–10　物料准备

类别	所需物料
教学整车 / 实训平台	新能源教学整车
设备、仪器、工具	高压安全防护用品、绝缘工具、绝缘扭力扳手、诊断仪、万用表、发光二极管、示波器

（2）故障码检测

用诊断仪读取车辆故障码，将故障码填写在表 1–11 中，并根据故障码进行分析。

表 1–11　车辆故障码记录表

序号	故障码	故障码描述	是否正常	维修意见
1			是□　否□	
2			是□　否□	
3			是□　否□	

（3）数据流读取

从诊断仪上读取数据流，将数据流填写在表 1–12 中，并根据数据流进行分析。

表 1–12　数据流信息

序号	控制单元	名称	当前值 / 状态	标准值 / 状态	是否正常
1					是□　否□
2					是□　否□
3					是□　否□

（4）电阻检测

使用万用表电阻挡测量凸轮轴传感器搭铁线和通往 ECU 信号线间的电阻值，并记录在表 1–13 中。

表 1–13　电阻检测

项目	内容	操作记录	
电阻检测	搭铁线—信号线	测量值：	正常□　不正常□

（5）电压检测

使用万用表分别测量凸轮轴位置传感器 5 V 电源线和信号线端子与搭铁间的电压，并记录在表 1–14 中。

表 1–14　电压检测

序号	项目	内容	操作记录	
1	电压检测	5 V 电源线端子—搭铁	测量值：	正常□　不正常□
2		信号线端子—搭铁	测量值：	正常□　不正常□

（6）控制信号检测

关闭点火开关，拔下燃油泵熔丝，断开凸轮轴位置传感器插头，使用发光二极管连接传感器两端子，短暂起动发动机几秒（每次小于 5 s，间隔 1 min），观察发光二极管是否有闪亮，并记录在表 1–15 中。

表 1–15　控制信号检测

序号	项目	内容	操作记录
1	控制信号检测	第一次起动	发光二极管是否闪亮：　是□　否□
2		第二次起动	发光二极管是否闪亮：　是□　否□
3		第三次起动	发光二极管是否闪亮：　是□　否□

（7）通断检测

关闭点火开关，使用万用表蜂鸣挡测量凸轮轴位置传感器搭铁线端子与车身搭铁间的通断，并记录在表 1–16 中。

表 1–16　通断检测

项目	内容	操作记录	
通断检测	搭铁线端子—搭铁	测量值：	正常□　不正常□

（8）波形检查

发动机工作温度正常的情况下，连接高压线，起动，用示波器连接凸轮轴位置传感器，检查波形，并绘制在图 1–13 中。

图 1–13　凸轮轴位置传感器波形图

四、检查评估

对本任务的学习情况进行检查，并将相关内容填写在表 1–17 中。

表 1-17 检查表

检查项目	检查结果	结果点评
曲轴位置传感器的检测		
是否正确完成故障码读取作业	是□ 否□	
是否正确完成数据流读取作业	是□ 否□	
是否正确完成外观检测的作业	是□ 否□	
是否正确完成曲轴位置传感器通断检测作业	是□ 否□	
是否正确完成曲轴位置传感器短路检测作业	是□ 否□	
是否正确完成信号电压检测的作业	是□ 否□	
是否正确完成信号电压波形图绘制的作业	是□ 否□	
凸轮轴位置传感器的检测		
是否正确完成故障码读取作业	是□ 否□	
是否正确完成数据流读取作业	是□ 否□	
是否正确完成凸轮轴位置传感器电阻检测作业	是□ 否□	
是否正确完成凸轮轴位置传感器电压检测作业	是□ 否□	
是否正确完成凸轮轴位置传感器控制信号检测作业	是□ 否□	
是否正确完成凸轮轴位置传感器通断检测作业	是□ 否□	
是否正确完成凸轮轴位置传感器波形绘制的作业	是□ 否□	
整理和恢复		
工具、设备是否整理恢复	是□ 否□	
实训工位是否打扫干净	是□ 否□	
工作页是否填写完整	是□ 否□	

五、任务小结

本任务小结如图 1–14 所示。

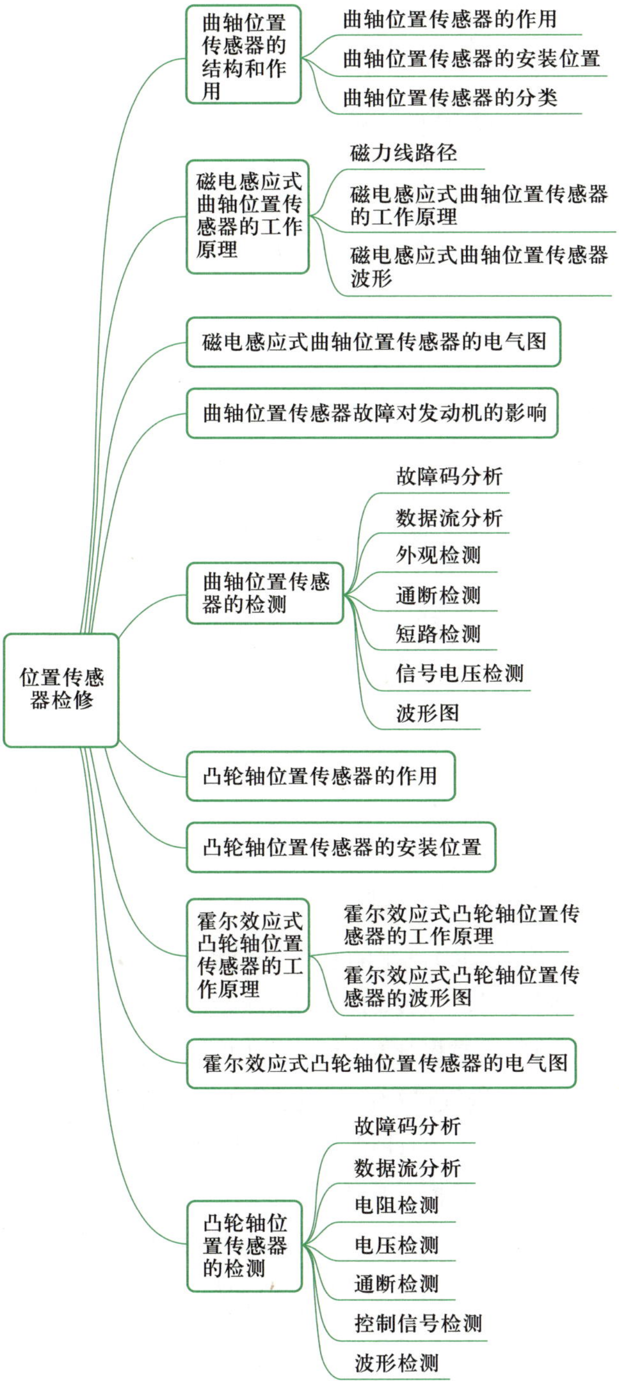

图 1–14　任务小结

任务二　空气流量传感器检修

一、任务导入

场景：某品牌新能源汽车售后维修中心。

人物：维修技师小黄、客户邓先生。

情节：邓先生的某品牌混合动力汽车在行驶约 60 000 km 后，某天在高速行驶时，出现发动机窜动。经维修技师小黄初检后，判断故障来自空气供给系统，需要对空气供给系统进行检修。

二、任务目标

◇ 能够参照维修手册，对空气滤清器进行规范的更换和维护。

◇ 能够根据 D 型空气供给系统的结构原理，规范完成进气歧管绝对压力传感器的检测作业。

◇ 能够根据 L 型空气供给系统的结构原理，规范完成空气流量传感器的检测作业。

三、任务实施

（一）空气滤清器的检修

1. 知识学习

（1）空气供给系统的作用及分类

与传统汽车一样，混合动力汽车的空气供给系统的作用是向发动机提供与负荷相适应、清洁的空气，同时对流入发动机气缸的空气质量进行直接或间接计量，使空气与喷油器喷出的汽油形成空燃比负荷要求的可燃混合气，即可以根据发动机转速和负荷的变化，对发动机的进气进行控制，从而改善发动机动力性能。

空气供给系统按对进气量的计量方式不同，可分为 D 型（速度－密度控制型）和 L 型（质量流量控制型）两种，其中 D 型是电子控制单元（ECU）根据进气歧管内绝对压力和发动机转速信号计算出空气流量，L 型是空气流量传感器将进气量信息转化为电信号输送给 ECU。无论是 D 型还是 L 型，空气都需要先进入空气滤清器。

（2）空气滤清器

1）空气滤清器的作用

空气滤清器的主要作用是为混合动力汽车的发动机提供清洁的空气，以防发动机在工作中吸入带有杂质颗粒的空气而增加磨蚀和损坏的概率。

2）空气滤清器的结构和分类

空气滤清器的主要组成部分是滤芯和机壳，其中滤芯是主要的过滤部分，承担着气体的过滤工作，而机壳是为滤芯提供必要保护的外部结构。空气滤清器的工作要求是能承担高效率的空气滤清工作，不为空气流动增加过多阻力，并能长时间连续工作。

按照滤清原理，空气滤清器可分为过滤式、离心式、油浴式、复合式几种。发动机中常用的空气滤清器主要有惯性油浴式空气滤清器、纸质干式空气滤清器、聚氨酯滤芯空气滤清器等几种。其特点如表 2–1 所示，其中纸质干式空气滤清器是目前应用最广泛的汽车用空气滤清器。

表 2–1　空气滤清器的分类

类别	特　点	
惯性油浴式空气滤清器	滤清	三级滤清器：惯性式滤清器、油浴式滤清器、过滤式滤清器
	优点	进气阻力小，能适应多尘多沙工作环境，使用寿命长
	缺点	滤清效率较低，质量大，成本高，维护不便
纸质干式空气滤清器	滤清	一级滤清器：滤芯过滤式滤清器
	优点	滤清效率高，结构简单，质量小，成本低，保养方便
	缺点	使用寿命较短，在恶劣环境条件下工作不可靠
聚氨酯滤芯空气滤清器	滤清	通过滤芯过滤式滤清
	优点	使用寿命较短，在恶劣环境条件下工作不可靠
	缺点	机械强度低

3）空气滤清器的维护和保养

在汽车的实际使用中，空气滤清器对发动机的使用寿命有极大的影响。一方面，如果没有空气滤清器的过滤作用，发动机就会吸入大量含有尘埃、颗粒的空气，导致发动机气缸磨损严重；另一方面，如果在使用过程中，长时间不维护保养，空气滤清器的滤芯就会黏满空气中的灰尘，这不但使过滤能力下降，还会妨碍空气的流通，导致混合气过浓而使发动机工作不正常。因此，按期维护保养空气滤清器是至关重要的。

一般根据汽车行驶的条件进行空气滤清器的保养：空气滤清器按照车辆的保养

周期和行驶环境进行保养，在一般城市道路通常建议汽车每行驶 10 000 km 左右就应对空气滤清器进行清洁除尘，在尘沙较大、周边环境空气质量较差的地区，建议提前至每 5 000 km 清理一次。

一般在城市道路行驶的汽车，建议 1 年或 20 000 km 更换一次空气滤清器；经常在恶劣环境中行驶的汽车建议不超过 10 000 km 更换一次空气滤清器。

2. 技能操作

（1）操作准备

准备技能操作所需的物料，如表 2–2 所示。

表 2–2　物料准备

类别	所需物料
教学整车 / 实训平台	新能源教学整车
设备、仪器、工具	高压安全防护用品、绝缘工具、绝缘扭力扳手、压缩空气、无尘布

（2）空气滤清器的更换

查阅维修手册，对空气滤清器进行更换，并记录在表 2–3 中。

表 2–3　空气滤清器的更换

序号	内容	操作记录
1	取出空气滤清器	工具：
2	清理空气滤清器上的尘土	工具：
		清理方法：
3	检查空气滤清器是否需要更换	发黑堵塞，需更换□　清理后可继续使用□
4	清理空气滤清器底部的灰尘	工具：
5	安装空气滤清器	工具：

（二）L 型空气供给系统的检修

1. 知识学习

（1）L 型空气供给系统

如图 2–1 所示，L 型空气供给系统利用空气流量传感器直接测量发动机的进气量，ECU 可以直接根据空气流量传感器信号计算出相应的基本喷油量，因此 L 型空气供给系统对空气量的测量更精确。

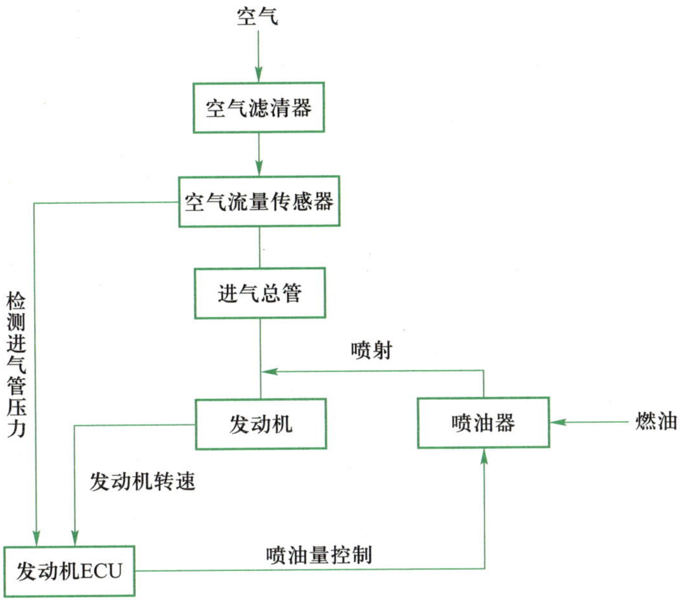

图 2-1　L 型空气供给系统

（2）空气流量传感器的作用

空气流量传感器一般安装在空气滤清器和节气门之间，用来测量进入发动机的空气流量，并将测量结果转换为电信号传输给 ECU。

目前汽车上使用的空气流量传感器主要有热膜式空气流量传感器、热线式空气流量传感器、卡门涡旋式空气流量传感器、叶片式空气流量传感器，它们的优缺点如表 2-4 所示。其中热线式和热膜式空气流量传感器能精确测量出空气质量，避免了海拔高度引起的误差，在现代车辆中被广泛应用。

表 2-4　空气流量计的分类

名称	特　点	
热膜式空气流量传感器	优点	热丝被固定且受到保护膜的保护，寿命提高
	缺点	由于保护膜热传导较差，影响计量精度
热线式空气流量传感器	优点	精度高，分布均匀，可精确计量空气量
	缺点	在空气高速流动时，空气中的沙粒很容易击断热丝
卡门涡旋式空气流量传感器	优点	进气阻力小，计量准确
	缺点	结构复杂，不耐振动且造价高
叶片式空气流量传感器	优点	结构简单，可靠性高
	缺点	进气阻力大，响应较慢，体积较大

微课

热膜式空气流量传感器工作原理

（3）热膜式空气流量传感器

热线式空气流量传感器与热膜式空气流量传感器结构基本相同，唯一不同的是测量单元形状，热膜式空气流量传感器采用的是具有托架保护的金属热膜，而热线式空气流量传感器则是采用独立的热线元件。由于热线元件易受到进入进气管的细小沙粒损坏，因此目前大多数车辆采用热膜式空气流量传感器。

1）热膜式空气流量传感器的工作原理

由于发动机的转速、负荷和进气温度不同，流经空气流量传感器的空气对热电阻冷却效果不同，因此保持热电阻温度恒定所需的电流不同。空气流量传感器通过测量该电流的电压来确定空气流量的大小，所以，保持热电阻温度恒定所需的电流值就是吸入空气量的相对值。

热膜式空气流量传感器将热线电阻、补偿电阻及桥路电阻用厚膜工艺制作在同一陶瓷基片上构成。如图 2–2 所示，当进入节气门体的空气流经空气流量传感器时带走了部分热量，空气流量越大，带走的热量越多。为使传感器感应件的温度保持在一个恒定的温度，需要额外的电流来加热感应件，空气流量传感器通过测量该电流的电压来确定空气流量的大小，即输出信号电压随进气流量的增大而增大。

只有流经热膜的空气才得以计量，而从热膜周边流过的空气不参与计量，排除了空气密度、海拔高度等因素的影响，因此可以得到非常精确的空气流量信号。

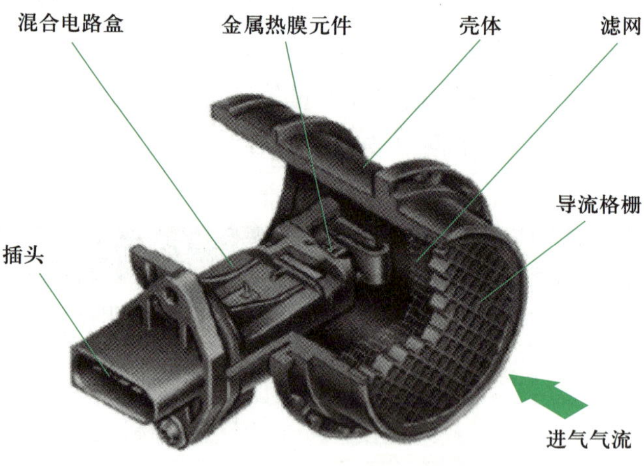

图 2–2　热膜式空气流量传感器结构

2）热膜空气流量传感器波形

热膜式空气流量传感器在空气流量增大时，输出电压也随之升高。热膜式空气流量计的波形图如图 2–3 所示。

3）热膜式空气流量传感器端子

5 针式热膜空气流量传感器端子如图 2–4 所示。

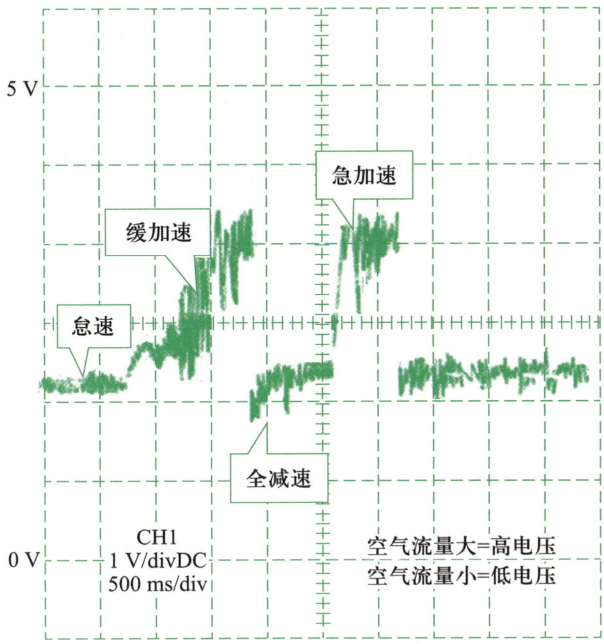

图 2-3　热膜式空气流量传感器的波形图

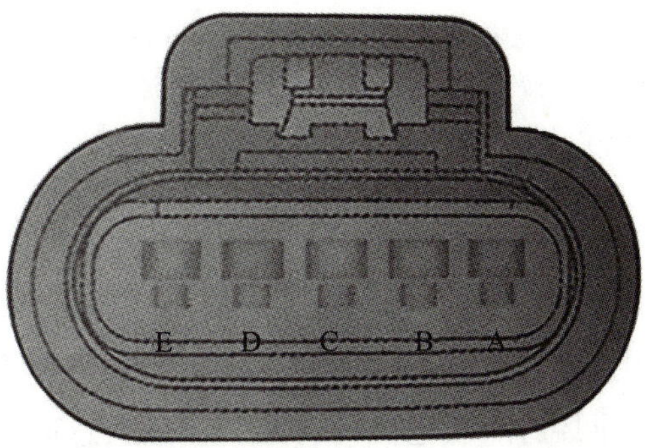

图 2-4　热膜式空气流量传感器端子

A—电源；B—5 V 电压；C—输出电压信号；

D—进气温度信号；E—地线

（4）卡门涡旋式空气流量传感器

卡门涡旋式空气流量传感器的结构按照检测方式不同，可以分为反光镜检测方式卡门涡旋式空气流量传感器和超声波式卡门涡旋式空气流量传感器两种。

超声波式卡门涡旋式空气流量传感器的工作原理示意图如图 2-5 所示。空气流经整流器，使气流准备均匀，通过涡旋发生柱，使涡流稳定板产生了一系列卡门旋涡。卡门涡旋式空气流量传感器通过测量涡旋发生的频率来计算空气流量，所计算的是体积流量，将空气通路的有效面积与空气流速相乘可得空气的体积流量。

发动机工作中，当超声波气流到达超声波接收器时，由于受到气流流动速度及大气压力变化的影响，接收到的超声波相位及相位差会发生变化。超声波发射探头不断地接收由发生器送来的超声波，并将其转换成机械波。超声波接收探头利用压电效应将接收到的机械波转为电信号。转换电路对此相位信号进行处理，可得到与涡流发生的频率成正比的脉冲信号，即体现空气体积流量的电信号。

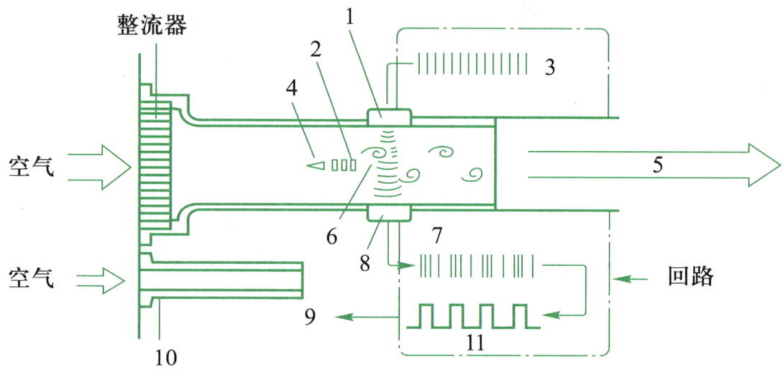

图 2-5　超声波式卡门涡旋式空气流量传感器的工作原理示意图

1—信号发生器；2—涡流稳定板；3—超声波发生器；4—涡旋发生器；5—通向发动机；6—卡门涡旋；7—与涡旋数对应的超声波；8—超声波接收器；9—接计算机；10—旁通通路；11—整形矩形波（脉冲）

（5）叶片式空气流量传感器

叶片式空气流量传感器也可称为翼片式或翼板式空气流量传感器，是在 L 型电控燃油喷射系统中应用较早的空气流量传感器。叶片式空气流量传感器主要由测量板、补偿板（缓冲板）、回位弹簧、电位计、旁通空气道、怠速调整螺钉和接线插头等组成。叶片式空气流量传感器上一般还有一个电动燃油泵开关及一个进气温度传感器。

如图 2-6 所示，叶片式空气流量传感器的工作主要依赖于电位计的工作。空气推力使测量板打开一个角度，当推开测量板的力和回位弹簧变形后的弹力相平衡时，测量板便停止转动，与测量板同轴转动的电位计轴带动可变电阻滑动触头滑动。当测量板保持在某一开度时，就会使空气通道的面积保持一定，电位计的电阻值也保持一定，此时其测量端子便将一定的信号电压输送到发动机 ECU。

叶片式空气流量传感器同样属于模拟电压输出，其波形图如图 2-7 所示。

（6）空气流量传感器排故思路

空气流量传感器故障主要有传感器脏污，传感器损坏，传感器线路短路、断路或虚接，插接器连接不良等。

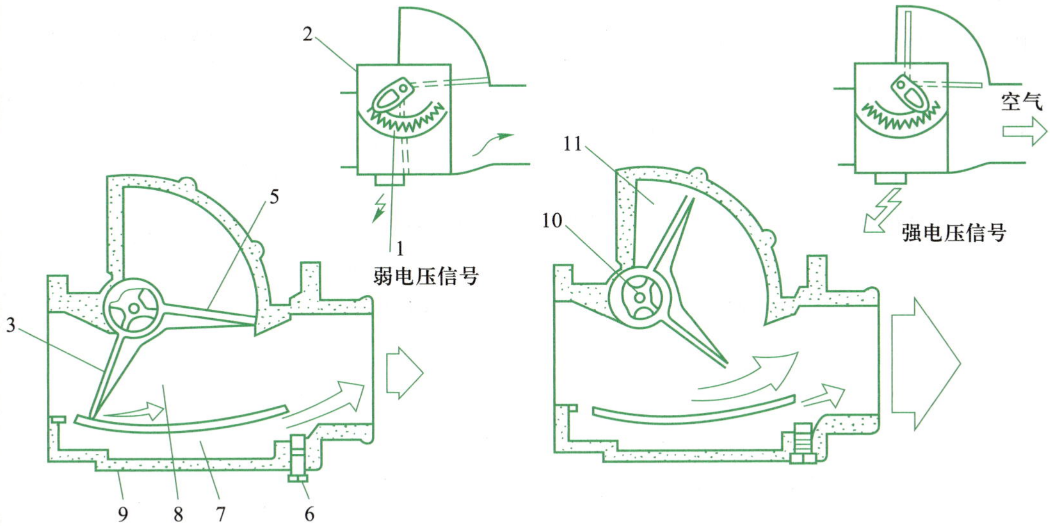

图 2-6　叶片式空气流量传感器

1—卷簧；2—电位计；3—翼片；4—进气温度传感器；5—缓冲片；6—旁通空气调节螺钉；7—旁通空气道；8—主流道；9—空气流量计壳体；10—销轴；11—缓冲室

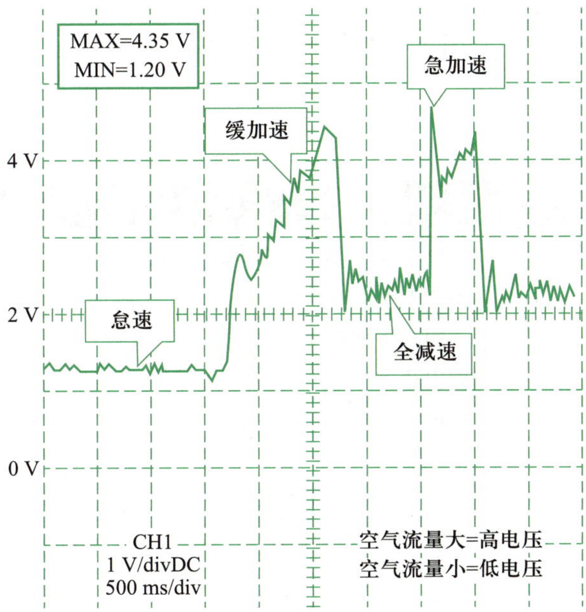

图 2-7　叶片式空气流量传感器的波形图

当空气流量传感器故障或线路不良时，会使 ECU 接收错误的进气量电信号，导致混合气的空燃比过大或过小而使混合气过稀或过浓，从而影响发动机的正常运转，如造成发动机起动困难、怠速抖动、加速无力、油耗增大、间歇性歇火、排放超标等现象。当出现上述现象时，应检测空气流量传感器及其线路。空气流量传感器一般检修流程如图 2-8 所示。

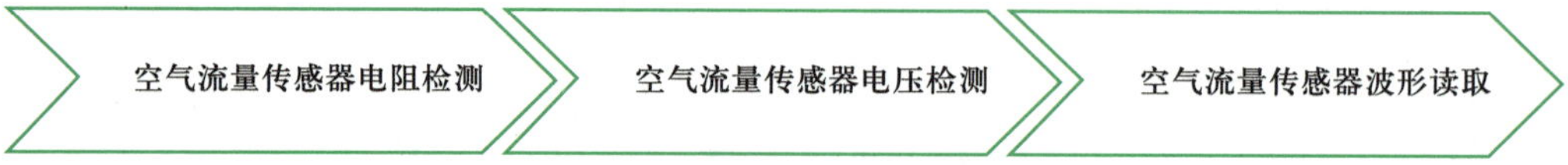

图 2-8　空气流量传感器一般检修流程

2. 技能操作

（1）操作准备

准备技能操作所需的物料，如表 2-5 所示。

表 2-5　物料准备

类别	所需物料
教学整车 / 实训平台	新能源教学整车
设备、仪器、工具	高压安全防护用品、绝缘工具、绝缘扭力扳手、万用表、示波器

（2）空气流量传感器的检测

参考维修手册，使用万用表对空气流量传感器进行检测，并将相关内容记录在表 2-6 中。

表 2-6　空气流量传感器的检测记录

序号	项目	内容	操作记录	
1	电源电压检测	拔下连接器，点火开关为 ON 状态	电压值：	是否正常：是□　否□
		测量接地端子和搭铁间电压		
2	接地电阻	拔下连接器，点火开关为 OFF 状态	电阻值：	是否正常：是□　否□
		测量输出电压信号端子和搭铁间电阻		
		拔下连接器，点火开关为 OFF 状态	电阻值：	是否正常：是□　否□
		测量进气温度信号端子和搭铁间电阻		

续表

<table>
<tr><th>序号</th><th>项目</th><th>内容</th><th colspan="2">操作记录</th></tr>
<tr><td rowspan="4">3</td><td rowspan="4">信号电压</td><td rowspan="4">插好连接器，点火开关为 ON 状态，测量 5 V 电压端子和进气温度信号端子不同转速下的电压</td><td rowspan="2">转速：</td><td>5 V 电压端子电压：</td></tr>
<tr><td>进气温度信号端子电压：</td></tr>
<tr><td rowspan="2">转速：</td><td>5 V 电压端子电压：</td></tr>
<tr><td>进气温度信号端子电压：</td></tr>
</table>

（3）空气流量传感器输出信号模拟检测

参考维修手册，连接示波器使发动机从怠速到节气门全开，对空气流量传感器输出信号进行检测，并将相关内容记录在表 2-7 中。

表 2-7 空气流量传感器输出信号

<table>
<tr><th colspan="2">测量结果记录</th><th>输出电压图</th></tr>
<tr><td>转速 1：</td><td>信号电压值 1：</td><td rowspan="10"></td></tr>
<tr><td>转速 2：</td><td>信号电压值 2：</td></tr>
<tr><td>转速 3：</td><td>信号电压值 3：</td></tr>
<tr><td>转速 4：</td><td>信号电压值 4：</td></tr>
<tr><td>转速 5：</td><td>信号电压值 5：</td></tr>
<tr><td>转速 6：</td><td>信号电压值 6：</td></tr>
<tr><td>转速 7：</td><td>信号电压值 7：</td></tr>
<tr><td>转速 8：</td><td>信号电压值 8：</td></tr>
<tr><td>转速 9：</td><td>信号电压值 9：</td></tr>
<tr><td>转速 10：</td><td>信号电压值 10：</td></tr>
</table>

（三）D 型空气供给系统的检修

1. 知识学习

（1）D 型空气供给系统

如图 2-9 所示，D 型空气供给系统中增加了进气歧管绝对压力传感器而取消空气流量传感器。进气歧管绝对压力传感器将发动机进气歧管内的绝对压力转换成电压信号，与发动机转速信号一起输送到 ECU，ECU 根据进气歧管内绝对压力和发动机转速信号计算出空气流量，作为确定喷油器基本喷油量和点火时间的依据。进气歧管绝对压力传感器是一种间接测量发动机进气量的传感器。

动画
涡轮增压器的结构

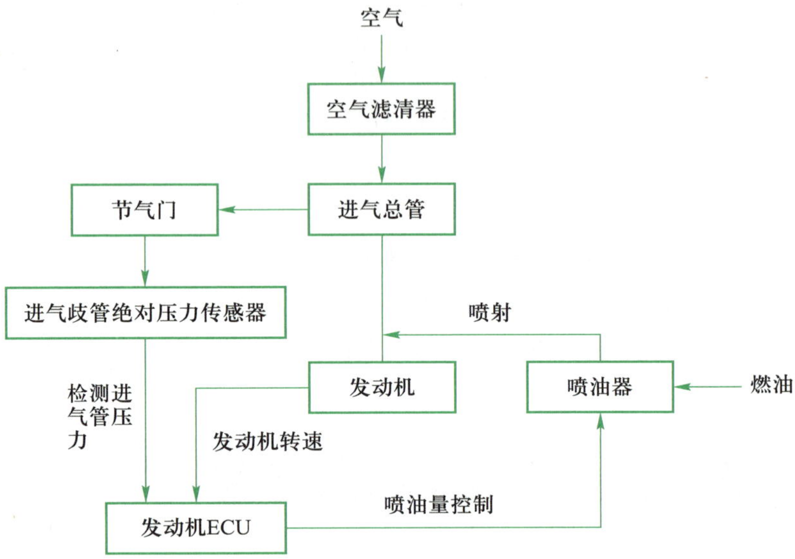

图 2-9　D 型空气供给系统

（2）进气歧管绝对压力传感器

进气歧管绝对压力传感器可分为压敏电阻式、电容式、膜盒式、声表面波式等，应用最多的是压敏电阻式和电容式，如图 2-10 所示。

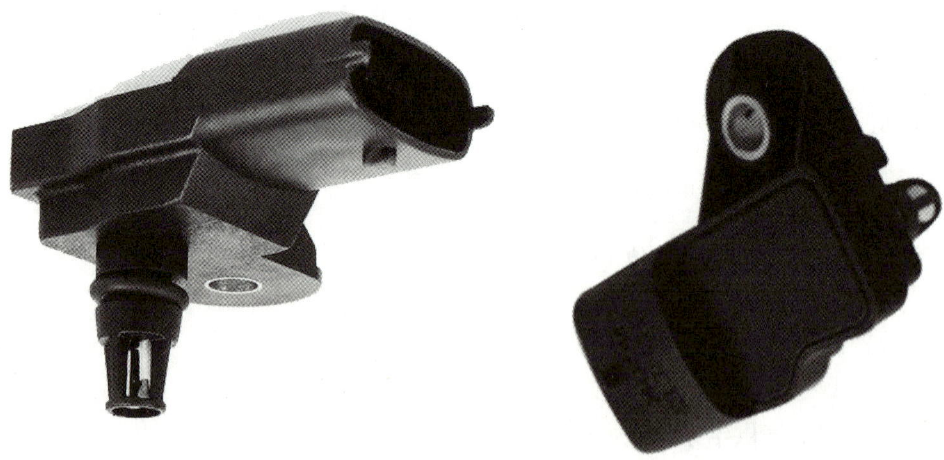

(a) 压敏电阻式进气歧管绝对压力传感器　　(b) 电容式进气歧管绝对压力传感器

图 2-10　常见进气歧管绝对压力传感器

1）压敏电阻式进气歧管绝对压力传感器

压敏电阻式进气歧管绝对压力传感器是一个对压力高度敏感的可变电阻，如图 2-11 所示，当发动机工作时，进气歧管内的部分空气作用在硅膜片上，硅膜片就会产生形变，可变电阻的阻值发生变化，输出的电压也随之改变。

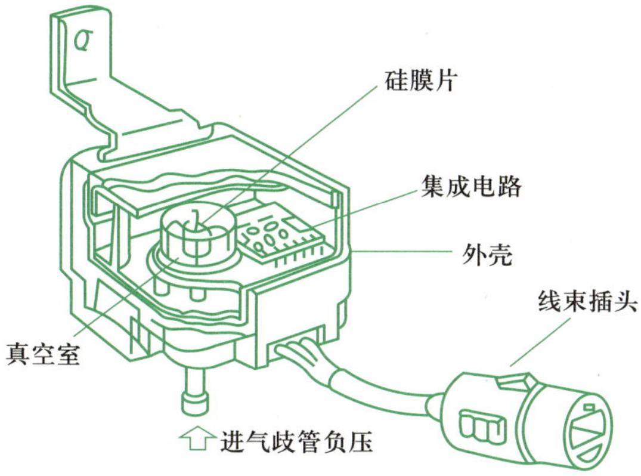

图 2-11 压敏电阻式进气歧管绝对压力传感器的结构

微课

压敏电阻式进气歧管绝对压力传感器工作原理

由于薄膜一侧是真空室，因此薄膜的另一侧即进气歧管内绝对压力越高，硅膜片的形变越大，其应变与压力成正比，附着在薄膜上的应变电阻的阻值随应变成正比变化，这样就可以利用惠斯顿电桥将硅膜片的形变变成电信号。

因为进气压力随进气流量的变化而变化，当进气流量增大时，空气流通界面增大，进气压力升高，膜片形变量增大，可变电阻的变化率增大，输出电压升高；反之，当进气流量降低时，进气流通截面减小，进气压力降低，膜片形变量减小，应变电阻的变化率减小，输出电压降低，经集成电路进行比例放大后，经传感器输入 ECU 的信号电压降低，即输出电压和进气量呈线性关系。

如图 2-12 所示，进气歧管绝对压力传感器有 3 个端子，端子的功能分别为：A—5 V 电压；B—输出电压信号，表示进气压力和发动机负荷的高低；C—接地。

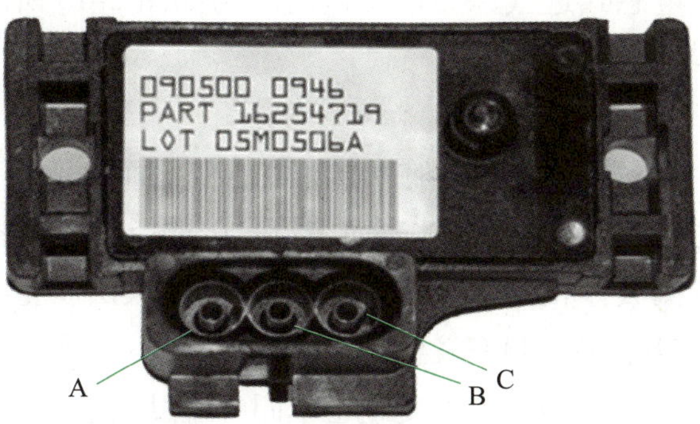

图 2-12 进气歧管绝对压力传感器端子

进气歧管绝对压力传感器与 ECU 的连接电气图如图 2-13 所示。

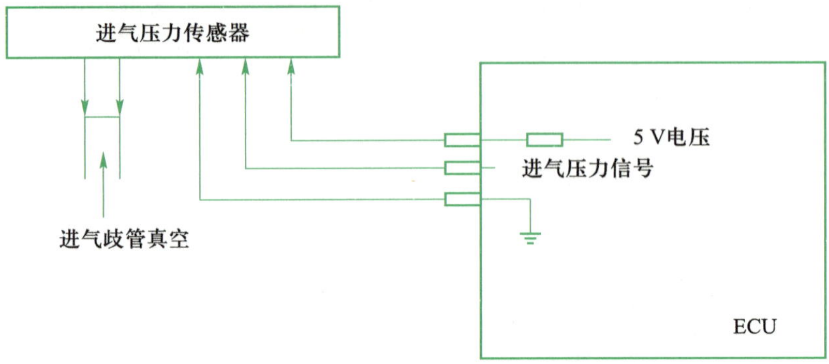

图 2-13　进气歧管绝对压力传感器与 ECU 的连接电气图

2）电容式进气歧管绝对压力传感器

电容式进气歧管绝对压力传感器利用电容效应检测进气歧管绝对压力。发动机工作时，进气歧管内的空气压力作用于弹性膜片上，使弹性膜片产生位移，弹性膜片与金属涂层之间的距离发生变化，弹性膜片与金属涂层距离减小，则电容减小。电容量的变化量与弹性膜片的位移成正比，而弹性膜片的位移取决于上、下两个空腔的气体压力，只要弹性膜片上部的空腔为绝对真空，下部空腔通进气管，就可通过检测电容量的变化来检测进气管的绝对压力。电容量的变化量再经过测量电路转换成电压信号输送给 ECU，测量电路可以是电容电桥电路或谐振电路等，如图 2-14 所示。

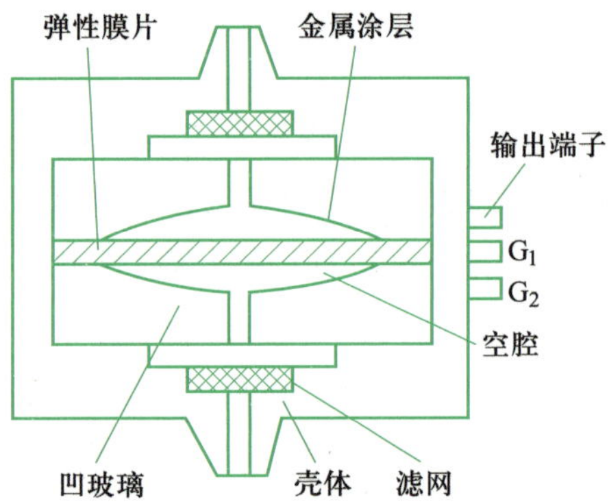

图 2-14　电容式进气歧管绝对压力传感器

3）膜盒传动可变电感式进气压力传感器

膜盒传动可变电感式进气压力传感器的结构如图 2-15 所示，主要由膜盒、铁芯、感应线圈和复位弹簧等组成。

4）声表面波式进气压力传感器

声表面波器件的波速和频率会随外界环境的变化而发生漂移。声表面波气敏传感器就是利用这种性能在压电晶体表面涂覆一层选择性吸附某气体的气敏薄膜，当该气敏薄膜与待测气体相互作用，使得气敏薄膜的膜层质量和电导率发生变化时，引起压电晶体的声表面波频率发生漂移；气体浓度不同，膜层质量和电导率变化程度也不同，即引起声表面波频率的变化也不同。通过测量声表面波频率的变化就可以准确地反映进气量的变化。

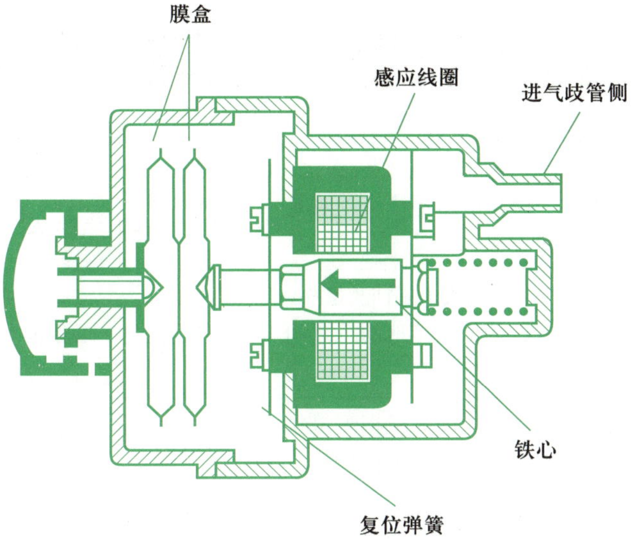

图 2–15　膜盒传动可变电感式进气压力传感器

（3）进气歧管绝对压力传感器的排故思路

当进气歧管绝对压力传感器故障或线路不良时，会造成发动机怠速不稳，怠速不正确，起动困难，或起动后熄火等现象。当出现上述现象时，应检测进气歧管绝对压力传感器及线路，排故思路如图 2–16 所示。

图 2–16　进气歧管绝对压力传感器排故思路

2. 技能操作

（1）操作准备

准备技能操作所需的物料，如表 2–8 所示。

表 2–8　物料准备

类别	所需物料
教学整车 / 实训平台	新能源教学整车
设备、仪器、工具	高压安全防护用品、绝缘工具、绝缘扭力扳手、万用表、示波器

（2）进气歧管绝对压力传感器及线路检测

查阅手册，使用万用表对进气歧管绝对压力传感器及其线路进行检测，并记录到表 2–9 中。

表 2-9　进气歧管绝对压力传感器及线路检测

<table>
<tr><th>序号</th><th>项目</th><th>内容</th><th colspan="3">操作记录</th></tr>
<tr><td rowspan="2">1</td><td rowspan="2">外观检测</td><td>检测传感器端子外观是否正常</td><td colspan="3">正常□　脏污□</td></tr>
<tr><td>检测传感器线束外观是否正常</td><td colspan="3">正常□　破皮□　弯折□</td></tr>
<tr><td>2</td><td>电源电压检测</td><td>用万用表电压挡测量 5 V 电压端子和接地端子之间的电压</td><td>电压值:</td><td colspan="2">是否正常:是□　否□</td></tr>
<tr><td>3</td><td>搭铁电阻</td><td>用万用表电阻挡测量接地端子和搭铁间的电阻</td><td>电阻值:</td><td colspan="2">是否正常:是□　否□</td></tr>
<tr><td rowspan="2">4</td><td rowspan="2">信号电压</td><td rowspan="2">插好连接器,点火开关为 ON 状态,测量输出电压端子和接地端子不同转速下的电压</td><td>转速:</td><td>B 电压值:</td><td>D 电压值:</td></tr>
<tr><td>转速:</td><td>B 电压值:</td><td>D 电压值:</td></tr>
</table>

（3）进气歧管绝对压力传感器输出信号模拟检测

参考维修手册,连接示波器使发动机从怠速到节气门全开,对进气歧管绝对压力传感器输出信号进行检测,并将相关内容记录在表 2-10 中。

表 2-10　进气歧管绝对压力传感器输出信号检测

<table>
<tr><th colspan="2">测量结果记录</th><th>输出电压图</th></tr>
<tr><td>转速 1:</td><td>信号电压值 1:</td><td rowspan="10"></td></tr>
<tr><td>转速 2:</td><td>信号电压值 2:</td></tr>
<tr><td>转速 3:</td><td>信号电压值 3:</td></tr>
<tr><td>转速 4:</td><td>信号电压值 4:</td></tr>
<tr><td>转速 5:</td><td>信号电压值 5:</td></tr>
<tr><td>转速 6:</td><td>信号电压值 6:</td></tr>
<tr><td>转速 7:</td><td>信号电压值 7:</td></tr>
<tr><td>转速 8:</td><td>信号电压值 8:</td></tr>
<tr><td>转速 9:</td><td>信号电压值 9:</td></tr>
<tr><td>转速 10:</td><td>信号电压值 10:</td></tr>
</table>

四、检查评估

对本任务的学习情况进行检查，并将相关内容填写在表 2-11 中。

表 2-11　检查表

检查项目	检查结果	结果点评
空气滤清器		
是否正确完成空气滤清器的更换作业	是□　否□	
L 型空气供给系统		
是否正确完成空气流量传感器的输入电压检测作业		
是否正确完成空气流量传感器的电阻检测作业		
是否正确完成空气流量传感器的信号电压检测作业		
是否正确完成空气流量传感器的信号电压波形检测作业		
D 型空气供给系统		
是否正确完成进气歧管绝对压力传感器的输入电压检测作业	是□　否□	
是否正确完成进气歧管绝对压力传感器的电阻检测作业	是□　否□	
是否正确完成进气歧管绝对压力传感器的信号电压检测作业	是□　否□	
是否正确完成进气歧管绝对压力传感器的信号电压波形检测作业	是□　否□	
整理和恢复		
工具、设备是否整理恢复	是□　否□	
实训工位是否打扫干净	是□　否□	
工作页是否填写完整	是□　否□	

五、任务小结

本任务小结如图 2-17 所示。

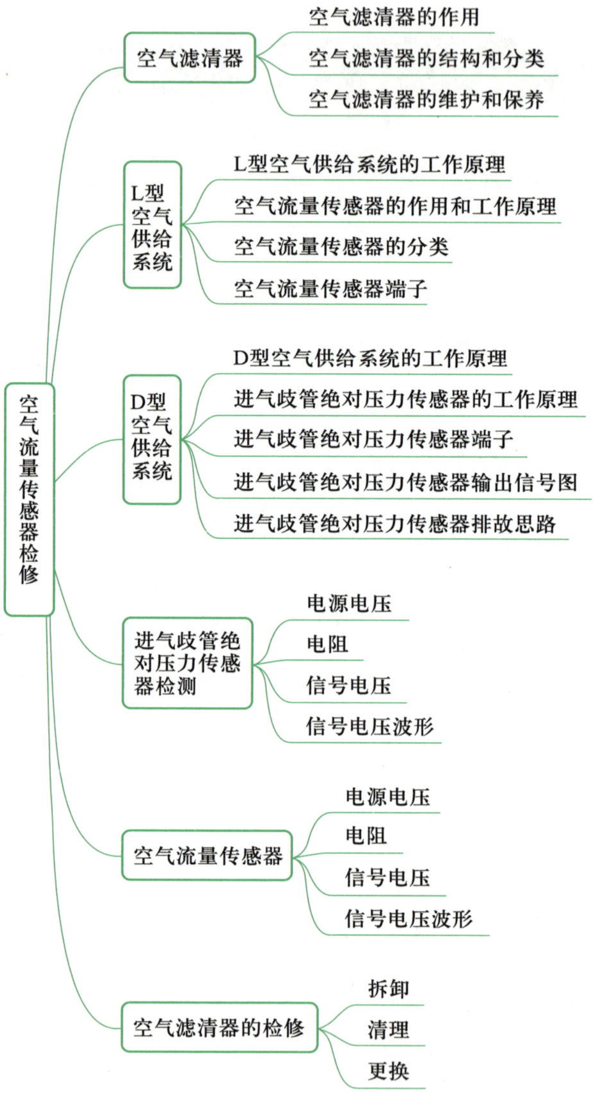

图 2-17 任务小结

任务三　氧传感器检修

1

一、任务导入

场景：某品牌新能源汽车售后维修中心。

人物：维修技师小李、客户张先生。

情节：张先生的某品牌混合动力汽车在行驶约 50 000 km 时，出现运转中怠速不稳、加速无力、油耗增加、尾气超标等现象。经维修技师小李初检后，发现点火装置无其他故障，初步判定为氧传感器和相关线路出现问题，需要对氧传感器检修。

二、任务目标

◇ 能够根据氧化锆式氧传感器的结构原理，规范完成氧化锆式氧传感器的故障检测作业。

◇ 能够根据氧化钛式氧传感器的结构原理，规范完成氧化钛式氧传感器的故障检测作业。

◇ 能够根据空燃比传感器的结构原理，规范完成空燃比传感器的故障检测作业。

三、任务实施

（一）氧传感器的常规检查

1. 知识学习

（1）空燃比

可燃混合气中空气质量与燃油质量之比为空燃比（A/F），空燃比是发动机运转时的一个重要参数，对于尾气排放、发动机的动力性和经济性都有很大的影响。

1）空燃比原理

为使废气催化率达到最佳，即 90% 以上，必然在发动机排气管中安装氧传感器并实现闭环控制，其工作原理框图如图 3-1 所示，氧传感器将测得的废气中氧的浓度转换成电信号后发送给 ECU，使发动机的空燃比控制在一个狭小的、接近理想的区域内。

若空燃比大时，虽然一氧化碳（CO）和碳氢化合物（HC）的转化率略有提高，但

微课

空燃比原理与空燃比值

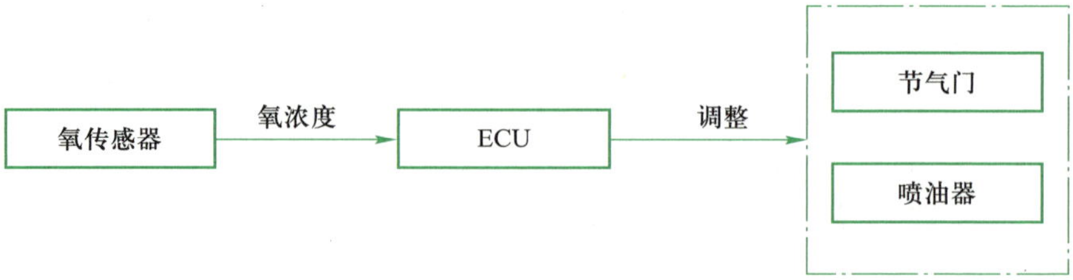

图 3–1　空燃比原理框图

氮氧化合物（NOx）的转化率急剧下降为 20%，因此必须保证最佳的空燃比，实现最佳的空燃比，关键是要保证氧传感器工作正常。含铅、硅的燃油会导致氧传感器中毒，如果使用不当，会造成氧传感器积炭、陶瓷碎裂、加热器电阻丝烧断、内部线路断脱等故障。氧传感器的失效会导致空燃比失准，排气状况恶化，催化转化器效率降低，长时间会使催化转化器的使用寿命降低。

2）空燃比值

空气–燃油理论上理想的质量比为 14.7 ∶ 1，称作理论空燃比，即理论上使燃油完全燃烧，所需的空气量等于理论空气量。但实际上，供给的空气量总是大于或小于理论空气量，为评定发动机工作过程中所用空气数量的多少，常使用过量空气系数的概念，即发动机工作过程中，燃烧 1 kg 燃油实际供给的空气质量 L 与理论所需空气质量 L_0 之比。如图 3–2 所示，混合气成分的比例会对火焰传播产生影响从而影响燃烧速度。

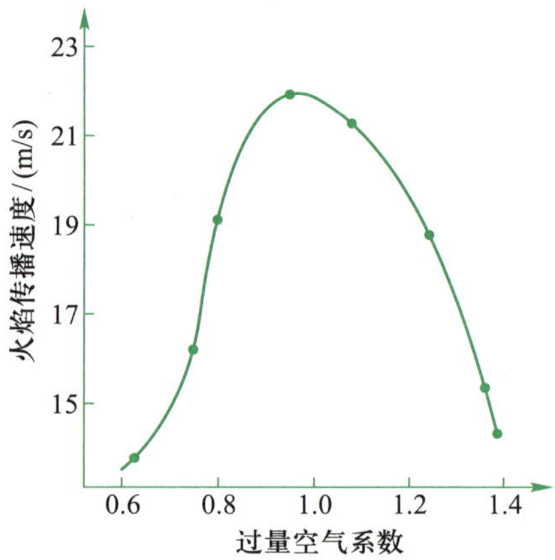

图 3–2　混合气成分对火焰传播的影响

过量空气系数 =0.85~0.95（最大功率混合气）：火焰传播速度最快，燃烧速度最快，供给的燃料量 > 完全燃烧所需的燃料，在空气量一定的情况下，提高了对氧的利用程度，燃气压力提高，发动机发出最大功率。

过量空气系数 < 0.85（过浓混合气）：火焰传播速度降低，功率减少；由于缺氧，燃烧不完全，耗油量增加。在发动机怠速或低负荷运转时，可能引起断火现象；在发动机处于中等负荷时，可能形成排气管放炮的现象。

过量空气系数 =0.4~0.5（过浓混合气）：由于严重缺氧，火焰不能传播，混合气不能燃烧。

过量空气系数 =1.05~1.15（最经济混合气）：火焰传播速度仍然很快，氧含量相对充足，燃油能完全燃烧，热效率最高，有效耗油率最低。

过量空气系数 >1.15（过稀混合气）：火焰传播速度明显降低，燃烧缓慢，发动机功率下降，油耗增多，容易造成进气管回火。

过量空气系数 =1.3~1.4（过稀混合气）：燃料热值过低，混合气不能传播，易造成缺火或停车。

为保证发动机稳定可靠地工作，有利的混合气成分一般过量空气系数在 0.85~1.2 的范围内。

3）空燃比的控制

不同的工况需要调控不同的空燃比。如图 3-3 所示，冷起动时为保证冷起动顺利，需减小空燃比；暖机阶段则要求高空燃比，直到发动机达到正常温度以正常混合气来稳定运转；加减速时，加减速瞬间需要适当降低空燃比，以获得良好的加减速过渡性。

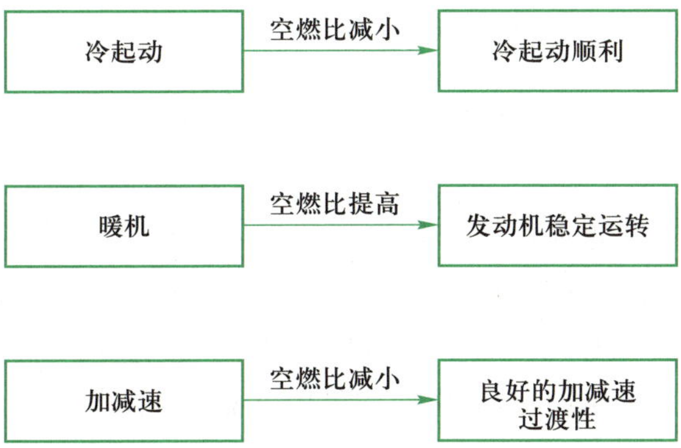

图 3-3　混合气成分对火焰传播的影响

影响空燃比的因素主要有以下几种。

① 油膜效应：即喷油器喷射的燃油一部分直接进入气缸，还有一部分会在进管壁上形成一层油膜，主要与温度和喷射量有关。

② 传感器特性：发动机的传感器使用特别多，有压力、位置、流量、温度等传感器，这些传感器的精度直接影响了空燃比的控制精度和发动机的性能。

③ 延迟时间：主要是指发动机控制器的延迟时间，一般包括喷射延迟时间和传输延迟时间。

所以要调控空燃比，必须探测氧气含量，而氧传感器 / 空燃比传感器能得到当时燃烧的实际空燃比，再反馈到 ECU，从而对喷油量和点火时机等一系列参数进行实时调控。

（2）氧传感器的结构原理

混合动力发动机上的氧传感器一般安装在排气管上，检测排气管中氧的浓度，并向 ECU 输送信号。再由 ECU 控制喷油器喷油量的增减，对废气再循环量进行控制，以便使混合气浓度和 EGR（废气再循环）率满足降低排放污染的要求。

由于发动机废气中的氧含量直接反映发动机空燃比，因此检测发动机废气中的氧含量是控制混合气空燃比的有效手段。废气中的氧气超过一定限值说明混合气偏稀，而废气中完全没有氧气则说明混合气偏浓，混合气偏浓将会造成排气污染。

一般在排气管上会安装 2 个氧传感器，差异如表 3-1 所示。其中一个在三元催化转化器的入口处，又称为前氧传感器或上游氧传感器，主要作用是向 ECU 反馈氧含量的电压信号；另一个安装在三元催化转化器后方，又称为后传感器或下游传感器，主要作用是检验三元催化转化器工作是否正常。

表 3-1　前后氧传感器的差异

氧传感器类型	安装位置	作用
前氧传感器	三元催化转化器的入口处	向 ECU 反馈氧含量的电压信号
后氧传感器	三元催化转化器后方	检验三元催化转化器工作是否正常

动画

氧传感器的分类与作用

氧传感器按性能特点不同可分为普通型、热型和宽量型 3 种，普通型氧传感器又分为氧化锆式氧传感器和氧化钛式氧传感器两种。

常见的氧传感器又有单引线、双引线和三根引线之分，如表 3-2 所示，单引线的是氧化锆式氧传感器；双引线的是氧化钛式氧传感器；三根引线的是加热型氧化锆式氧传感器，原则上 3 种引线方式的传感器不能替代使用。

表 3-2　氧传感器的分类

按引线数量分类	按性能特点分类
单引线	氧化锆式氧传感器
双引线	氧化钛式氧传感器
三根引线	加热型氧化锆式氧传感器

微课

氧传感器常见故障分析

（3）氧传感器常见故障

如果氧传感器出现故障，会使发动机油耗和排气污染增大，可能出现怠速不稳、缺火、喘抖等故障现象。氧传感器常见的故障有氧传感器中毒、氧传感器积炭、加热电阻丝烧断、传感器线路问题等。

氧传感器中毒和氧传感器积炭如表 3-3 所示。

表 3-3　氧传感器中毒和氧传感器积炭

故障名称	图片	备注
氧传感器中毒	 	氧传感器保护外壳被堵塞：顶尖为白色——硅中毒；顶尖为棕色——铅中毒
氧传感器积炭		氧传感器表面形成积炭：导致 ECU 不能及时修正空燃比
正常氧传感器		顶尖颜色：淡灰色

2. 技能操作

（1）操作准备

准备技能操作所需的物料，如表 3-4 所示。

表 3-4 物料准备

类别	所需物料
教学整车 / 实训平台	新能源教学整车
设备、仪器、工具	高压安全防护用品、绝缘工具、绝缘扭力扳手、电脑诊断仪

（2）故障码及数据流读取

① 读取故障码。从诊断仪上读取车辆故障码，将故障码填写在表 3–5 中，并根据故障码进行分析。

表 3-5 车辆故障码记录表

序号	故障码	故障码描述	是否正常	维修意见
1			是□ 否□	
2			是□ 否□	
3			是□ 否□	

② 读取数据流。从诊断仪上读取数据流，将数据流填写在表 3–6 中，并根据数据流进行分析。

表 3-6 数据流信息

序号	控制单元	名称	当前值 / 状态	标准值 / 状态	是否正常
1					是□ 否□
2					是□ 否□
3					是□ 否□

（3）氧传感器检测

观察氧传感器表面，将结果记录在表 3–7 中。

表 3-7 氧传感器检测

序号	项目	内容	操作记录
1	氧传感器中毒检测	观察氧传感器顶尖颜色	颜色：白色□ 棕色□
			结论：
2	氧传感器积炭检测	观察氧传感器外表面颜色	颜色：淡灰色□ 黑色□
			结论：

（二）氧化锆式氧传感器的检测

1. 知识学习

（1）氧化锆式氧传感器的结构

如图 3-4 所示，氧化锆式氧传感器的基本元件是氧化锆管，氧化锆管固定在带有安装螺孔的固定套内，在氧化锆管的内、外表面均覆盖一层薄铂作为电极。传感器内侧通大气，外侧直接与排气管中的废气接触。

氧化皓式氧传感器在发动机上游或下游都有可能应用。

（2）氧化锆式氧传感器的工作原理

锆管的陶瓷体是多孔的，在 400 ℃以上的高温下可使氧分子发生电离变成氧离子。当氧化锆管内、外表面存在氧浓度差时，在氧化锆内、外表面的两个铂电极之间就可以得到电动势。

因为氧化锆管内侧与氧浓度高的大气相通，外侧与氧浓度低的排气相通，且锆管外侧的氧含量随可燃混合气浓度变化而变化，所以当氧离子在锆管中扩散时，锆管内外表面之间的电位差将随可燃混合气浓度变化而变化，即氧化锆管相当于一个氧浓度差电池，传感器的信号源相当于一个可变电源，其工作原理示意图如图 3-5 所示。

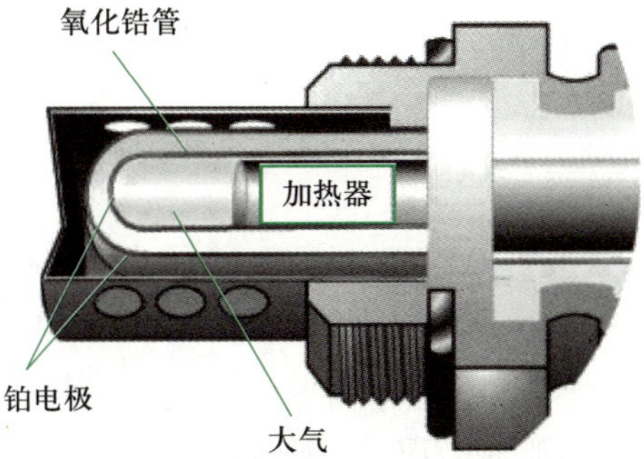

图 3-4 氧化锆式氧传感器的结构

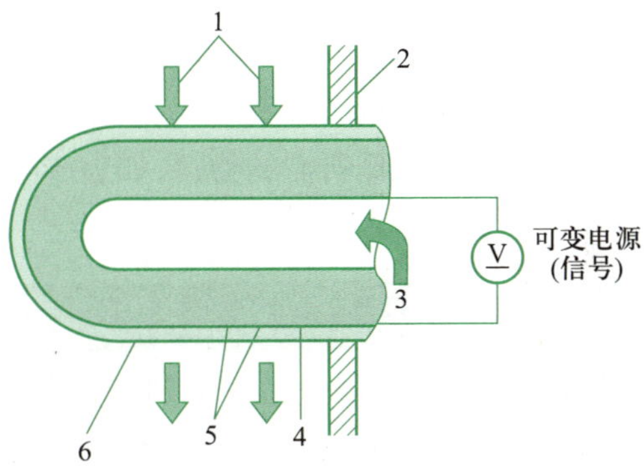

图 3-5 氧化锆式氧传感器的工作原理示意图

（3）氧化锆式氧传感器的输出特性

如图 3-6 所示，氧化锆式氧传感器的输出特性可分为 3 个不同阶段。

① 当供给发动机的可燃混合气较浓时，排气中氧含量较少、CO 浓度较高。在催化剂铂的催化作用下，氧离子几乎全部都与 CO 发生氧化反应生成 CO_2 气体，使外表面上氧浓度为 0。由于氧化锆管内表面与大气相通，氧浓度很高，因此锆管内、外表面之间的氧浓度差较大，两个铂电极之间的电位差较高。

② 当空燃比接近于理论空燃比时，排气管中的氧和 CO 含量都很少。在催化剂铂的作用下，氧与 CO 的化学反应从缺氧状态急剧变化为富氧状态。由于氧浓度差急剧变化，因此铂电极之间的电位差急剧变化，使传感器输出电压急剧下降。

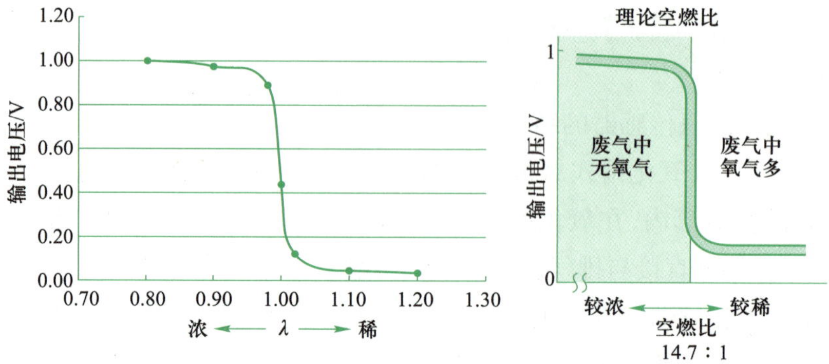

图 3-6　氧化锆式氧传感器的输出特性

③ 当供给发动机的可燃混合气较稀时，排气中氧含量较多、CO 浓度较低，即使 CO 全部与氧产生化学反应，氧化锆管外表面上还有多余的氧存在。因此，氧化锆管内、外表面之间氧的浓度差较小，两个铂电极之间的电位差较低。

（4）上、下游均为氧化锆式氧传感器

当三元催化转化器上、下游均为氧化锆式氧传感器时，氧气应全部用于三元催化转化器转化，下游的氧传感器的电信号应处于 0.5~0.7 V。

2. 技能操作

（1）操作准备

准备技能操作所需的物料，如表 3-8 所示。

表 3-8　物料准备

类别	所需物料
教学整车 / 实训平台	新能源教学整车
设备、仪器、工具	高压安全防护用品、绝缘工具、绝缘扭力扳手、高阻抗万用表

（2）氧化锆式氧传感器本体检测

使用万用表检测氧化锆式氧传感器本体，将结果记录在表 3-9 中。

表 3-9　氧化锆式氧传感器本体检测

序号	项目	内容	操作记录	
1	电阻检测	测量氧传感器插座端子间的电阻	测量值：	是否变化：是□　否□
2	电压检测	测量氧传感器电阻加热器插头端子之间的电压	测量值：	是否变化：是□　否□
3	对地绝缘检测	测量氧传感器电阻加热器与外壳之间的电阻	测量值：	是否变化：是□　否□

（3）氧化锆式氧传感器信号检测

将高阻抗万用表并联在氧化锆式氧传感器的输出端，踩下油门，改变转速并观察电压是否有变化，并记录在表 3-10 中。

表 3-10　氧化锆式氧传感器信号检测

序号	项目	内容	操作记录	
1	信号检测	第 1 次读数	转速：	电压值：
		第 2 次读数	转速：	电压值：
		第 3 次读数	转速：	电压值：
		第 4 次读数	转速：	电压值：
		第 5 次读数	转速：	电压值：
2	信号检测结论		电压值是否变化： 是□　否□	电压值变化范围：

（三）氧化钛式氧传感器的检测

1. 知识学习

（1）氧化钛式氧传感器的结构

氧化钛式氧传感器主要由氧化钛元件 1、导线 6、金属保护管 7 和接线端子等组成，其结构如图 3-7 所示。

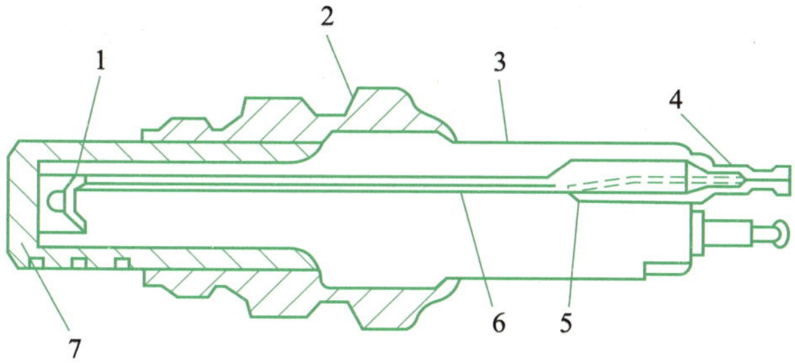

图 3-7　氧化钛式氧传感器的结构

1—氧化钛原件；2—金属壳体；3—陶瓷绝缘体；4—接线端；
5—陶瓷元件；6—导线；7—金属保护管

氧化钛在常温下是一种高电阻的半导体，表面一旦缺氧，其晶格便出现缺陷，电阻便随之减小。同时，其电阻也与环境温度有关。氧化钛式氧传感器就是利用氧化钛材料的电阻值随排气中氧含量的变化而变化的特性制成的，故又称电阻型氧传感器。

（2）氧化钛式氧传感器的工作原理

氧化钛式氧传感器的工作原理框图如图 3-8 所示。ECU 向氧化钛式氧传感器提供 5 V 稳定工作电压，氧化钛式氧传感器向 ECU 反馈电压，ECU 根据反馈电压的大小，控制喷油器喷油量的增减，使混合动力汽车发动机的空燃比控制在理论空燃比附近。

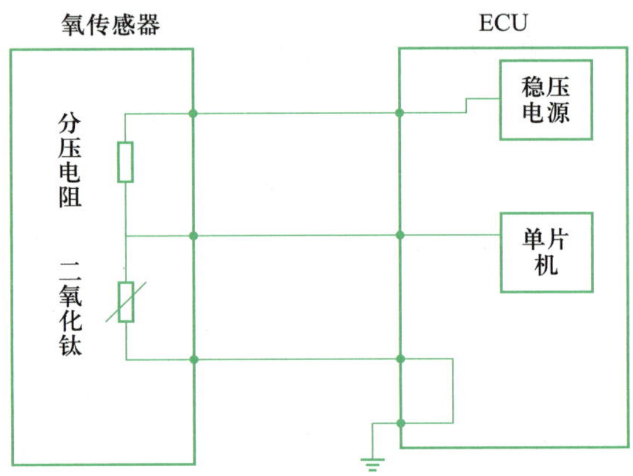

图 3-8　氧化钛式氧传感器的工作原理框图

（3）氧化钛式氧传感器的输出特性

因氧化钛是可变电阻，阻值随排气中氧含量的变化而变化，其输出特性如图 3-9 所示。

① 当空燃比小于 14.7 时，排气中氧离子含量较低，氧化钛阻值较小，氧传感器向 ECU 的反馈电压较大。

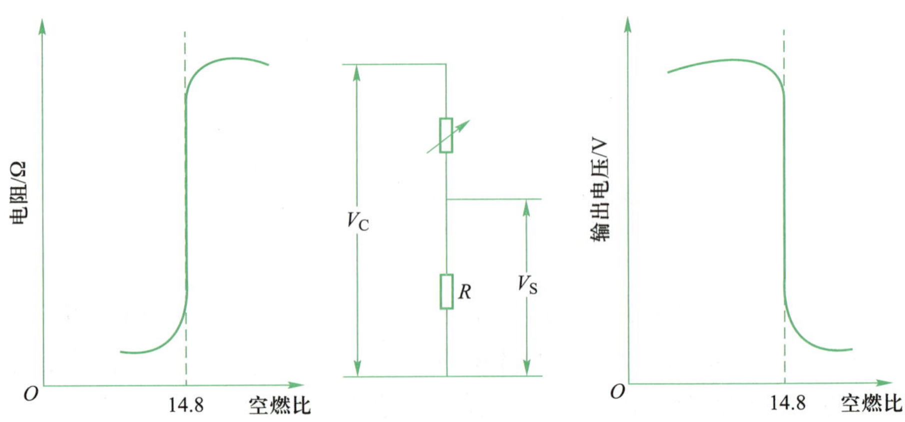

图 3-9　氧化钛式氧传感器的输出特性

② 当接近理论空燃比时，排气中氧离子含量急剧变多，氧化钛阻值急剧变大，氧化器向 ECU 的反馈电压急剧变小。

③ 当空燃比大于 14.7 时，排气中氧离子含量较高，氧化钛阻值较大，氧传感器向 ECU 的反馈电压较小。

（4）上游使用氧化钛式氧传感器，下游使用氧化锆式氧传感器

当三元催化转化器上游使用氧化钛氧传感器，下游使用氧化锆氧传感器时，氧化锆氧传感器怠速时电压应不低于 0.3 V，大负荷时，不高于 0.6 V。否则应更换三元催化转化器。

2. 技能操作

（1）操作准备

准备技能操作所需的物料，如表 3-11 所示。

表 3-11 物料准备

类别	所需物料
教学整车 / 实训平台	新能源教学整车
设备、仪器、工具	高压安全防护用品、绝缘工具、绝缘扭力扳手、高阻抗万用表

（2）氧化钛式氧传感器检测

使用万用表检测氧化钛式氧传感器，将结果记录在表 3-12 中。

表 3-12 氧化钛式氧传感器本体检测

序号	项目	内容	操作记录	
1	电阻检测	测量氧传感器插座端子间的电阻	测量值：	是否变化：是□ 否□
2	电压检测	测量氧传感器电阻加热器插头端子之间的电压	测量值：	是否变化：是□ 否□
3	对地绝缘检测	测量氧传感器电阻加热器与外壳之间的电阻	测量值：	是否变化：是□ 否□

（3）氧化钛式氧传感器信号检测

将高阻抗万用表并联在氧化钛式氧传感器的输出端，踩下加速踏板，改变转速并观察电压是否有变化，并记录在表 3-13 中。

表 3-13　氧化钛式氧传感器信号检测

序号	项目	内容	操作记录	
1	信号检测	第 1 次读数	转速：	电压值：
		第 2 次读数	转速：	电压值：
		第 3 次读数	转速：	电压值：
		第 4 次读数	转速：	电压值：
		第 5 次读数	转速：	电压值：
2	信号检测结论		电压值是否变化： 是□　否□	电压值变化范围：

（四）空燃比传感器的检测

1. 知识学习

（1）空燃比传感器的作用

空燃比传感器是一种特殊的氧传感器，与传统氧传感器不能相互替代，一般发动机盖下标识为 HOS 的是普通氧传感器，标识为 A/FS 的是空燃比传感器。

两者都是通过感应氧气的浓度反馈给 ECU，ECU 通过控制喷油时间来调节空燃比，一般应用在有电喷系统和三元催化转化器的汽车上。

空燃比传感器又称为宽域型氧传感器、宽量程氧传感器、宽带氧传感器。混合动力汽车发动机的空燃比传感器主要用来检测混合气从过浓状态到理论空燃比再到稀薄状态整个过程。

（2）空燃比传感器的安装位置

空燃比传感器是一组感应器，如图 3-10 所示，一般只用于三元催化转化器之前，安装在进气总管里，连接 ECU 后计算出燃料喷射的量，可以正确地检测出实际的空燃比状况。

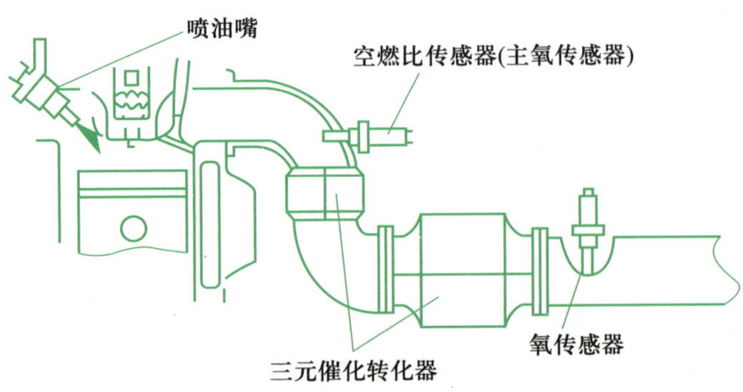

图 3-10　空燃比传感器的安装位置

(3) 空燃比传感器的结构

空燃比传感器由一个氧气泵单元、普通窄范围浓度电压型氧化锆式氧传感器、加热器等构成,如图 3–11 所示。

(4) 空燃比传感器的电气图

空燃比传感器一般有 6 个端子,包括加热线圈电源端子、加热线圈搭铁端子、2 个 5 V 电源端子(部分空燃比传感器将 2 个 5 V 电源端子合并成 1 个)、传感器信号端子、泵电流输入端子。其电气图如图 3–12 所示。

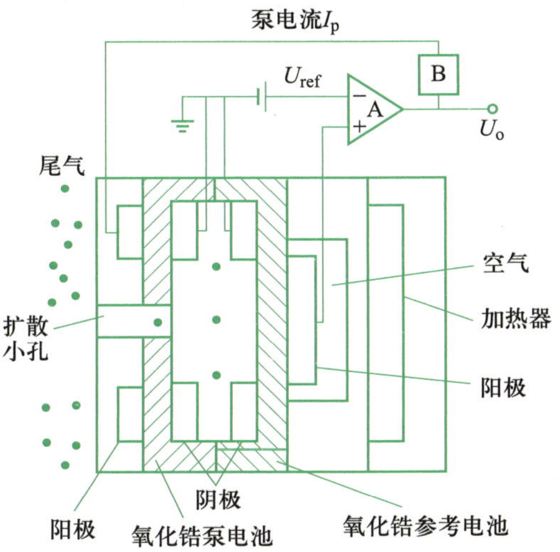

图 3–11 空燃比传感器的结构

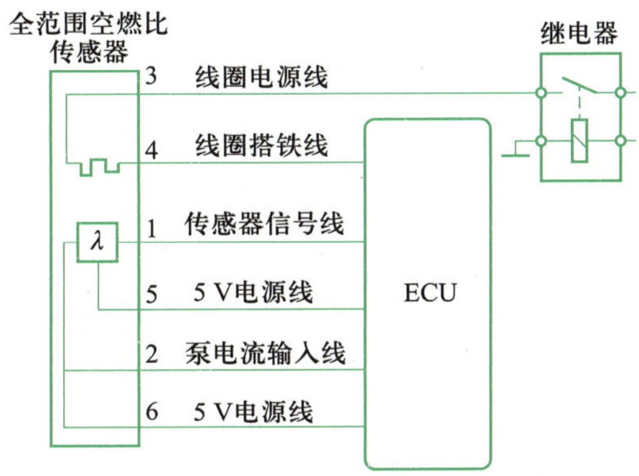

图 3–12 空燃比传感器的电气图

(5) 空燃比传感器的排故思路

查阅维修手册,可知空燃比传感器的排故思路如图 3–13 所示。

图 3–13 空燃比传感器排故思路

2. 技能操作

(1) 操作准备

准备技能操作所需的物料,如表 3–14 所示。

表 3–14 物料准备

类别	所需物料
教学整车 / 实训平台	新能源教学整车
设备、仪器、工具	高压安全防护用品、绝缘工具、绝缘扭力扳手、高阻抗万用表

（2）空燃比传感器检测

使用万用表检测空燃比传感器，将结果记录在表 3-15 中。

表 3-15　空燃比传感器检测记录

序号	项目	内容	操作记录
1	电阻检测	关闭点火开关，拆卸传感器线束连接器	测量值：
		测量空燃比传感器侧加热线圈电源端子和搭铁端子间的电阻	参考：阻值为∞时，说明加热线圈烧断
2	电压检测	打开点火开关	测量值：
		测量线束侧加热线圈电源端子与搭铁端子之间的电压	参考：正常为蓄电池电压
3	电源信号检测	读取 ECU 电压值	电压值：
			混合气过稀□　混合气过浓□

四、检查评估

对本任务的学习情况进行检查，并将相关内容填写在表 3-16 中。

表 3-16　检查表

检查项目	检查结果	结果点评
氧传感器的检测		
是否正确完成氧传感器故障码读取的检测作业	是□　否□	
是否正确完成氧传感器数据流读取的检测作业	是□　否□	
是否正确完成氧传感器中毒的检测作业	是□　否□	
是否正确完成氧传感器积炭的检测作业	是□　否□	

续表

检查项目	检查结果	结果点评
氧化锆式氧传感器的检测		
是否正确完成氧化锆式氧传感器电阻的检测作业	是□ 否□	
是否正确完成氧化锆式氧传感器电压的检测作业	是□ 否□	
是否正确完成氧化锆式氧传感器对地绝缘的检测作业	是□ 否□	
是否正确完成氧化锆式氧传感器信号电压的检测作业	是□ 否□	
氧化钛式氧传感器的检测		
是否正确完成氧化钛式氧传感器电阻的检测作业	是□ 否□	
是否正确完成氧化钛式氧传感器电压的检测作业	是□ 否□	
是否正确完成氧化钛式氧传感器对地绝缘的检测作业	是□ 否□	
是否正确完成氧化钛式氧传感器信号电压的检测作业	是□ 否□	
空燃比传感器的检测		
是否正确完成空燃比传感器电阻的检测作业	是□ 否□	
是否正确完成空燃比传感器电压的检测作业	是□ 否□	
是否正确完成空燃比传感器信号电压的检测作业	是□ 否□	
整理和恢复		
工具、设备是否整理恢复	是□ 否□	
实训工位是否打扫干净	是□ 否□	
工作页是否填写完整	是□ 否□	

五、任务小结

本任务小结如图 3-14 所示。

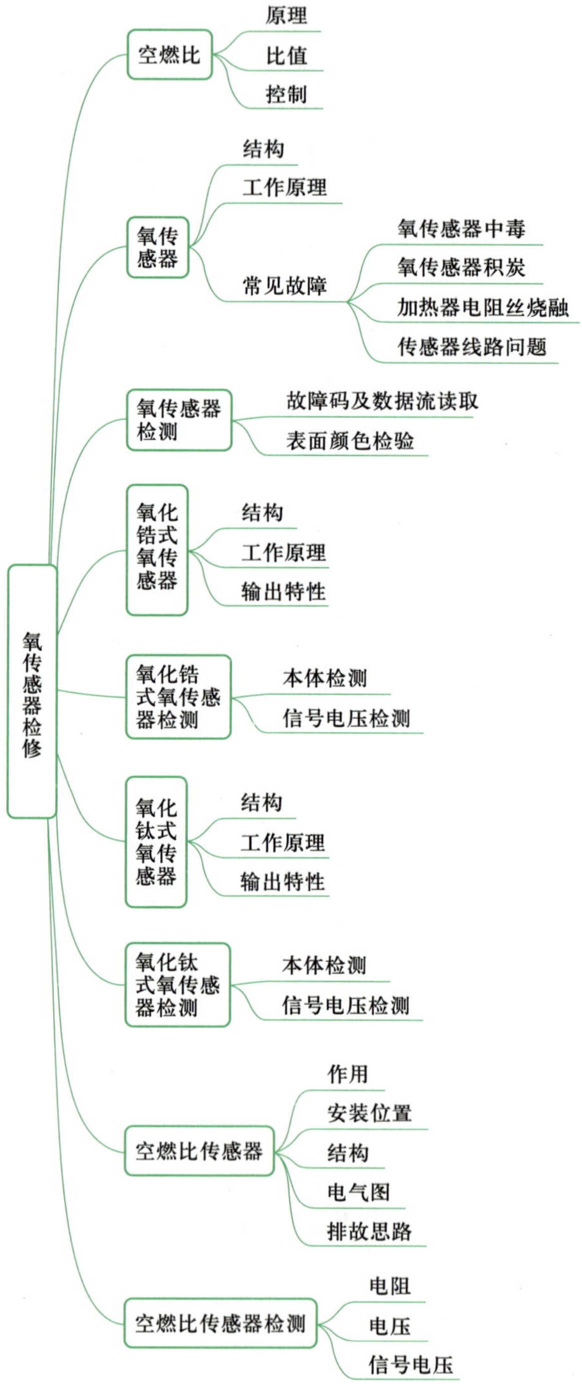

图 3-14 任务小结

情境二
混动系统发动机系统检修

一、情境介绍

混动系统发动机是由各个系统组成的，混动系统发动机要实现电子控制和高精度运行，必须由多个系统共同反馈信息和执行动作指令，本情境针对混动系统发动机中主要的系统进行规范的检查、测量和诊断，包括起动系统检修、点火系统检修、配气机构检修、发动机电子稳定系统检修、电子控制燃油喷射系统检修、增压系统检修、排放系统检修、润滑系统检修、冷却系统检修9个任务。

主要的学习内容有EPC控制系统检修、节气门清洗与检修、点火系统的拆装与检修、起动电机的拆装与检修、气门组件的检查与测量、可变气门控制系统的诊断、排放控制系统部件检测、混动发动机尾气分析、冷却系统部件检测、燃油压力检测、燃油泵检修、喷油器检修、机油压力检测、机油润滑系统部件检修、增压控制系统部件检修、增压压力检测等。

二、情境目标

◇ 能够参照维修手册的技术规范，按照操作流程要求，规范完成混动系统发动机各系统部件拆装作业。

◇ 能够依据混动系统发动机各系统的结构与工作原理，按照规范的检测流程，完成混动系统发动机各系统零部件的检测、数据分析。

◇ 能根据混动系统发动机各系统控制逻辑，进行混动系统发动机各系统的性能评估，进行混动系统发动机各系统的故障诊断。

任务四　起动系统检修

一、任务导入

场景：某品牌新能源汽车售后维修中心。

人物：维修技师小王、客户路先生

情节：路先生的某品牌混动汽车在行驶60 000 km后，某天出门时发现无法起动。经维修技师小王初检后，判断为起动系统控制线路故障，需要对起动系统控制线路进行检测。

二、任务目标

◇ 能够根据混合动力汽车电机的结构原理，规范完成电机的检测作业。

◇ 能够根据起动系统的结构原理，规范完成MG1的拆卸和检测作业。

◇ 能够根据起动系统的控制原理，规范完成起动系统的故障码和数据流分析及电路检测。

三、任务实施

（一）混合动力汽车电机拆卸与检修

1. 知识学习

（1）混合动力汽车起动系统的作用和构成

1）起动系统的作用

在混合动力汽车中，曲轴在外力作用下开始转动到发动机开始自动怠速运转的全过程，称为发动机的起动，完成起动过程所需的装置称为发动机的起动系统。

2）起动系统的构成

起动系统一般由高压蓄电池（HV蓄电池）、电子控制单元（ECU）、1号电动机/发电机（MG1）、2号电动机/发电机（MG2）、变频器、高压线束等组成，如图4-1所示。

（2）混合动力汽车电机的作用及特点

1）电机的作用

在混合动力汽车中，MG1既是发电机也是电动机，既可以作为起动机来起动发动机，也可以作为高压蓄电池供电并提供电能以驱动MG2。

微课

MG1的作用

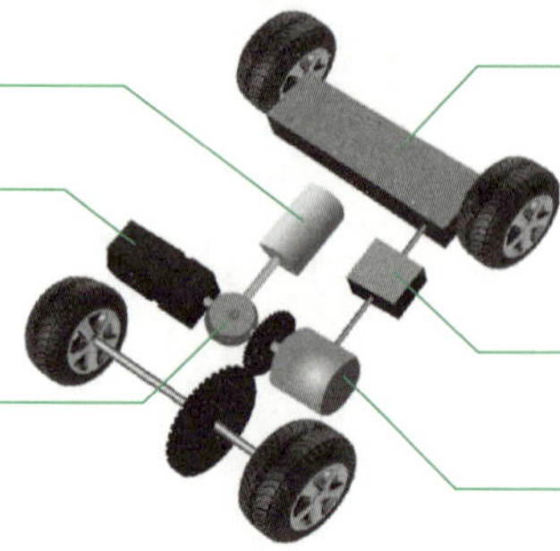

图 4-1　起动系统的结构组成

MG2 利用 MG1 或高压蓄电池的电能驱动汽车驱动轮，在减速时作为发电机为高压蓄电池充电。

2）电机的结构

混合动力汽车的电机一般包含定子、转子、定子线圈、永久磁铁、转子位置传感器、温度传感器。常见的 MG1 和 MG2 如图 4-2 所示。

(a) MG1　　(b) MG2

图 4-2　常见的 MG1 和 MG2

3）电机的特点

混合动力汽车上的电机具有以下特点。

① 高响应性：可适应频繁起停、频繁加减速以及频繁切换工作模式。

② 比功率大：体积小、质量轻。

③ 容错能力强：对电压波动的接收能力强，抗干扰性强。

④ 高效工作范围宽：电机工况随车辆变化，工作范围相对宽。

4）MG1 转子位置传感器

转子位置传感器用于在混合动力汽车以电动模式工作时，探测电机转子的准确位置、速度和旋转方向，并将信号传送给电子控制单元。电子控制单元用该信号判断 MG1 是否转动以及转速多少，从而操控 MG1 作为发电机、电动机或起动机使用，如图 4–3 所示。

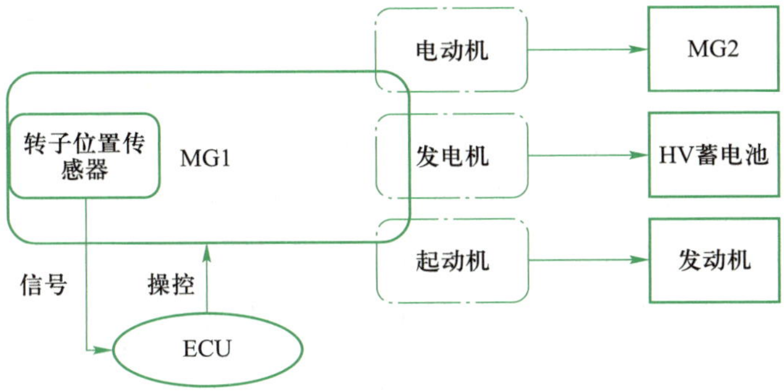

图 4–3　MG1 转子位置传感器的作用

（3）混合动力汽车电机的分类和原理

混合动力汽车电机常见的分类如图 4–4 所示，因为其工作条件对电机的要求较苛刻，所以在混合动力汽车上所采用的电机种类较少，功率覆盖面也较窄。混合动力汽车在不同历史时期采用了不同的电机，最早采用控制性能和成本较低的直流电机。随着电子技术、机械制造技术和自动控制技术的发展，三相异步电机、永磁同步电机和磁阻同步电机逐步取代直流电机。

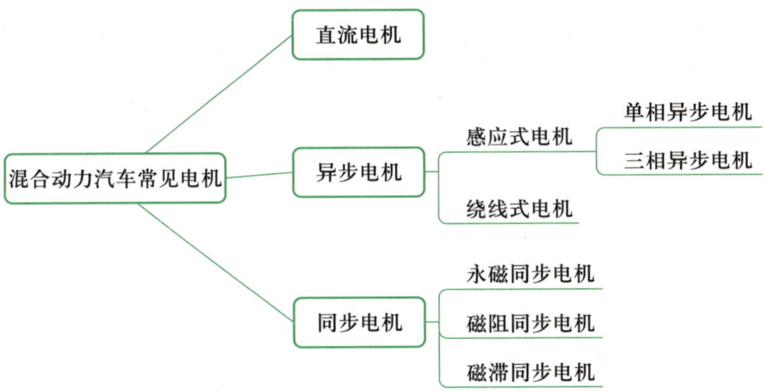

图 4–4　混合动力汽车电机常见的分类

1）三相异步电机

三相异步电机通常采用交流电驱动，三相异步电机主要由一个用以产生磁场的电磁铁绕组或分布的定子绕组和一个旋转电枢或转子组成。三相异步电机利用通电线圈在磁场中受力转动而产生电能，可以将交流电的电能转换为机械能。

① 三相异步电机的结构。

三相异步电机有笼型异步感应电机和绕线转子异步感应电机两种。笼型异步感应电机是目前应用最广泛的电机。

三相异步电机的定子和转子铁心均是由层叠、压紧的硅钢片组成，两端采用铝盖封装，在转子和定子之间没有相互接触的部件。因为结构简单，运行可靠，经久耐用，价格低廉，在混合动力汽车中被广泛采用。

② 三相异步电机的控制系统。

混合动力汽车一般采用动力蓄电池或发电机作为电源，而三相异步电机不能直接使用直流电源，且具有非线性输出特性。为此，在采用三相异步电机时增加逆变器，将直流电变为交流电，以实现对三相异步电机的控制。

混合动力汽车根据结构不同，通常有 3 种功率电路，分别为交 – 交变频器系统；直 – 交逆变器系统；交 – 直 – 交变频器系统。

交 – 交变频器系统：将恒压恒频的交流电逆变为频率可调的交流电。

直 – 交逆变器系统：把直流电变换成交流电。

交 – 直 – 交变频器系统：由交 – 直变换器和直 – 交变换器两部分组成，交 – 直变换器属于整流器；交 – 直 – 交变频器系统即把工频交流电先通过整流器整流成直流，再通过逆变器，把直流电逆变成频率可调的交流电。

如表 4–1 所示，一般前两种应用在装有交流电机的混合动力汽车上，第三种普遍应用在电动汽车上。

表 4–1　混合动力汽车中的功率电路

电路形式	示　意　图
交 – 交 变频器	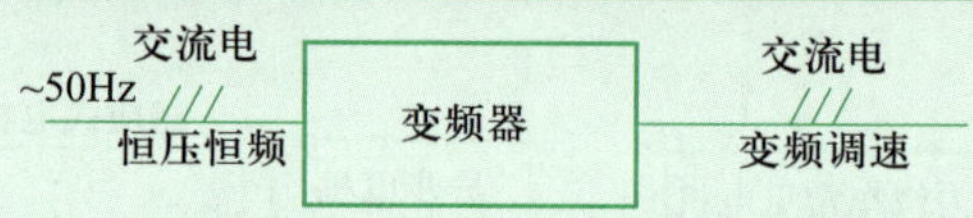
直 – 交 逆变器	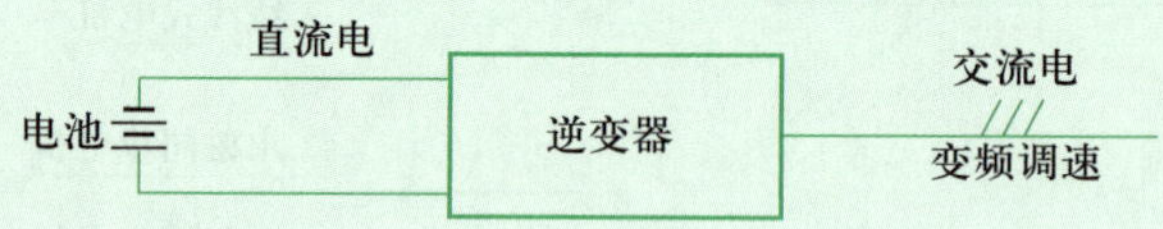
交 – 直 – 交变频器	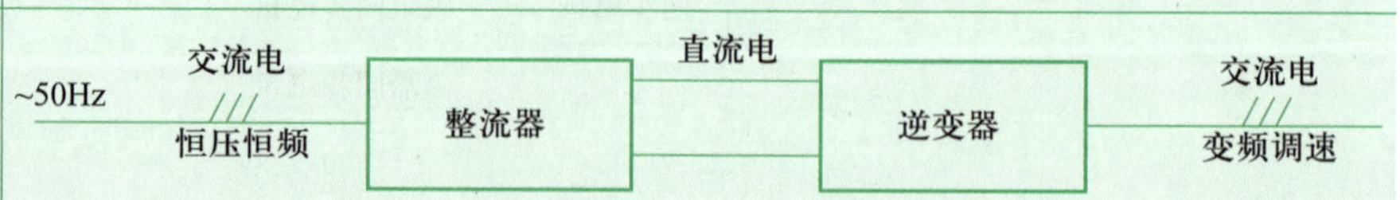

2）永磁电机

永磁电机是指定子是永磁体，只有转子是线圈的直流电机。由于转子上无绕组，无铜耗，磁通量小，在低负荷时铁损很小，因此永磁电机具有较高的功率 / 质量比，比其他类型的电机有更高的工作频率、更大的输出转矩。转子电磁时间常数较小，电机的动态特性好，极限转速和制动性能都优于其他类型的电机。此外，永磁电机定子绕组是主要的发热源，其冷却系统比较简单。

① 永磁电机的分类。永磁电机主要包括永磁同步电机和永磁无刷直流电机两种，两种电机同步特性的区别表现在它们的电流曲线形状上。如图 4–5 所示，永磁无刷直流电机具有矩形脉冲波电流；永磁同步电机具有正弦波电流。

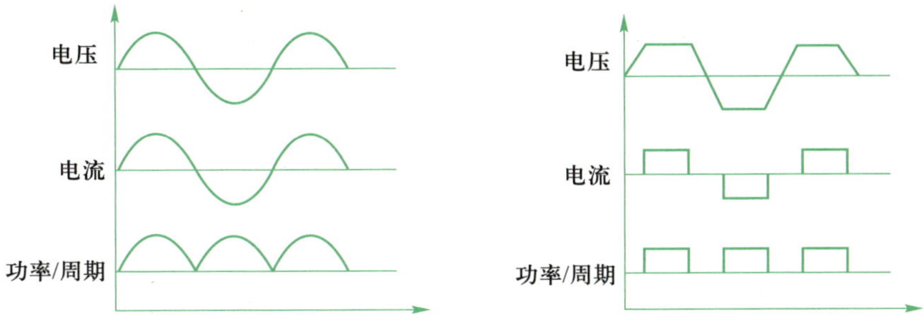

(a) 永磁同步电机　　(b) 永磁无刷直流电机

图 4–5　永磁电机的同步特性比较

② 永磁电机的结构。按永久磁铁在永磁电机上的布置不同，永磁电机可以分为内部永磁型（IPM）、表面永磁型（SPM）、混合式永磁型（ISPM）等结构形式，将永磁磁极按 N 极和 S 极顺序排列组成永磁电机的磁性转子。

不同结构的电机其磁性转子的结构也不同，如表 4–2 所示。其中，内部永磁型转子的磁路结构可以分为径向型磁路结构、切向型磁路结构和混合型磁路结构。

表 4–2　磁性转子的结构

<table>
<tr><th colspan="2">磁性转子的结构</th><th>图　示</th></tr>
<tr><td rowspan="2">内部永磁型（IPM）</td><td>径向型磁路结构</td><td>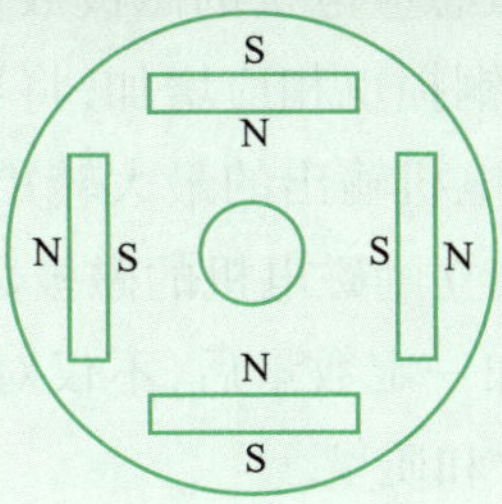
</td></tr>
<tr><td>切向型磁路结构</td><td>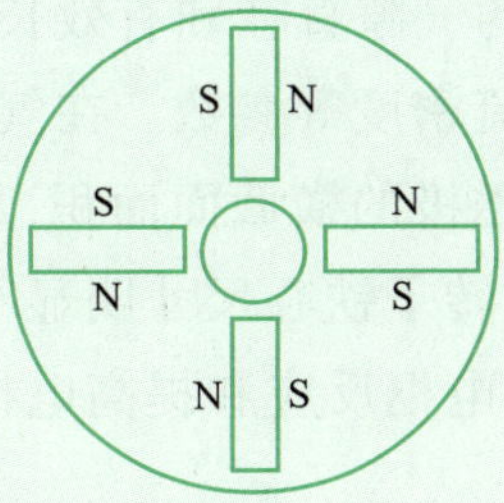
</td></tr>
</table>

续表

磁性转子的结构		图示
内部永磁型（IPM）	混合型磁路结构	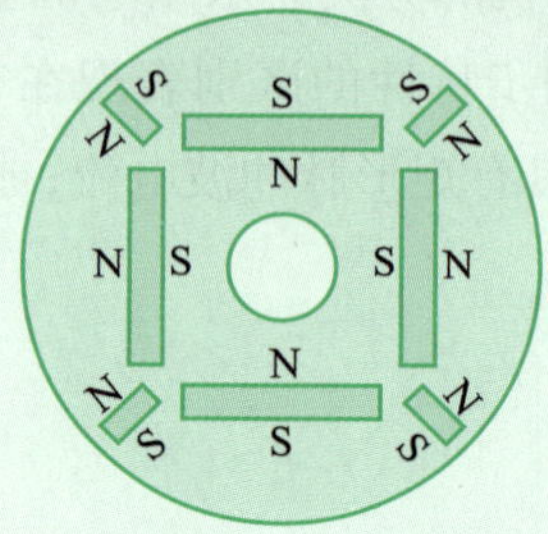
表面永磁型（SPM）		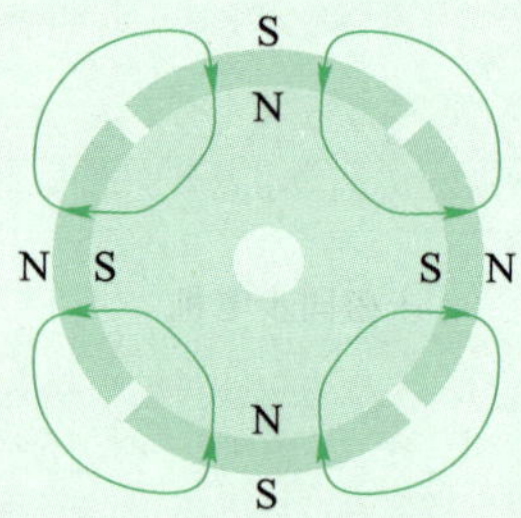
混合式永磁型（ISPM）		

相比于一般感应电机的磁极数量增多以后，电机在同样的转速下，工作频率随之增加，定子的铜损也相应增加，将导致功率因数急速减小。磁阻电机的磁极数量增多以后，会使电机输出的最大转矩和最小转矩值彼此差距很大，对磁阻电机的性能影响较大。独立励磁电机的磁极数量增多以后，将无法达到额定的转矩。而永磁电机的磁极增加一定数量后，不仅对电机的性能没有明显的影响，还可以有效减小永磁电机的尺寸和质量。

永磁电机的气隙直径和有效长度取决于电机的额定转矩、气隙磁通密度、定子绕组的线电流密度等参数。在气隙磁通密度相同的条件下，增加磁极的数量，可以减小电机磁极的横截面面积，从而使电机转子铁心的直径减小，如图 4-6 所示，十六极永磁转子铁心尺寸明显小于四极永磁转子铁心。增加磁通密度、改进磁路结构、减弱电枢反应和提高电机的转速，是提高永磁电机性能和效率的主要途径。

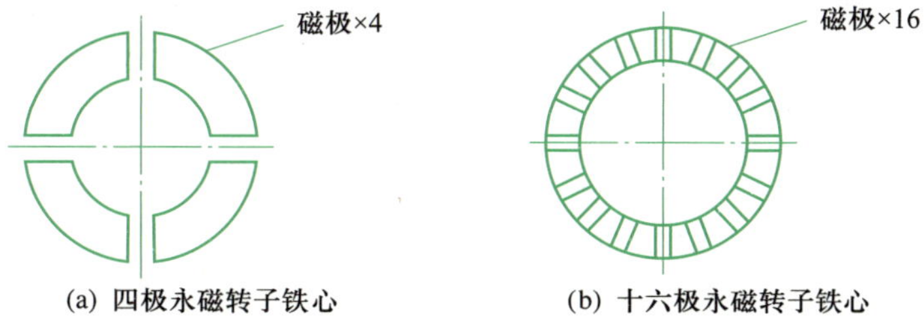

图 4-6　四极永磁转子铁心与十六极永磁转子铁心尺寸比较

③ 永磁无刷直流电机。永磁无刷直流电机在工作时，直接将矩形脉冲波电流输入永磁无刷直流电机的定子中，控制永磁无刷直流电机运转。矩形脉冲波可以使电机获得较大的转矩，故永磁无刷直流电机效率高、出力大、高速操作性能好、无电刷、结构简单牢固、免维护或少维护、尺寸小、质量小。但如果输出的波形不好，会发生较大的脉动转矩和冲击力，影响电机的低速性能，电流损耗大，工作噪声大。

④ 永磁磁阻同步电机。永磁磁阻同步电机是用永久磁铁取代他励同步电机的转子励磁绕组，转子采用径向永久磁铁制成的多层永磁磁极，形成可同步旋转的磁极。其具有高效率和高比功率的优点，输出转矩与转动惯量较大，在高速运转时具有良好的可靠性，平稳工作时电流损耗小。

3）开关磁阻电机

开关磁阻电机是一种新型调速电机，其结构比其他任何一种电机都要简单，在电机的转子上，没有集电环、绕组等转子导体和永久磁铁等。开关磁阻电机主要包括开关磁阻电机本体、电力电子功率变流器、转子位置传感器及控制器（ECU）四部分，如图 4-7 所示。

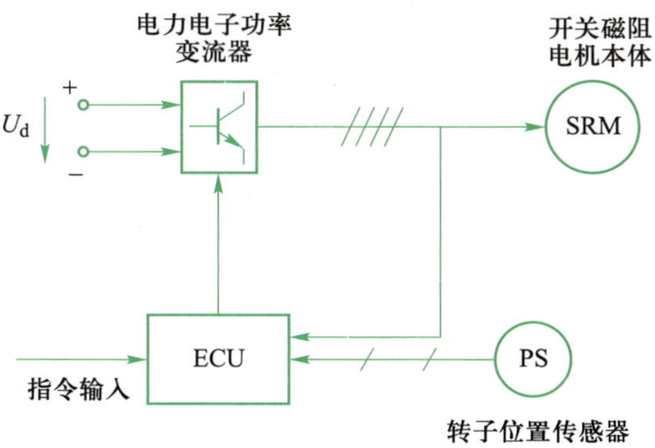

图 4-7　开关磁阻电机的组成

开关磁阻电机的定子和转子都是凸极结构，只在定子上安装有很简单的集中励磁绕组，励磁绕组的端部较短，没有相间跨接线，磁通量集中于磁极区，通过定子电流来励磁。开关磁阻电机可以在较宽的转速范围内,转矩、转速可灵活控制,调速控制较简单且能实现四象限运行。其具有较高的起动转矩和较低的起动功率,功率密度高,结构简单坚固,可靠性好。

如图 4-8 所示,如果按 U → V → W 的顺序向定子绕组轮流通电时,定子便产生按顺序变化的磁场,此时,电机的转子就会连续不断地逆时针转动,反之亦然。

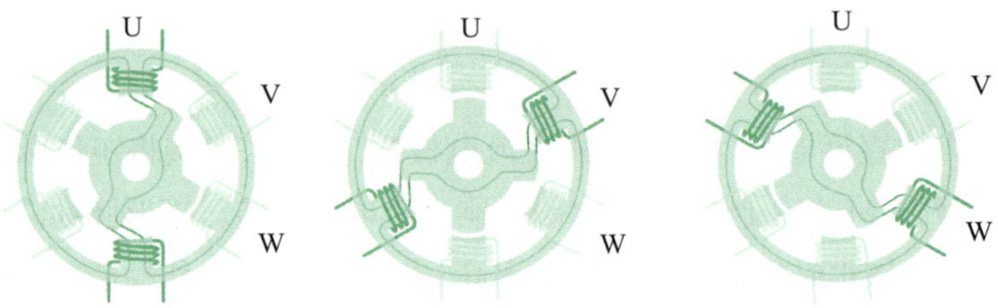

图 4-8 开关磁阻电机的工作原理

(4)电机的排故思路

查阅相关手册,可知电机的检修主要有定子的检修、转子的检修、轴承的检修等,如图 4-9 所示。

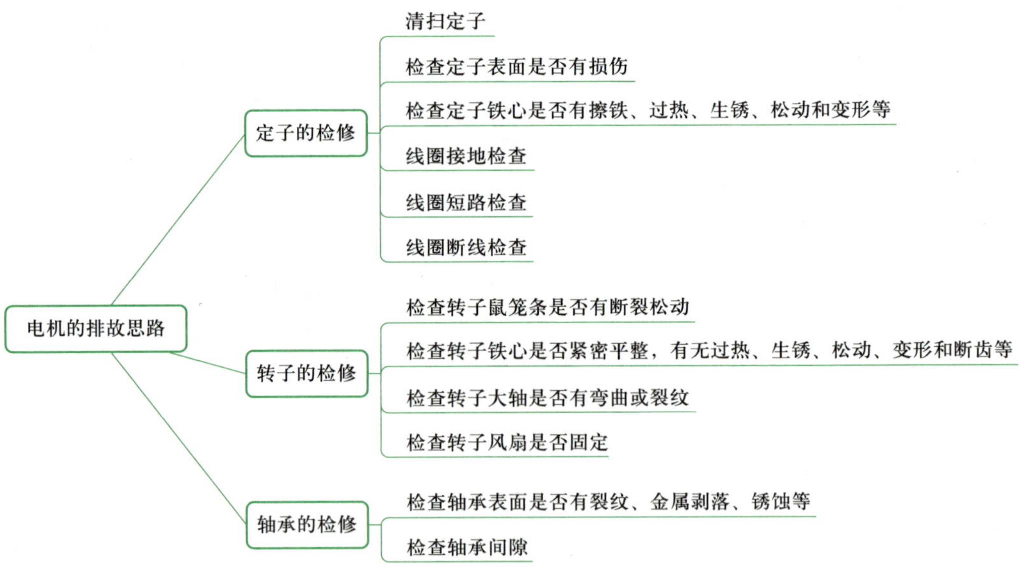

图 4-9 电机的排故思路

(5)MG1 的拆卸检测流程

以阿特金森循环发动机为例拆卸 MG1,拆卸过程包括拆卸 MG1 盖板、拆卸 MG1 总成、拆卸 MG1 转子位置传感器、MG1 检测等,具体流程与内容如图 4-10 所示。

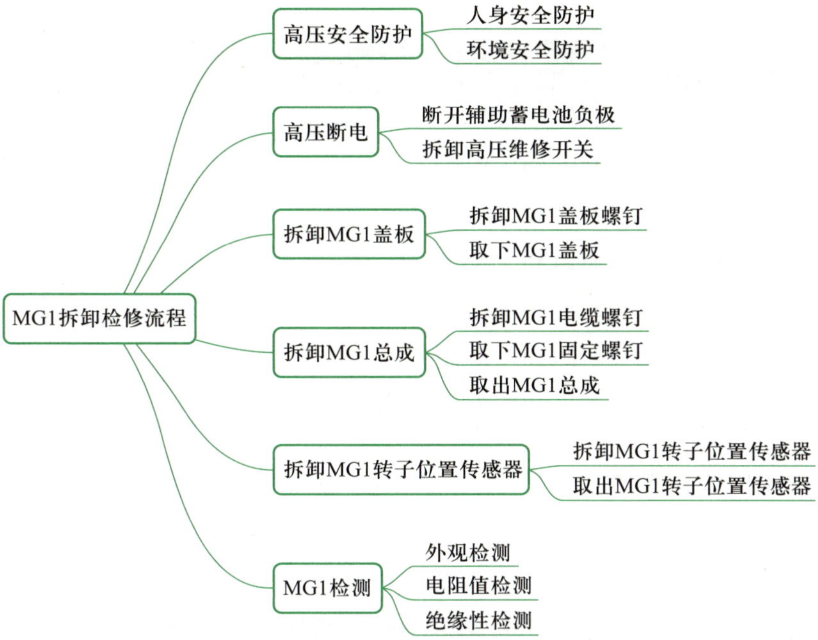

图 4–10　MG1 拆卸检测流程

2. 技能操作

（1）操作准备

准备技能操作所需的物料，如表 4–3 所示。

表 4–3　物料准备

类别	所需物料
教学整车 / 实训平台	新能源教学整车
设备、仪器、工具	高压安全防护用品、绝缘工具、绝缘扭力扳手、组合工具、万用表

（2）MG1 拆卸与检修

① MG1 拆卸。参考维修手册，按照标准流程拆卸 MG1，并将相关内容记录在表 4–4 中。

表 4–4　MG1 拆卸记录

序号	项目	内容	工具
1	高压安全防护	人身安全防护	
		环境安全防护	
2	高压断电	断开辅助 HV 蓄电池负极	
		拆卸高压维修开关	

续表

序号	项目	内容	工具
3	拆卸 MG1 盖板	拆卸并取出 MG1 盖板螺钉	
		取下 MG1 盖板	
4	拆卸 MG1 总成	拆卸 MG1 盖板螺钉	
		拆卸 MG1 固定螺钉	
		取出 MG1 总成	
5	拆卸 MG1 转子位置传感器	拆卸 MG1 转子位置传感器总成	
		取出 MG1 转子位置传感器	

② MG1 检测。参考维修手册，按照标准流程检测 MG1，将相关内容记录在表 4–5 中。

表 4–5　MG1 检测记录

序号	项目	内容	工具	检测结果（是否正常）
1	检查外观	检查 MG1 外观是否有损坏		是□　否□
2	检测电阻值	U 相和 V 相电阻		是□　否□
		U 相和 W 相电阻		是□　否□
		V 相和 W 相电阻		是□　否□
3	检测绝缘性	U 相与线圈是否绝缘		是□　否□
		V 相与线圈是否绝缘		是□　否□
		W 相与线圈是否绝缘		是□　否□

（二）混合动力汽车起动系统拆检

1. 知识学习

（1）MG1 作为电动机起动发动机

HV 蓄电池电荷量较低，MG2 无法在纯电动模式下驱动车辆时，HV 蓄电池便向变频器总成输送电能，变频器将 HV 蓄电池的高压直流电转变为高压交流电，使 MG1 工作，此时 MG1 作为电动机使用，起动发动机，如图 4–11 所示。

动画
混合动力汽车起动系统的作用和结构

（2）MG1 作为起动机起动发动机

HV 蓄电池电荷量不足或汽车速度超出纯电模式下的速度范围或汽车需要较大动力时，MG1 作为起动机起动混合动力汽车发动机，如图 4–12 所示。

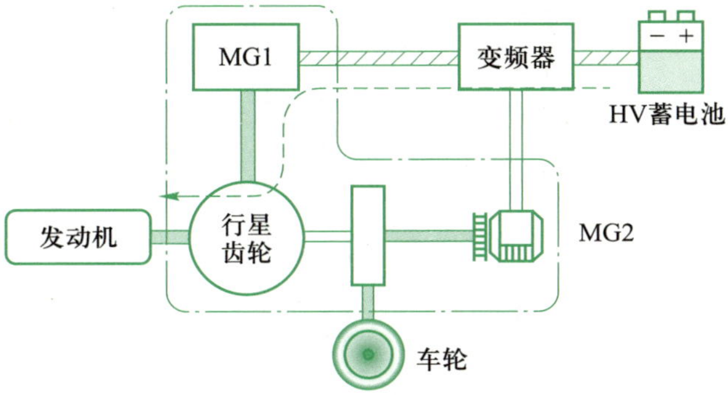

图 4-11　MG1 作为电动机起动发动机

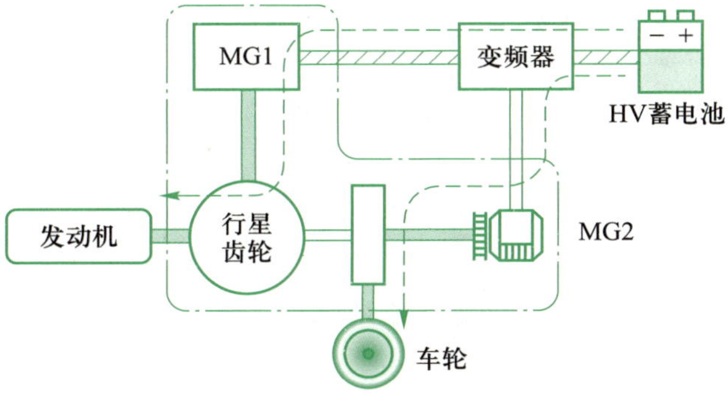

图 4-12　MG1 作为起动机起动发动机

（3）MG1 作为发电机向 HV 蓄电池充电

当发动机起动后，MG1 便作为发电机发电，MG1 产生的高压交流电通过变频器总成转换成高压直流电，并向 HV 蓄电池充电，如图 4-13 所示。

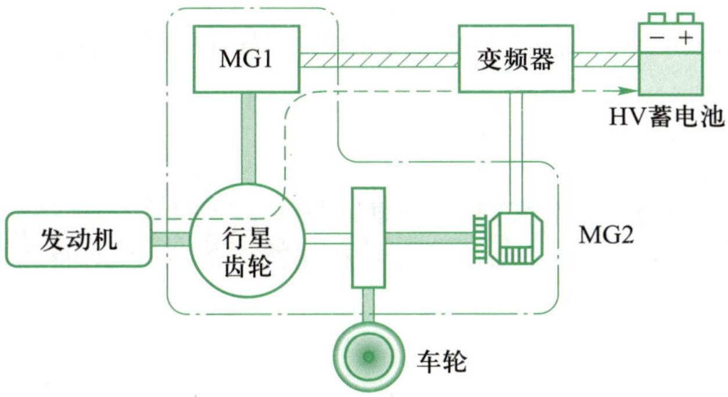

图 4-13　MG1 作为发电机向 HV 蓄电池充电

（4）MG1 和 MG2 的电气图

MG1 和 MG2 的电气图如图 4-14 所示。

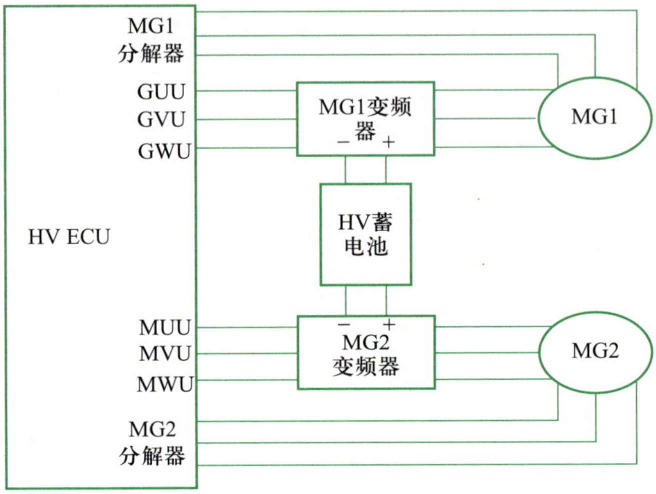

图 4–14　MG1 和 MG2 的电气图

2. 技能操作

（1）操作准备

准备技能操作所需的物料，如表 4–6 所示。

表 4–6　物料准备

类别	所需物料
教学整车 / 实训平台	新能源教学整车
设备、仪器、工具	高压安全防护用品、绝缘工具、绝缘扭力扳手、诊断仪、万用表

（2）起动系统的检测

① 读取故障码。从诊断仪上读取车辆故障码，将故障码填写在表 4–7 中，并根据故障码进行分析。

表 4–7　车辆故障码记录表

序号	故障码	故障码描述	是否正常	维修意见
1			是□　否□	
2			是□　否□	
3			是□　否□	

② 读取数据流。从诊断仪上读取数据流，将数据流填写在表 4–8 中，并根据数据流进行分析。

表 4-8　数据流信息

序号	控制单元	名称	当前值 / 状态	标准值 / 状态	是否正常
1					是□　否□
2					是□　否□
3					是□　否□

（3）起动系统的电路检测

参考维修手册，按照标准流程分别检测起动控制线路和起动机供电线路。

① 起动控制线路的通断检测。使用万用表电阻挡，依次检测线路的通断，并将相关内容记录在表 4–9 中。

表 4-9　起动控制线路的通断检测

序号	项目	内容	检测结果
1	HV 蓄电池与 MG1 变频器的通断	HV 蓄电池正极与 MG1 变频器的通断	通□　断□
2	MG1 与 MG1 变频器的通断	MG1 与 MG1 变频器的通断	通□　断□
3	MG1 变频器与 HV ECU 的通断	MG1 变频器与 GUU 的通断	通□　断□
		MG1 变频器与 GVU 的通断	通□　断□
		MG1 变频器与 GWU 的通断	通□　断□
4	MG2 变频器与 HV ECU 的通断	MG2 变频器与 MUU 的通断	通□　断□
		MG2 变频器与 MVU 的通断	通□　断□
		MG2 变频器与 MWU 的通断	通□　断□

② 起动供电线路检测。使用万用表电压挡，依次检测线路各节点的电压降情况，并将相关内容记录在表 4–10 中。

表 4-10　起动供电线路的电压检测

序号	项目	内容	检测结果（是否正常）
1	MG1 与 HV 蓄电池间的电压	MG1 V 相与 HV 蓄电池间的电压	是□　否□
		MG1 U 相与 HV 蓄电池间的电压	是□　否□
		MG1 W 相与 HV 蓄电池间的电压	是□　否□
2	MG1 与搭铁间的电压	MG1 V 相与搭铁间的电压	是□　否□
		MG1 U 相与搭铁间的电压	是□　否□
		MG1 W 相与搭铁间的电压	是□　否□

续表

序号	项目	内容	检测结果（是否正常）
3	MG2 与 HV 蓄电池间的电压	MG2 V 相与 HV 蓄电池间的电压	是□　否□
		MG2 U 相与 HV 蓄电池间的电压	是□　否□
		MG2 W 相与 HV 蓄电池间的电压	是□　否□
4	MG2 与搭铁间的电压	MG2 V 相与搭铁间的电压	是□　否□
		MG2 U 相与搭铁间的电压	是□　否□
		MG2 W 相与搭铁间的电压	是□　否□

四、检查评估

对本任务的学习情况进行检查，并将相关内容填写在表 4-11 中。

表 4-11　检查表

检查项目	检查结果	结果点评
混合动力汽车电机的结构		
是否正确完成电机的检修作业	是□　否□	
起动系统的结构		
是否正确完成 MG1 的拆卸作业	是□　否□	
是否正确完成 MG1 的检修作业	是□　否□	
起动系统的控制原理		
是否正确完成数据流的读取分析作业	是□　否□	
是否正确完成故障码的读取分析作业	是□　否□	
是否正确完成起动控制线路的检测作业	是□　否□	
是否正确完成起动供电线路的检测作业	是□　否□	
整理和恢复		
工具、设备是否整理恢复	是□　否□	
实训工位是否打扫干净	是□　否□	
工作页是否填写完整	是□　否□	

五、任务小结

本任务小结如图 4-15 所示。

图 4-15 任务小结

任务五 点火系统检修

一、任务导入

场景：某品牌新能源汽车售后维修中心。

人物：维修技师小黄、客户张女士。

情节：路先生的某品牌混动汽车在行驶约 55 000 km 时，急加速时进气管有类似炮炸声的异响。经维修技师小黄初检后，判断为点火系统故障导致的点火异常，需要对点火系统进行诊断与检修。

二、任务目标

◇ 能够根据点火系统的结构原理，规范完成点火正时检测、爆震控制检测作业。

◇ 能够根据火花塞的结构原理，规范完成火花塞的拆卸和检测作业。

◇ 能够根据点火线圈的结构原理，规范完成点火线圈的检测作业。

三、任务实施

（一）点火系统的检测

1. 知识学习

（1）点火系统的作用

与传统燃油汽车一样，混合动力汽车的点火系统的作用是保证发动机在压缩行程接近上止点时在最佳点火时刻可靠地点燃可燃混合气，使发动机及时、迅速地做功，顺利地实现从热能到机械能的转变，以适应发动机不同工况和使用条件。传统的点火系统组成如图 5-1 所示。

混合动力汽车发动机点火系统应满足以下基本要求。

① 将低压电转变为足以击穿火花塞间隙的高压电。

② 火花塞产生的电火花应有足够的能量。

③ 根据工况提供最佳的点火时刻并满足点火次序。

（2）点火系统的分类及工作原理

点火系统可分为无触点点火系统、微机控制点火系统、无分电器点火系统。混合动力汽车发动机一般使用微机控制点火系统，按有无分电器分类，可分为有分电器微机控制点火系统和无分电器微机控制系统。其中，无分电器微机控制点火系统将

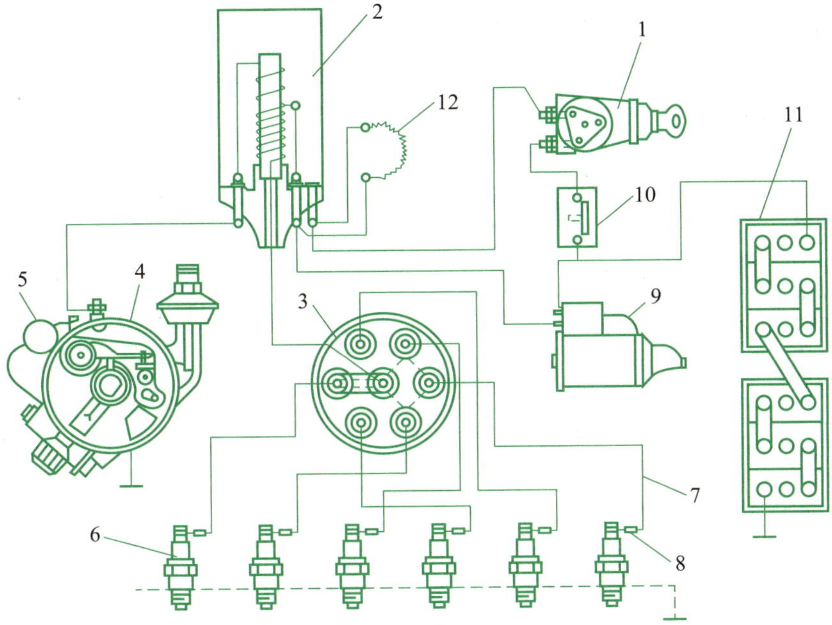

图 5-1　点火系统的组成

1—点火开关；2—点火线圈；3—配电器；4—断电器；5—电容器；6—火花塞；7—高压导线；
8—阻尼电阻；9—起动机；10—电流表；11—蓄电池；12—附加电阻

点火线圈产生的高压电直接给火花塞点火，增加了点火能量，避免了与分电器有关的机械故障，有效提高可靠性。

1）有分电器微机控制点火系统

有分电器微机控制点火系统控制原理如图 5-2 所示。其中，分电器由配电器、信号发生器和机械式点火提前角调节机构等组成。

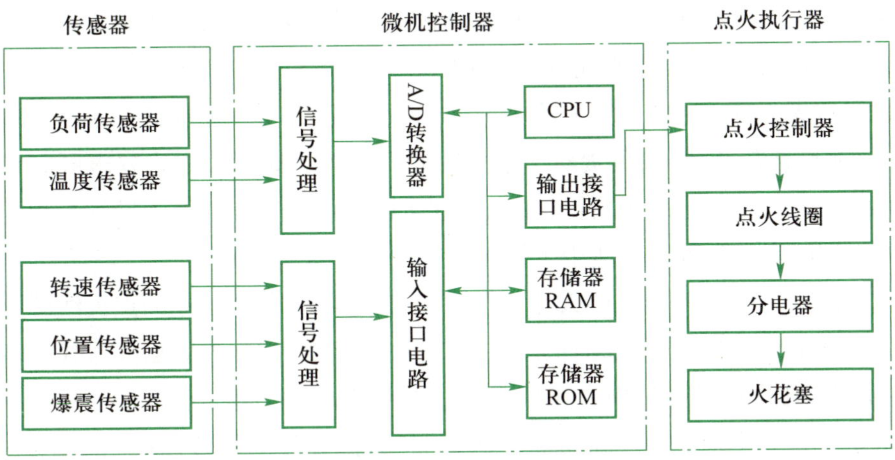

图 5-2　有分电器微机控制点火系统控制原理图

2）无分电器微机控制点火系统

无分电器微机控制点火系统主要由低压蓄电池、点火开关、传感器、电子控制单元（ECU）、点火控制器、点火线圈、火花塞、高压线和各种传感器组成，如图 5–3 所示。

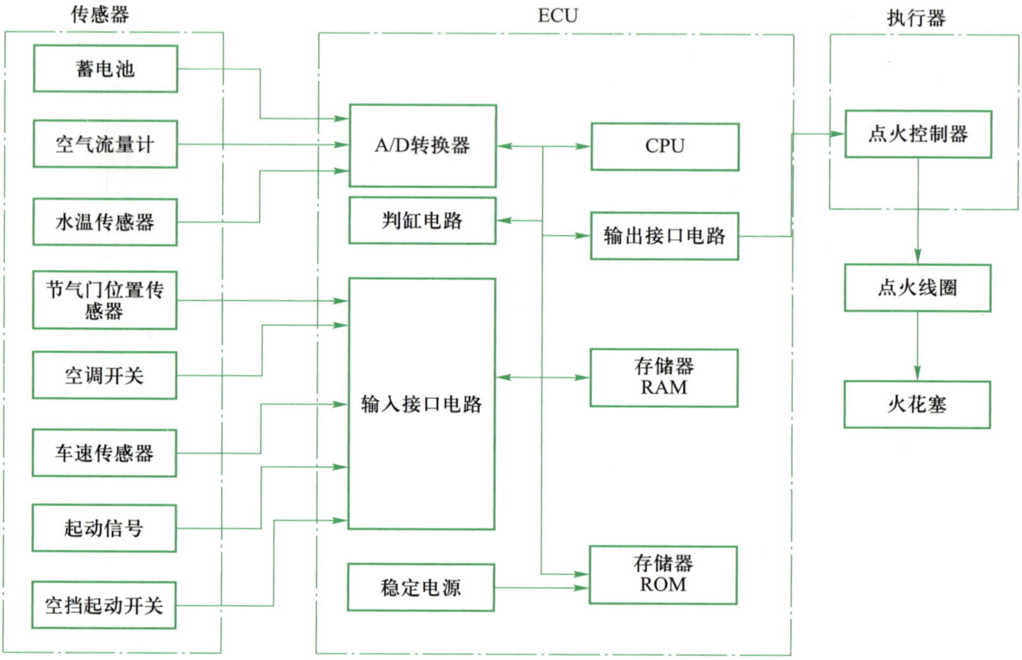

图 5–3　无分电器微机控制点火系统的组成

无分电器微机控制点火系统的点火控制器还具备电子配电功能，即可控制点火线圈组中的点火线圈导通与截止的时序，以此控制火花塞依次跳火，完成点火过程控制。

无分电器微机控制点火系统根据高压配电方式的不同，可分为独立点火方式和分组点火方式两种，其工作原理也各不相同。

分组点火方式是指 2 个气缸合用一个点火线圈，即一个点火线圈有 2 个高压输出端，分别与火花塞相连，负责对 2 个气缸同时点火。该点火方式要求同时点火的 2 个气缸的一个气缸处于压缩行程的上止点时，另一个气缸则处于排气行程的上止点。所以同时点火系统只能适用于气缸数目为偶数的发动机。

独立点火方式是一个缸的火花塞配一个点火线圈，各个独立的点火线圈直接安装在火花塞上，独立向火花塞提供高压电，各缸直接点火，即独立点火方式去掉了高压线，使得高压电能的传递损失和对无线电的干扰最大限度地降低。

由于一个线圈向一个气缸提供点火能量，因此在发动机转速相同时，单位时间内线圈中通过的电流要小得多，线圈不容易发热。为保证在发动机高速运转时也能提供足够的点火能量，因此，线圈的一次电流可以设计得很大。

独立点火方式的电气图如图 5-4 所示。

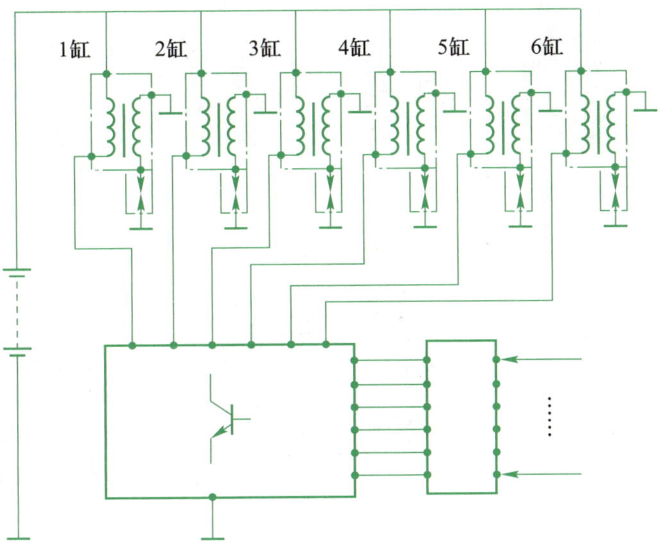

图 5-4　独立点火方式的电气图

（3）火花塞

1）火花塞的作用和结构

火花塞的作用是将上万伏的高压电引入燃烧室，并产生电火花点燃混合气，与点火系统和供油系统配合使发动机做功，在很大程度上共同决定着发动机的性能。

火花塞按结构分类，一般分为多极火花塞和单极火花塞。

不同的火花塞间隙不同，若火花塞间隙过小，较短的放电距离使火核没有充分发育，热量较多地被侧电极吸收，降低了点火能量。若火花塞间隙过大，需要提高点火电压和点火闭合角，以免高速时点火闭合角不够而发生失火，导致大负荷动力不足。

火花塞是易耗品，汽车行驶一段时间就需要检查火花塞的损耗情况，如损耗严重，需及时进行更换。

火花塞的制作材料不同，其使用寿命也不同，镍合金火花塞寿命约 20 000 km，白金火花塞寿命为 40 000 ~ 50 000 km，铱金火花塞寿命为 60 000 ~ 80 000 km。

2）火花塞的常见故障

常见的火花塞故障有电极发白、电极烧蚀、电极积炭过多、电极过热、电极铅污染、烧机油、绝缘瓷柱破裂、生锈等，如图 5-5 所示。

3）火花塞的排故思路

查阅维修手册可知，对火花塞进行检测时，除了对外观检测，还需要对其性能和电路进行检测。火花塞的排故思路如图 5-6 所示。

(a) 电极发白　(b) 电极烧蚀　(c) 电极积炭过多

(d) 电极过热　(e) 电极铅污染　(f) 烧机油

(g) 绝缘瓷柱破裂　(h) 生锈

图 5-5　常见的火花塞故障

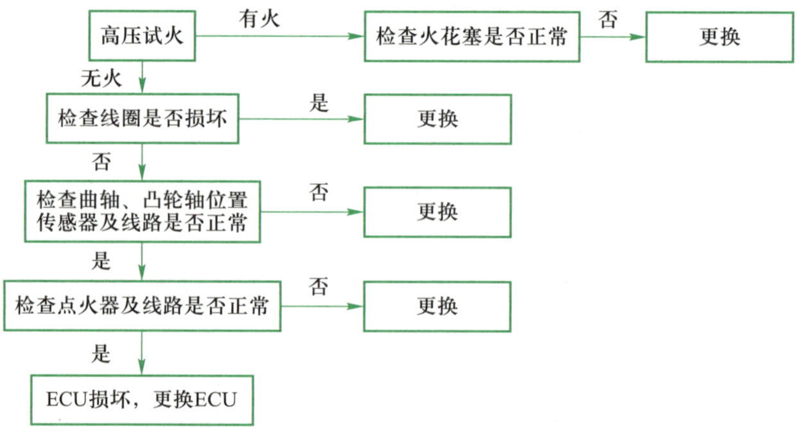

图 5-6　火花塞的排故思路

（4）点火线圈

1）点火线圈的作用和结构

点火线圈的作用是将 12 V 低压电转变成 20 kV 左右的高压电，其结构与自耦变压器相似。

混合动力发动机上的点火线圈一般包含两组绕组，一次绕组和二次绕组。一次绕组一端与车上低压电源连接，另一端与开关装置连接。二次绕组一端与一次绕组连接，另一端与高压线输出端连接输出高电压。

点火线圈的一次绕组通电时，其周围产生磁场，并由于铁心作用而加强。点火模块断开低压电路时，一次电路迅速降为零，铁心中的磁场随之迅速衰减以至消失，匝数多导线细的二次绕组中感应出 25 000 ~ 30 000 V 的高电压，使火花塞电极之间的间隙被击穿，产生电火花。在二次绕组中电阻就是火花塞电极间的间隙，电极间隙越大，电阻就越大，所需的击穿电压就越高。

2）点火线圈的控制

由于混合动力汽车一般采用高能点火线圈，改善点火性能。为了防止一次电流过大烧坏点火线圈，在部分电控点火系统控制电路中增加了恒流控制电路。

恒流控制的基本方法是：在点火器功率晶体管的输出回路中增设一个电流检测电阻，用电流在该电阻上形成的电压降反馈控制晶体管的基极电流，只要这种反馈为负反馈，就可以使晶体管的集电极电流稳定，从而实现恒流控制。

3）点火线圈的常见故障

点火线圈的常见故障有一次绕组、二次绕组短路、匝间短路或绕组搭铁短路、点火线圈绝缘老化、漏电、点火线圈内部导线连接点接触不良。

点火线圈故障可能导致无次级电压产生，或二次电压太低而不能点火；虽能跳火，但由于二次电压降低，点火能量不足而出现高速断火、缺火，导致发动机不易起动、怠速不稳、功率下降、排气污染增加等。

4）点火线圈的排故思路

查阅维修手册，可知点火系统的排故思路如图 5–7 所示。

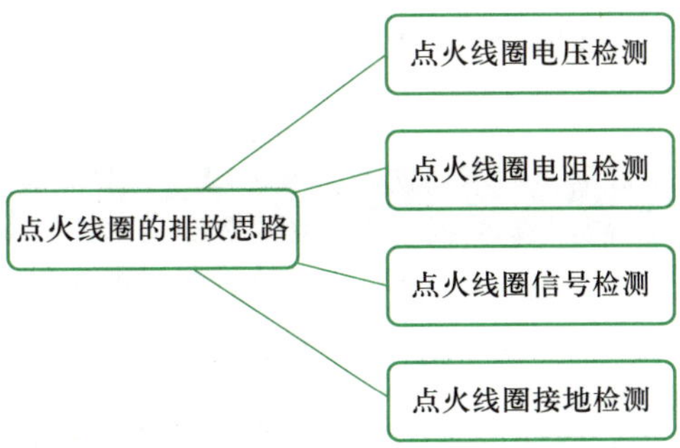

图 5–7　点火系统的排故思路

2. 技能操作

（1）操作准备

准备技能操作所需的物料，如表 5–1 所示。

表 5-1　物料准备

类别	所需物料
教学整车 / 实训平台	新能源教学整车
设备、仪器、工具	高压安全防护用品、绝缘工具、绝缘扭力扳手、套筒扳手、长接杆、火花塞专用套筒、磁性扳手

（2）火花塞的拆卸

查阅相关手册，拆卸火花塞，并将相关内容记录到表 5-2 中。

表 5-2　火花塞的拆卸

序号	项目	内容	操作记录
1	拆卸外围件	关闭点火开关，拆卸发动机气缸盖罩	工具：
		拆卸上盖板密封件、前围通风器格栅分总成	工具：
2	断开连接器	断开进气凸轮轴正时控制阀总成连接器	
		断开点火线圈连接器	
3	拆卸点火线圈	松开点火线圈固定栓，取出火花塞	工具：
4	拆卸火花塞	拧松火花塞	工具：
		取出火花塞	工具：

（3）火花塞的检测

① 火花塞目视检测。查阅相关手册，对拆卸的火花塞进行检测，并将相关内容记录到表 5-3 中。

表 5-3　火花塞的目测检测

序号	项目	内容	操作记录
1	目视检查	检查火花塞表面的颜色	是否正常：是□　否□
2		检查火花塞表面是否有油渍	是否有油渍：是□　否□
3		检查火花塞顶端与电极间是否有沉积物	是否有沉积物：是□　否□
			若有，颜色为：黑色□　灰色□
4		检查表面是否有烧蚀	是否有烧蚀：是□　否□
5		检查火花塞的螺纹和绝缘垫片是否损坏	是否损坏：是□　否□

② 火花塞检测。与拆装步骤相关，安装火花塞，对火花塞的电阻进行检查，并将相关内容记录到表 5–4 中。

表 5–4　火花塞就车检测

<table>
<tr><th>序号</th><th>项目</th><th>内容</th><th colspan="2">操作记录</th></tr>
<tr><td>1</td><td>电阻检查</td><td>检查火花塞电极的绝缘情况</td><td>电阻值：</td><td>是否正常：是□　否□</td></tr>
<tr><td rowspan="3">2</td><td rowspan="3">跳火检查</td><td>断开喷油器连接器，使火花塞直接搭铁</td><td colspan="2">工具：</td></tr>
<tr><td>将火花塞安装到点火线圈上</td><td colspan="2">工具：</td></tr>
<tr><td>起动发动机就车检查火花塞跳火情况</td><td colspan="2">是否正常：是□　否□</td></tr>
<tr><td rowspan="2">3</td><td rowspan="2">电极间隙检查</td><td rowspan="2">检查火花塞电极间的间隙</td><td colspan="2">工具：</td></tr>
<tr><td>间隙：</td><td>是否正常：是□　否□</td></tr>
</table>

（4）点火线圈的检测

使用万用表电压挡，检查点火线圈，并将相关内容记录在表 5–5 中。

表 5–5　点火线圈的检测

<table>
<tr><th>序号</th><th>项目</th><th>内容</th><th colspan="2">操作记录</th></tr>
<tr><td rowspan="2">1</td><td rowspan="2">检测点火线圈低压供电电压</td><td>拔下点火线圈连接器后起动点火开关</td><td colspan="2"></td></tr>
<tr><td>测量点火线圈连接器端子间的电压</td><td>电压值：</td><td>是否正常：是□　否□</td></tr>
<tr><td>2</td><td>检测点火线圈的电阻值</td><td>点火线圈端子间一次侧的电阻</td><td>电阻值：</td><td>是否正常：是□　否□</td></tr>
<tr><td>3</td><td>检测信号导通性</td><td>点火线圈一次侧发出信号端子—ECU</td><td colspan="2">导通□　不导通□</td></tr>
<tr><td>4</td><td>检测接地</td><td>检查点火线圈接地线的通断</td><td colspan="2">导通□　不导通□</td></tr>
</table>

（二）微机控制点火系统的拆装与检测

1. 知识学习

（1）微机控制点火系统的控制内容

混合动力汽车发动机 ECU 根据传感器输送的信号计算出最佳点火提前角，输出点火正时信号，控制电子点火器实现点火。微机控制点火系统的控制内容主要包括点火提前角控制（点火正时）、点火时间控制和发动机爆震控制，如图 5-8 所示。

微课
点火提前角的影响与控制内容

1）点火提前角控制

从点火时刻起到活塞到达压缩上止点这段时间曲轴转的角度称为点火提前角。点火提前角越接近爆燃点，输出功率越大；然而一旦发生爆燃，发动机输出功率就会急剧降低，而且会造成机件损伤。

点火提前角对发动机最高燃烧压力的影响如图 5-9 所示。

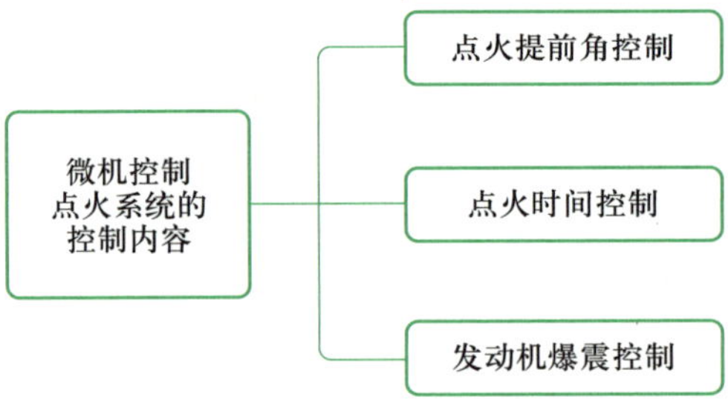

图 5-8　微机控制点火系统的控制内容

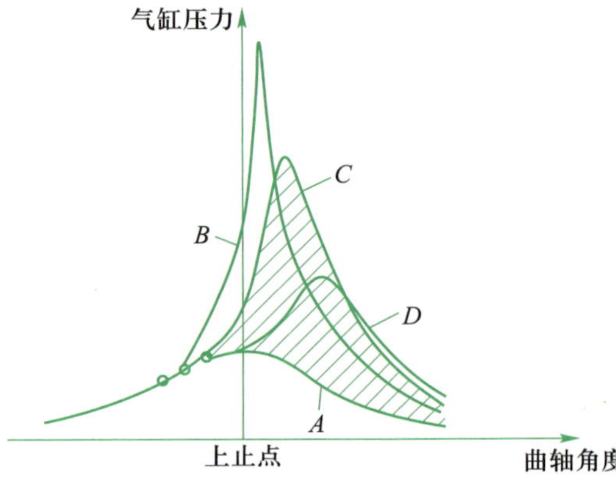

图 5-9　点火提前角对发动机最高燃烧压力的影响

A—不点火；B—点火过早；C—点火适当；D—点火过迟

① 适当点火提前角，可使发动机每循环所做的机械功最多，如曲线阴影部分所示。

② 点火提前角过大，易爆燃。

③ 点火提前角过小，排气温度升高，功率降低。

如图 5-10 所示，点火提前角控制主要包括初始点火提前角、基本点火提前角和修正点火提前角。

① 初始点火提前角：是未经修正的点火提前角，混合动力汽车的 ECU 根据曲轴位置传感器的信号确定初始点火提前角。

② 基本点火提前角：是由 ECU 根据发动机的转速和负荷确定的，即由曲轴位置传感器和空气流量计或进气温度传感器等确定，从存储的算法程式中得出最佳的点火提前角。

③ 修正点火提前角：是由 ECU 根据发动机转速和负荷以外的信号，对点火提前角进行修正。主要修正项目有水温修正、怠速稳定修正、空燃比修正、爆燃修正。

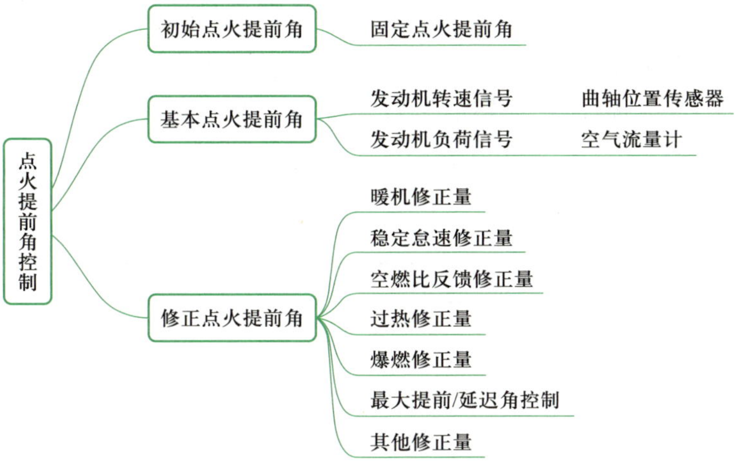

图 5-10　点火提前角控制

2）点火时间控制

点火时间即点火闭合角，是点火线圈一次电路的导通时间。点火线圈一次电路的导通时间越长，点火闭合角越大，一次电路断开电流越大，点火能量越大，点火可靠性越好。

无分电器微机控制点火系统的点火线圈一次电路的通电时间由 ECU 控制，根据曲轴位置传感器的信号和蓄电池电压信号确定最佳的闭合角，并控制点火器输出指令信号，以控制点火器中晶体管的导通时间。

3）发动机爆震控制

发动机工作时临近爆燃或有轻微爆燃的情况下，燃烧效率最高。但发动机爆燃会破坏发动机的正常燃烧，在局部产生强烈的冲击波破坏气缸壁上的润滑油膜，会导致冷却液过热，功率下降油耗上升。为此，需要对发动机爆震控制。

发动机爆震影响因素主要是点火时刻和点火时刻提前角，因此，使点火提前角到爆震边缘只有一个较小余量，既能控制爆震发生又能有效得到发动机的输出功率，如图 5-11 所示。

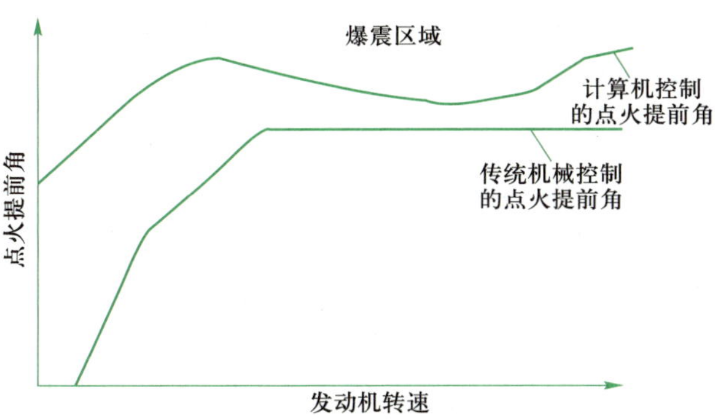

图 5-11　发动机爆震边缘

控制方法：发动机工作时，ECU 根据各传感器信号控制点火时刻，控制结果由爆震传感器反馈到 ECU 输入端，再由 ECU 对点火提前角进行修正，即有爆燃发生时 ECU 会减小点火提前角，爆燃消失后 ECU 又会增大点火提前角，其控制过程如图 5-12 所示。

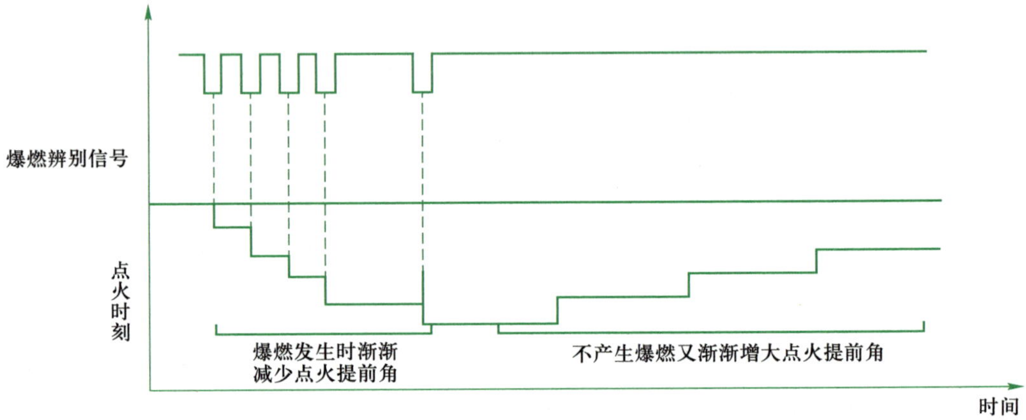

图 5-12 发动机爆震控制

发动机爆震反馈控制过程如图 5-13 所示。

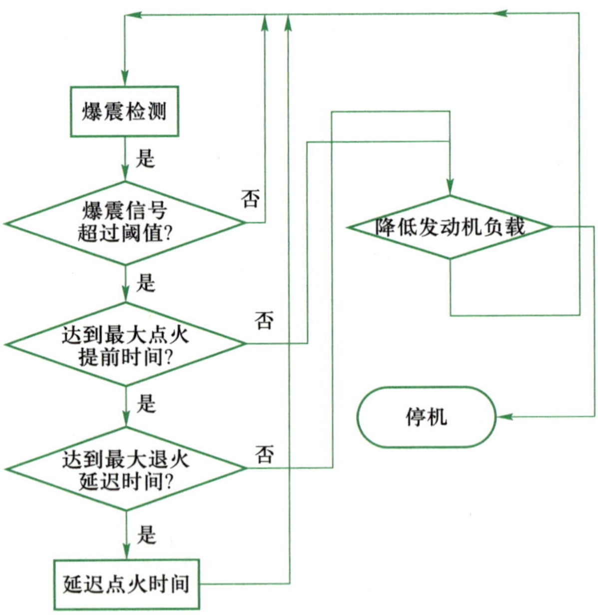

图 5-13 发动机爆震反馈控制过程

发动机的爆震一般发生在发动机大负荷或中低转速运行时，通常发动机负荷低于一定值时不会出现爆震。爆震的判断如图 5-14 所示。

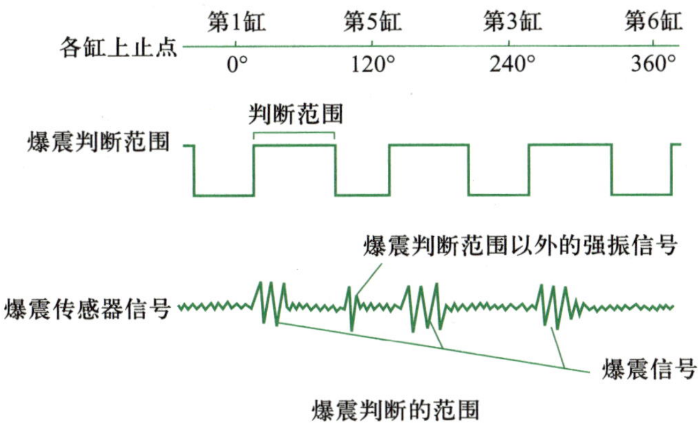

图 5-14　爆震的判断

（2）微机控制点火系统的工作原理及电气图

微机控制点火系统的电气图如图 5-15 所示，其工作原理是：点火开关接通后，蓄电池经过 30 A 熔丝、点火开关箱点火器的“+B”端子和点火线圈的“+”端子供电，点火线圈的“–”端子和点火器的“–C”端子经点火器内的功率晶体管搭铁，从而形成回路。ECU 根据各种传感器的信号，通过 IGT 端子控制点火器内功率晶体管的导通与截止。点火时，点火器通过 IGT 端子向发动机 ECU 反馈点火确认信号。

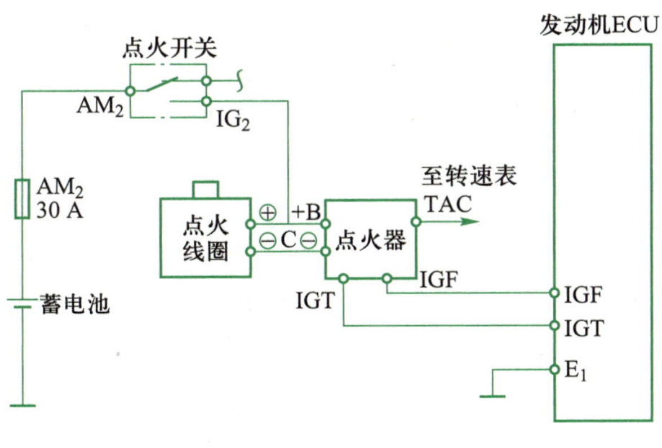

图 5-15　微机控制点火系统的电气图

（3）微机控制点火系统的常见故障

点火系统常见故障有点火正时不准、点火系统无高压电、火花塞故障、点火系统缺火、点火线圈故障、单缸不点火、点火能量弱、点火性能随工况变化等。其故障现象及原因如表 5-6 所示。

表 5-6　点火系统常见故障

故障类别	故障现象	故障原因
点火正时不准	发动机不易起动，怠速不稳；发动机动力不足，水温偏高；发动机易爆震	曲轴位置传感器不良
		曲轴位置传感器安装位置不正确
点火系统无高压电	接通点火开关，起动机能带动发动机曲轴运转，点火系统无高压电	点火模块控制信号异常
		点火控制模块失效或连接线束松脱、短路或断路
		点火线圈断路
		高压线路损坏
		火花塞工作不良
火花塞故障	无法正常点火	火花塞烧损
		火花塞型号错配
		火花塞电极间隙异常
火花塞故障	无法正常点火	火花塞有沉积物
		火花塞间隙过大或过小
点火线圈故障	不能点火，发动机不易起动	一次绕组、二次绕组断路，匝间短路或绕组搭铁
		绝缘老化、漏电
		内部导线连接点接触不良
单缸不点火	起动发动机后，逐渐加大油门，从低速到高速整个转速提升过程中均能听到排气消声器内有节奏的“突、突”声，怠速运转发动机抖动	火花塞损坏
		点火线圈故障
		无油，油压不够
点火能量弱	跳火实验时高压火花弱，发动机起动困难，怠速不稳，排气冒黑烟，加速性及中、高速性较差	点火控制器不良
		点火线圈不良
		高压线电阻过大
		火花塞出现故障
		点火系统供电电压不足
		搭铁不良

续表

故障类别	故障现象	故障原因
点火性能随工况变化	低速工作正常，高速时不正常；温度低时正常，温度高时不正常；刚起步时正常，工作一段时间后出现故障	点火基准传感器和曲轴转角与转速传感器等安装松动
		电路连接器件接触不良
		点火器热稳定性差
		火花塞早期失效（如极点烧蚀）
		点火线局部损坏或击穿，高压线电阻过大

2. 技能操作

（1）操作准备

准备技能操作所需的物料，如表 5-7 所示。

表 5-7　物料准备

类别	所需物料
教学整车 / 实训平台	新能源教学整车
设备、仪器、工具	高压安全防护用品、绝缘工具、绝缘扭力扳手、温度计、无尘布、点火正时灯

（2）点火正时检测

查阅手册，使用点火正时灯对点火系统进行点火正时检测，并将相关内容记录在表 5-8 中。

表 5-8　点火正时检测

序号	项目	内容	操作记录
1	清理正时标记	擦拭曲轴带盘或飞轮上的标记处，使标记清晰可见	工具：
2	起动发动机	起动发动机，保持怠速	水温：
			发动机速度：
3	连接、调整正时灯	正时灯红色线连接到蓄电池正极	是否正常：是□　否□
		正时灯黑色线连接到蓄电池负极	是否正常：是□　否□
		正时灯传感器连接到第 1 缸分压线	是否正常：是□　否□
		正时灯电位计旋钮旋到“0”的位置	是否正常：是□　否□
		正时灯打开并对准发动机上的正时标志	是否正常：是□　否□

续表

序号	项目	内容	操作记录
4	观察正时闪光与正时标志是否对准	第一次观察	对准□ 提前□ 延迟□
		第二次观察	对准□ 提前□ 延迟□
		第三次观察	对准□ 提前□ 延迟□

（3）爆震控制检测

使用刺线器接入爆震传感器线束，连接示波器，打开点火开关，起动发动机，对发动机进行加速，观察示波器输出波形的峰值电压与发动机转速的关系，并记录在表 5-9 中。

表 5-9　爆震控制检测

序号	发动机转速	波形的峰值电压	结论
1			波形的峰值电压随发动机转速增加而：增加□ 减小□
2			
3			
4			
5			

四、检查评估

对本任务的学习情况进行检查，并将相关内容填写在表 5-10 中。

表 5-10　检查表

检查项目	检查结果	结果点评
点火系统的结构原理		
是否正确完成点火提前角的检测作业	是□ 否□	
是否正确完成爆震控制的检测作业	是□ 否□	
微机控制点火系统的拆装与检测		
是否正确完成火花塞的拆卸作业	是□ 否□	
是否正确完成火花塞的外观检测作业	是□ 否□	
是否正确完成火花塞就车检查的检测作业	是□ 否□	
是否正确完成点火线圈的检测作业	是□ 否□	

续表

检查项目	检查结果	结果点评
整理和恢复		
工具、设备是否整理恢复	是□　否□	
实训工位是否打扫干净	是□　否□	
工作页是否填写完整	是□　否□	

五、任务小结

本任务小结如图 5-16 所示。

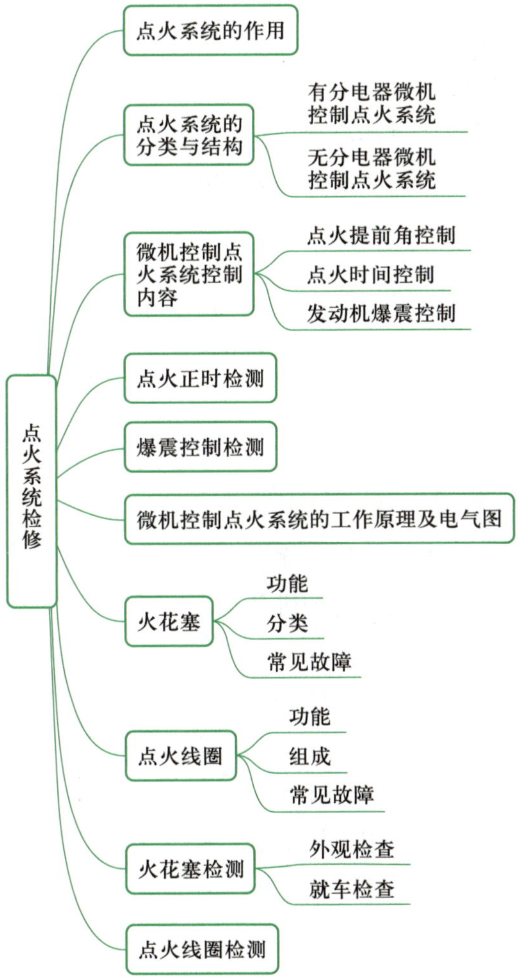

图 5-16　任务小结

任务六　配气机构检修

一、任务导入

场景：某品牌新能源汽车售后维修中心。

人物：维修技师小李、客户张先生。

情节：张先生的某品牌混动汽车在行驶 60 000 km 后，某日驾车时踩下加速踏板感觉车辆无力、起动困难、易熄火，发动机故障灯点亮。经维修技师小李初检后，判断为节气门积炭，节气门位置传感器故障，需要对节气门进行清洗，对节气门位置传感器检修。

二、任务目标

◇ 能够根据配气机构的结构原理，规范完成气门组的拆卸和安装作业。

◇ 能够根据可变气门控制系统的原理，规范完成可变正时系统的检修作业。

三、任务实施

（一）气门组的拆装

1. 知识学习

（1）配气机构的作用和组成

混合动力汽车的配气机构与传统汽车一样，作用是按照发动机各缸的工作顺序和工作循环的要求，定时开启和关闭发动机各缸的进、排气门，使新的汽油与空气混合气进入气缸，废气从气缸排出。配气机构的组成如图 6-1 所示。

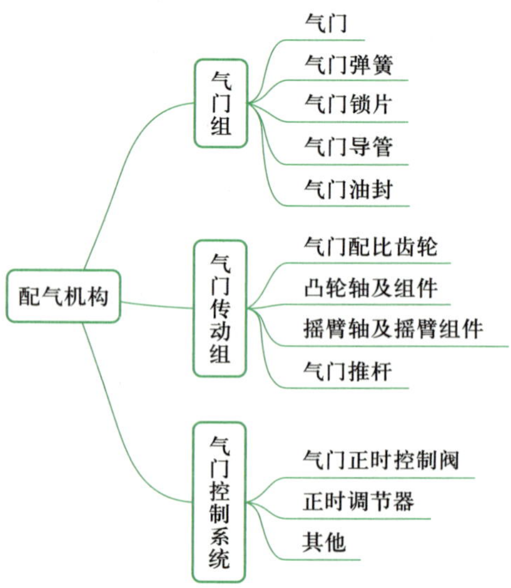

图 6-1　配气机构的组成

配气机构由气门组、气门传动组和气门控制系统组成。其中，气门组用于保证实现气门对气缸的可靠密封；气门传动组用于使进、排气门按照规定的时刻开闭，并且保证有足够的开度；气门控制系统保证气门按 ECU 的指令调节配气相位。

如图 6–2 所示，当发动机工作时，大量的空气通过空气滤芯进入进气管中，在进气门前待命；当发动机运转到进气冲程时，气门驱动组将进气门打开，空气在活塞下行产生的真空吸力作用下被吸入气缸；然后进气门关闭，可燃混合气压缩并燃烧产生大量的废气；在随后的排气冲程中，气门驱动组将排气门打开，废气经排气门排出。这个过程也称为发动机的换气过程，它循环往复进行，发动机不停地吸气、排气，使燃油燃烧释放能量对外做功。

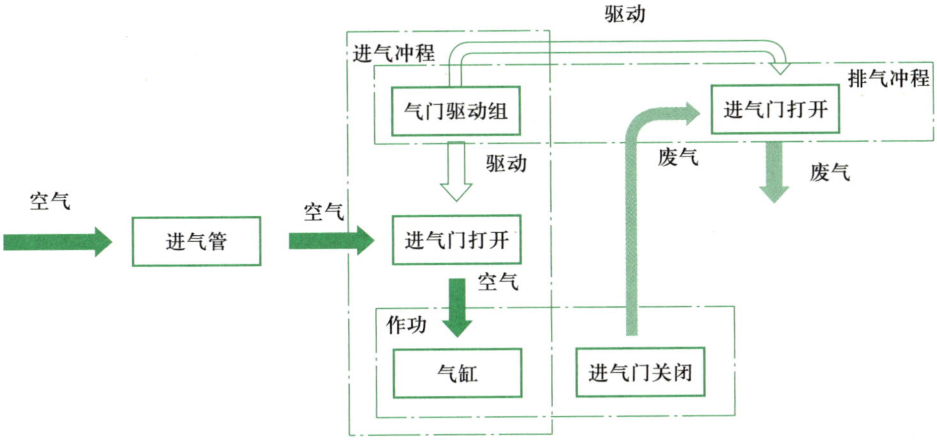

图 6–2　配气机构的工作过程

（2）配气机构的分类

配气机构可按气门组布置位置、凸轮轴位置、凸轮轴传动方式、发动机每缸气门数量的不同分类，具体分类如表 6–1 所示。

微课

配气机构的分类方式与分类内容

表 6–1　配气机构的分类

分类方式	分类内容	位置	特点
按气门组布置位置分类	顶置式配气机构	进、排气门置于气缸盖内，倒挂在气缸顶上	
	侧置式配气机构	进、排气门置于气门传动组侧面	
按凸轮轴位置分类	凸轮轴下置式	凸轮轴平行布置在曲轴的一侧	适用于转速较低的发动机
	凸轮轴中置式	凸轮轴位置抬高到气缸体的中上部	适用于转速较高的发动机
	凸轮轴上置式	凸轮轴布置在气缸盖上	适用于高速发动机
按凸轮轴传动方式分类	齿轮传动式	一般从曲轴到凸轮轴的传动只需一对正时齿轮	凸轮轴下置式、中置式采用
	链条传动式	曲轴通过链条驱动凸轮轴	凸轮轴上置式采用
	齿形带传动式	曲轴上的齿形带轮通过齿形带驱动凸轮轴的齿形带轮	传动噪声小，不需要润滑

（3）配气相位

发动机进、排气门实际开启或关闭的时刻和开启持续时间，称为配气相位。

发动机在换气过程中，若能够做到排气彻底、进气充分，则可以提高充气系数，增大发动机的输出功率，四冲程的每个工作行程，其曲轴要转 180°。

混合动力汽车的发动机转速很高，一个行程经历的时间很短，发动机在实际工作中，短时间的进气和排气过程往往会使发动机充气不足或者排气不净，从而使发动机功率下降。因此，为使进气充分、排气干净，进气门和排气门均存在早开晚关的情况，进气门和排气门的开启持续时间也大于 180° 曲轴转角，即气门的开启和关闭时刻并不正好是活塞处于上止点和下止点的时刻，而是分别提前或延迟一定的曲轴转角，以改善进、排气状况，从而提高发动机的动力性。

配气相位通常用曲轴转角的环形图表示，如图 6–3 所示。配气相位有进气相位和排气相位，而进气相位又包含进气提前角 α 和进气迟后角 β；排气相位包含排气提前角 γ 和排气迟后角 δ。

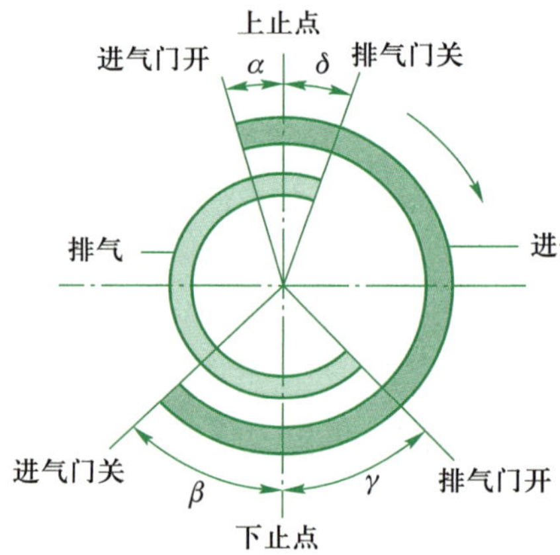

图 6–3　配气相位图

1）进气提前角 α

在排气冲程接近终了，活塞到达上止点之前，进气门便开始开启。从进气门开始开启到上止点所对应的曲轴转角称为进气提前角，进气提前角一般用 α 表示：

$$\alpha \in (10°, 30°)$$

进气提前角 α 的作用如下。

① 减少进气阻力：进气门早开，使得活塞到达上止点开始向下运动时，因进气门已有一定开度，所以可以快速地获得较大的进气通道截面。

② 扫气：可以使废气排得更干净。

2）进气迟后角 β

在进气冲程下止点过后，活塞重又上行一段，进气门才关闭。从下止点到进气门关闭所对应的曲轴转角称为进气迟后角。进气迟后角用 β 来表示：

$$\beta \in (40°, 80°)$$

进气迟后角 β 的作用如下。

① 利用压力差继续进气：活塞到达下止点时，由于进气阻力的影响，气缸内的压力仍低于大气压，进气门晚关，利用压力差可继续进气。

② 利用进气惯性继续进气：活塞到达下止点时，进气气流还有相当大的惯性，进气门晚关，仍能继续进气。

下止点过后，随着活塞上行，气缸内压力逐渐增大，进气气流速度也逐渐减小，当流速为零时，进气门便关闭，此时的β角最适宜。若β过大便会将进入气缸内的气体重新又压回进气管。因此，进气门开启持续时间内的曲轴转角，即

$$进气持续转角 =\alpha+180^\circ+\beta$$

3）排气提前角γ

在做功行程的后期，活塞到达下止点前，排气门便开始开启。从排气门开始开启到下止点所对应的曲轴转角称为排气提前角。排气提前角用γ表示：

$$\gamma \in (40^\circ, 80^\circ)$$

排气提前角γ的作用如下。

① 利用气缸内的废气压力提前自由排气：恰当的排气门早开，气缸内存在300～500 kPa的压力，做功能力衰减，此时该压力可使气缸内的废气迅速自由地排出。

② 减少排气消耗的功率：提前排气，等活塞到达下止点时，气缸内只剩110～120 kPa的压力，使排气冲程所消耗的功率大为减小。

③ 高温废气早排：防止发动机过热。

4）排气迟后角δ

在活塞越过上止点后的一个角度，排气门才关闭。从上止点到排气门关闭所对应的曲轴转角称为排气迟后角。排气迟后角用δ表示：

$$\delta \in (10^\circ, 30^\circ)$$

排气迟后角δ的作用如下。

① 利用气缸内外压力差继续排气：活塞到达上止点时，气缸内的压力仍高于大气压，利用气缸内外压力差可继续排气。

② 利用惯性继续排气：活塞到达上止点时，废气气流有一定的惯性，利用惯性可继续排气。所以排气门适当晚关可以使废气排得较干净。

因此，排气门开启持续时间内的曲轴转角，即

$$排气持续转角 =\gamma+180^\circ+\delta$$

5）气门叠开

当进气门早开和排气门晚关时，出现的进排气门同时开启的现象称为气门叠开。气门同时开启的角度称为气门叠开角，即

$$气门叠开角 =\alpha+\delta$$

（4）气门组

1）气门组的作用及要求

气门组的作用是准时接通和切断进排气系统与气缸之间的通道。为保证该通道的准确度和密封度，气门组需要达到如下要求。

① 气门头部和气门座贴合严密。

② 气门导管与气门杆的上下运动有良好的导向。

③ 气门弹簧的两端面与气门杆的中心线垂直，以保证气门头在气门座上不偏斜。

④ 气门弹簧的弹力足以克服气门及其运动件的运动惯性力，使气门能迅速开闭，以保证气门紧压在气门座上。

2）气门组的拆装流程

查阅维修手册可知，气门组的拆装流程包括拆卸气缸盖、拆卸气门组、拆卸气门油封、清洗、安装气门油封、安装气门导管、安装气门弹簧、安装其余气门组件，如图 6-4 所示。

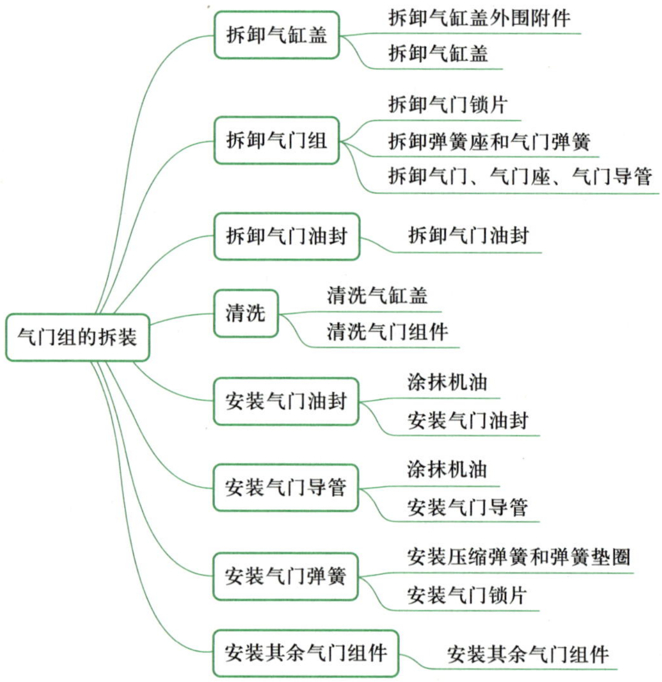

图 6-4　气门组的拆装流程

2. 技能操作

（1）操作准备

准备技能操作所需的物料，如表 6-2 所示。

表 6-2　物料准备

类别	所需物料
教学整车 / 实训平台	新能源教学整车
设备、仪器、工具	扭力扳手、组合工具、气门专用工具、吸取棒、压缩空气

（2）气门组的拆装

参考维修手册，按照标准流程拆装气门组，并将相关内容记录在表 6-3 中。

表 6-3 气门组的拆装记录

序号	项目	内容	操作记录	
1	拆卸气缸盖	拆卸气缸盖外围附件	工具：	
		拆卸气缸盖	螺栓数量：	拆卸力矩：
2	拆卸气门组	拆卸气门锁片	工具：	
		拆卸弹簧座和气门弹簧	工具：	
		拆卸气门、气门座、气门导管等，并做好顺序标识	气门数量：	
			气门座数量：	
			气门导管数量：	
3	拆卸气门油封	拆卸气门油封，并做好顺序标识	气门油封数量：	
4	清洗	清洗气缸盖，并用压缩空气吹干净	清洗工具：	
		清洗气门组件，并用压缩空气吹干净	工具：	
5	安装气门油封	在新气门油封上涂抹机油	机油型号：	
		安装气门油封到气门导管衬套中	安装工具：	
6	安装气门导管	在气门杆涂抹机油	机油型号：	
		安装气门导管到气门导管衬套中	安装工具：	
7	安装气门弹簧	将压缩弹簧和弹簧垫圈安装到气缸盖上	安装工具：	
8	安装气门锁片	安装气门锁片到气门尾部的环槽中	安装工具：	
9	安装其余气门组件	按顺序安装其他气门组件	安装工具：	

（二）可变气门控制系统的检测

1. 知识学习

（1）可变气门控制系统的作用和组成

1）可变气门控制系统的作用

可变气门控制系统的作用是控制发动机可变气门机构的工作，根据发动机的转速和负荷的变化，调整配气相位和气门升程，从而保证发动机在任意工况下都有良好的燃料经济性、动力性、运转稳定性，减少排放污染。

由于进气门配气相位和气门升程对发动机性能的影响比排气门大，从结构和成本考虑，一般气门控制系统只控制进气门的配气相位和气门升程。可变气门控制系统是其中典型的一种气门控制系统。

微课 可变气门控制系统的分类与工作原理

2）可变气门控制系统的分类

如表 6-4 所示，可变气门控制系统按具体控制方法，可以分为凸轮轴控制式和摇臂控制式两种，其中，凸轮轴控制式又分为可变凸轮轴角度式和凸轮轴轴向可移动式。可变凸轮轴角度式可以使凸轮轴旋转一定的角度来适应发动机的转速，它要求至少包含一根进气凸轮轴和一根排气凸轮轴。

表 6-4　可变气门控制系统的分类

名称	备注	图片
凸轮轴控制式	在凸轮轴上加装一套液力机构，通过 ECU 的控制，在一定角度范围内对气门的开启和关闭时间进行调节，或提前、或延迟、或保持不变	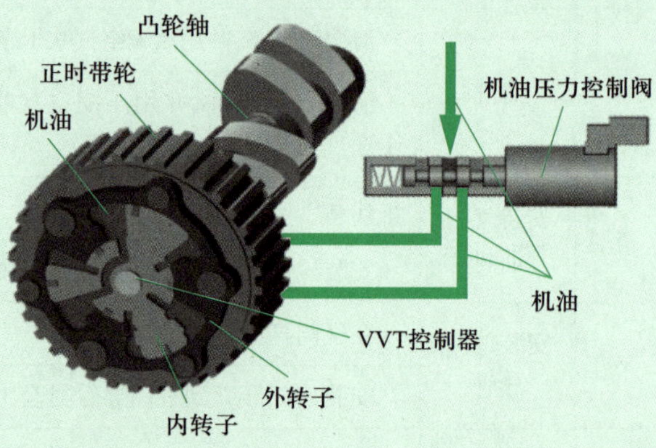
摇臂控制式	在凸轮轴上除了原有控制两个进气门的一对凸轮，在其中间增设一个高度较大的凸轮。对应的 3 个进气摇臂可以独立运动或连成一体运动，由其内部同步活塞进行控制，ECU 控制同步活塞移动的油压	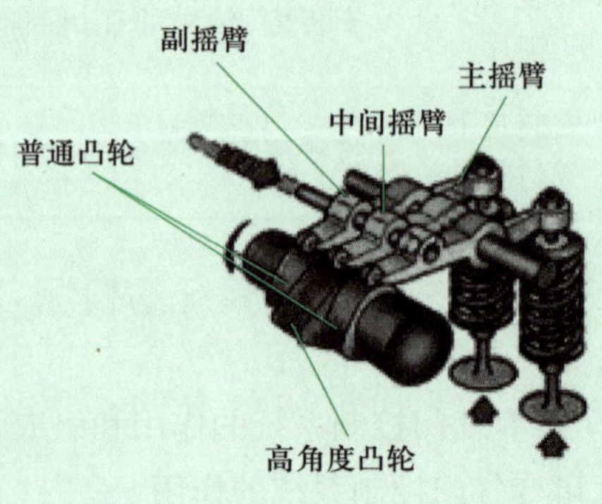

3）可变气门控制系统的组成

一般凸轮轴控制式可变气门控制系统主要由电子控制单元（ECU）、机油控制阀、相位调节器及其他与气门正时控制有关的传感器组成，如图 6-5 所示。

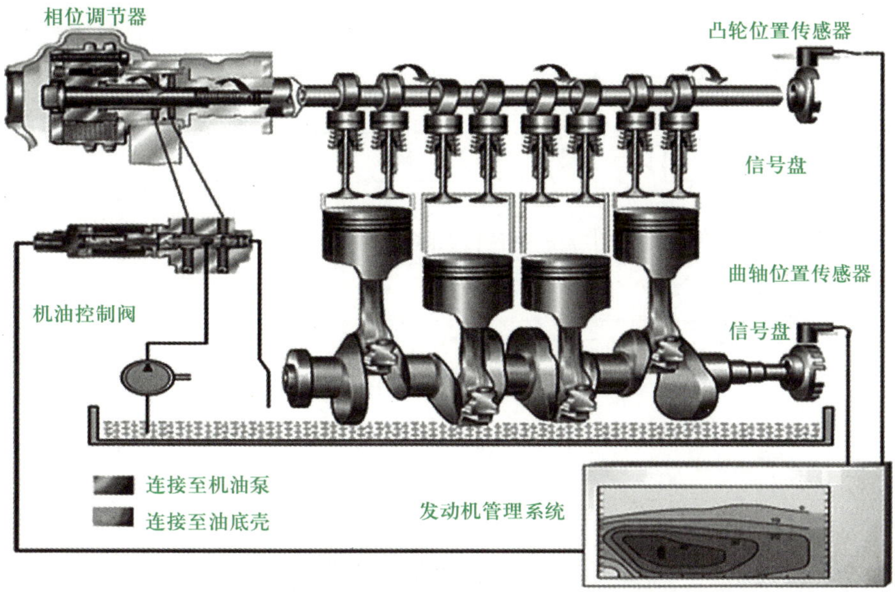

图 6-5　可变气门控制系统的组成

（2）可变气门控制系统的工作原理

可变气门正时的配气机构（Variable Valve Timing，VVT）广泛应用于混合动力汽车中。发动机每列气缸的气缸盖上，排气凸轮轴安装在外侧，进气凸轮轴安装在内侧。曲轴通过齿形皮带驱动排气凸轮轴，排气凸轮轴通过链条驱动进气凸轮轴，其中的排气凸轮轴由发动机曲轴通过传动皮带直接驱动，其相位不可改变。排气凸轮轴由发动机曲轴通过传动皮带直接驱动，其相位不可改变。排气凸轮轴通过凸轮轴调整器驱动进气凸轮轴，当链条张紧器的高度变化时，进气凸轮轴的相位随之变化，也就改变了进气门的气门正时，如图 6-6 所示。

1）凸轮轴正时调节过程

链条张紧器的高度由液压缸内的油压决定。液压缸内的液压油是来自发动机润滑系统的润滑油，通过缸盖上的一个孔提供。凸轮轴调节阀受 ECU 操纵，同时它有控制调整活塞的位置。根据调整活塞的位置，润滑油压力被传至控制管 A 或 B，如图 6-7 所示。

发动机起动时：可变气门控制系统处于初始位置时，机油阀的占空比通常为 0%，即机油压力通常为 0。此时，调节活塞一直处于被锁止的状态，此时，可防止链条机构震动，减小噪声。

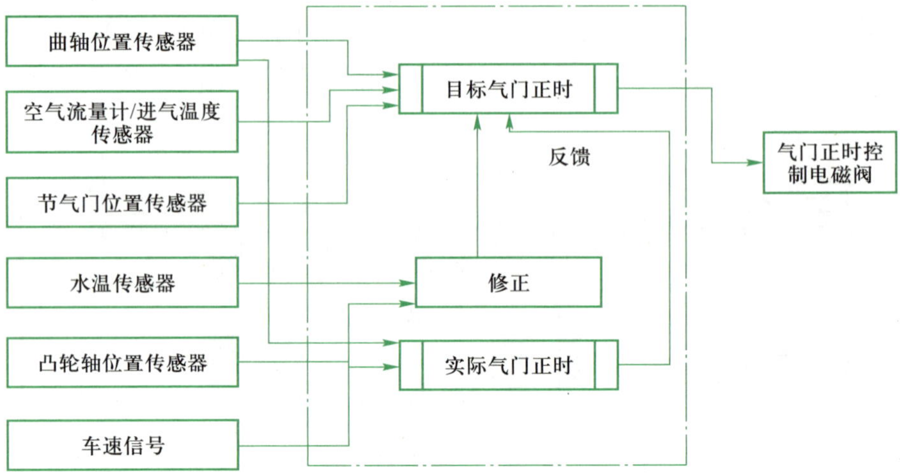

图 6-6　可变气门控制系统的工作原理

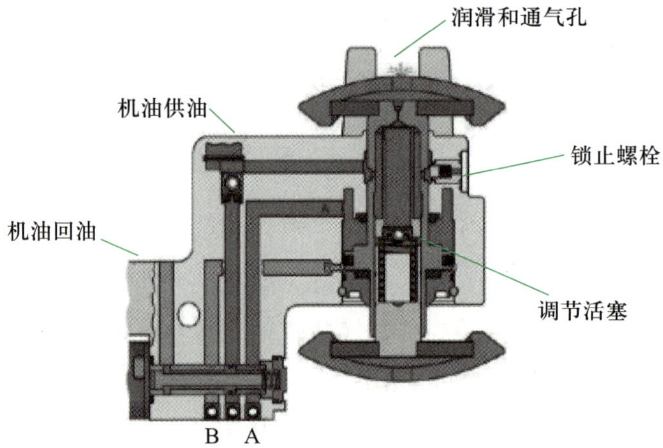

图 6-7　凸轮轴正时调节

发动机运行时：当机油压力达到一定值时，机油压力就作用到锁止螺栓面上，机油压力作用方向与弹簧力作用方向相反。因此，锁止螺栓松开调节活塞，可按 ECU 的控制指令向“提前”方向进行调节。

2）可变进气相位控制系统的控制过程

可变进气相位控制系统的控制过程主要包括 3 个阶段，分别是怠速时、扭矩调整时、功率调整时，如表 6-5 所示。

扭矩调整时：凸轮轴调整器向下拉长，于是链条上部变短，下部变长。因为排气凸轮轴被齿形带固定了，此时排气凸轮轴不能被转动，进气凸轮轴被转动一个角度，进气门提前关闭。在这个位置时，在中、低转速，可获得大扭矩输出。

表 6-5 可变进气相位控制系统的控制过程

阶段名称	示意图	描述
怠速时		进气门延迟关闭
扭矩调整时		转速在阈值（如 >1 000 r/min）以上时： ① 进气门提前关闭； ② 左侧凸轮轴调整器向下运动； ③ 右侧调整器向上运动
功率调整时		转速在阈值（如 3 700 r/min）以上时： ① 进气门延迟关闭； ② 左侧凸轮轴调整器向上运动； ③ 右侧调整器向下运动

功率调整时：调整功率时，链条下部短，上部长，进气门延迟关闭。进气管内气体流速高，气缸充气量足，因此高转速时，功率较大。

（3）可变气门正时及升程控制系统

1）可变气门正时调节

可变气门正时调节可以分为正时提前和正时延迟。

正时提前是 ECU 控制的凸轮轴正时控制阀处于向右打开的状态，压力机油通过凸轮轴、叶片进入提前工作腔，油压推动叶片和凸轮轴向配气正时的提前方向旋转，如图 6-8 所示。

正时延迟是由发动机 ECU 控制的凸轮轴正时控制阀处于向左打开的状态，压力机油通过凸轮轴、叶片进入延迟工作腔，油压推动叶片和凸轮轴向配气正时的延迟方向旋转，如图 6-9 所示。

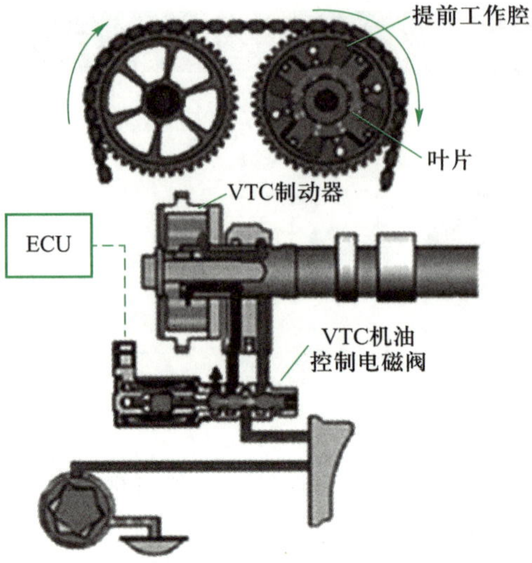

图 6-8　正时提前

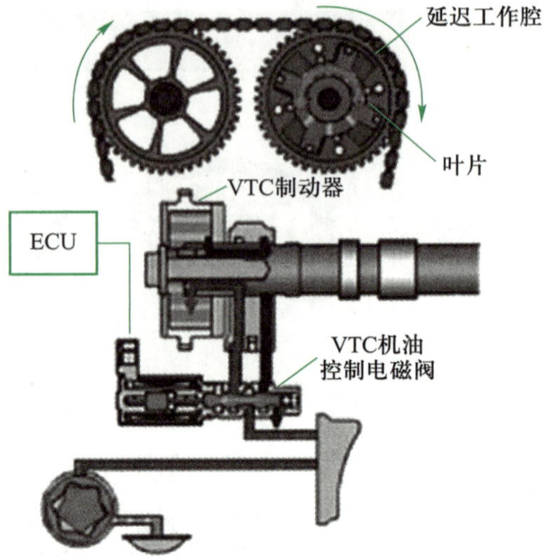

图 6-9　正时延迟

2）可变气门升程系统

每个进气门设计了两组不同角度的凸轮，同时在凸轮轴上安装有螺旋沟槽套筒。螺旋沟槽套筒由电磁驱动器加以控制，用以切换两组不同的凸轮。在电磁驱动器的作用下，通过螺旋沟槽可以使凸轮轴向左或向右移动，从而改变了进气门的升程。发动机在高负荷的情况下，螺旋沟槽套筒向右推动，使角度较大的凸轮得以推动气门。在这种情况下，气门升程提升很大，以提供燃烧室最佳的进气量和进气流速，实现更加强劲的动力输出。当发动机在低负载的情况下，为了追求发动机的节油性能，此时凸轮推至左侧，以较小的凸轮轴推动气门，如图 6-10 所示。

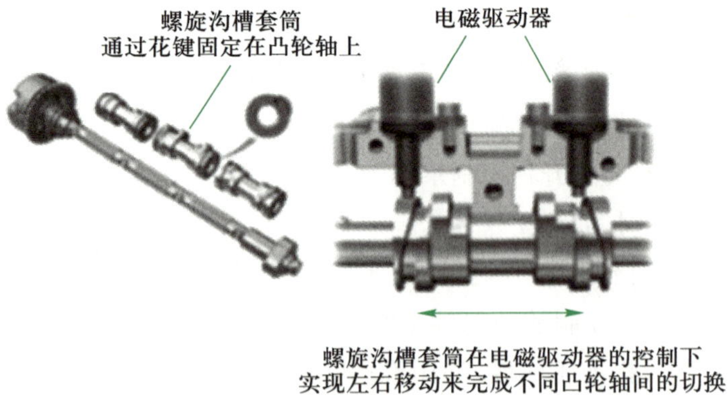

图 6-10　可变气门升程系统气门

3）气门正时控制阀及其工作原理

气门正时控制阀是一种线性电磁阀，如图 6-11 所示。

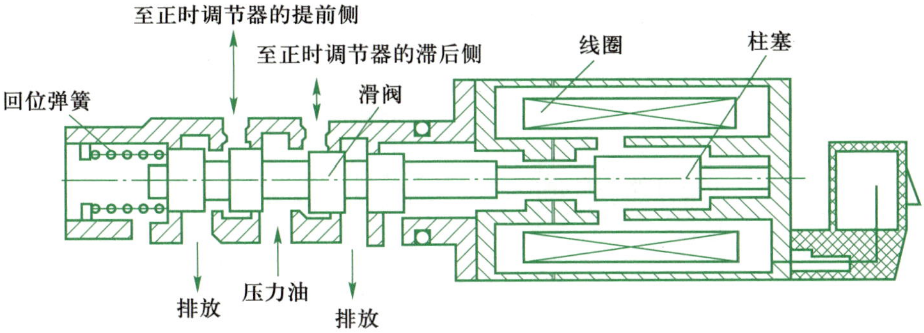

图 6-11　气门正时控制阀

ECU 根据发动机转速信号控制正时电磁阀操纵正时齿轮控制器的工作，以改变凸轮轴与正时齿轮之间的相对角度，使配气相位提前或推迟。发动机转速较低时，进气提前；发动机转速较高时，进气推迟。

ECU 通过凸轮轴位置传感器，检测凸轮轴与正时齿轮之间的实际角位移，判定此时的实际配气相位，从而对气门正时控制阀的控制做出反馈调整，达到精确控制气门正时的目的。

4）气门正时控制阀的电气图

气门正时控制阀的电气图如图 6-12 所示。

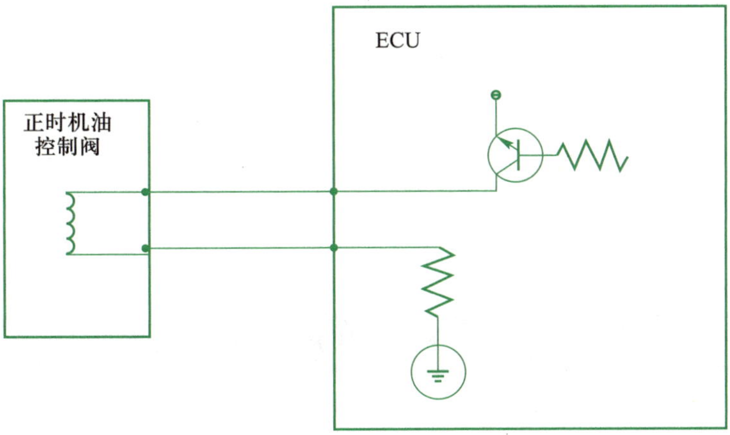

图 6-12　气门正时控制阀的电气图

5）气门正时控制系统的检修流程

气门正时控制系统的检修流程如图 6-13 所示，包括数据流读取、故障码检测、电磁阀动作检查、电磁线圈电阻检测、正时控制阀电路检测。

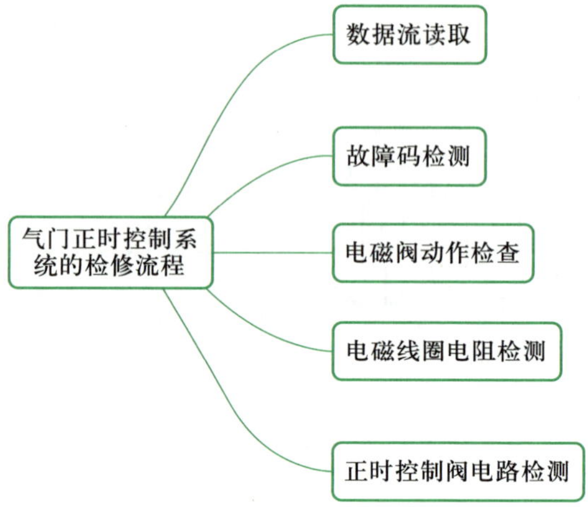

图 6–13　气门正时控制系统的检修流程

2. 技能操作

（1）操作准备

准备技能操作所需的物料，如表 6–6 所示。

表 6–6　物料准备

类别	所需物料
教学整车 / 实训平台	新能源教学整车
设备、仪器、工具	高压安全防护用品、绝缘工具、绝缘扭力扳手、诊断仪、万用表

（2）读取故障码

从诊断仪上读取车辆故障码，将故障码填写在表 6–7 中，并根据故障码进行分析。

表 6–7　车辆故障码记录表

序号	故障码	故障码描述	是否正常	维修意见
1			是□　否□	
2			是□　否□	
3			是□　否□	

（3）读取数据流

从诊断仪上读取数据流，将数据流填写在表 6–8 中，并根据数据流进行分析。

表 6-8　数据流信息

序号	控制单元	名称	当前值 / 状态	标准值 / 状态	是否正常
1					是□　否□
2					是□　否□
3					是□　否□

（4）电磁线圈电阻检测

将正时控制电磁阀从发动机上拆下，使用万用表电阻挡，测量电磁线圈的电阻，并将相关内容记录在表 6-9 中。

表 6-9　电阻值检测

项目	内容	操作记录	
电磁线圈电阻	测量电磁线圈两端电阻	测量值：	正常□　不正常□

（5）正时控制阀电路检测

参考维修手册，使用万用表检查正时控制电磁阀的电压和通断，并将相关内容记录到表 6-10 中。

表 6-10　正时控制电磁阀电路检测

序号	项目	内容	操作记录
1	电源端子电压	拔下正时控制阀线束插头	点火开关状态：
		测量电源端子的电压	测量值：
2	电磁阀与 ECU 的通断	测量正时控制电磁阀控制线端子和 ECU 对应端子电阻	点火开关状态：
			测量值：
			点火开关状态：
			测量值：

（6）电磁阀动作检查

参考维修手册，检查正时控制电磁阀，并将相关内容记录在表 6-11 中。

表 6-11　电磁阀动作检查

序号	项目	内容	操作记录
1	拆卸并清洗电磁阀	拆卸电磁阀	工具：
		清洗电磁阀	工具：
2	目视电磁阀阀芯动作	电磁阀接线端子分别与蓄电池正负极连接	阀芯位置变化：
		断开电磁阀接线端子与蓄电池正负极的连接	阀芯位置变化：

四、检查评估

对本任务的学习情况进行检查，并将相关内容填写在表 6-12 中。

表 6-12　检查表

检查项目	检查结果	结果点评
气门组的拆装		
是否正确完成气门组的拆卸作业	是□　否□	
是否正确完成气门组的安装作业	是□　否□	
可变气门正时系统的检测		
是否正确完成数据流的读取分析作业	是□　否□	
是否正确完成故障码的读取分析作业	是□　否□	
是否正确完成电磁阀动作的检查作业	是□　否□	
是否正确完成电磁线圈电阻的检测作业	是□　否□	
是否正确完成正时控制阀电路的检测作业	是□　否□	
整理和恢复		
工具、设备是否整理恢复	是□　否□	
实训工位是否打扫干净	是□　否□	
工作页是否填写完整	是□　否□	

五、任务小结

本任务小结如图 6-14 所示。

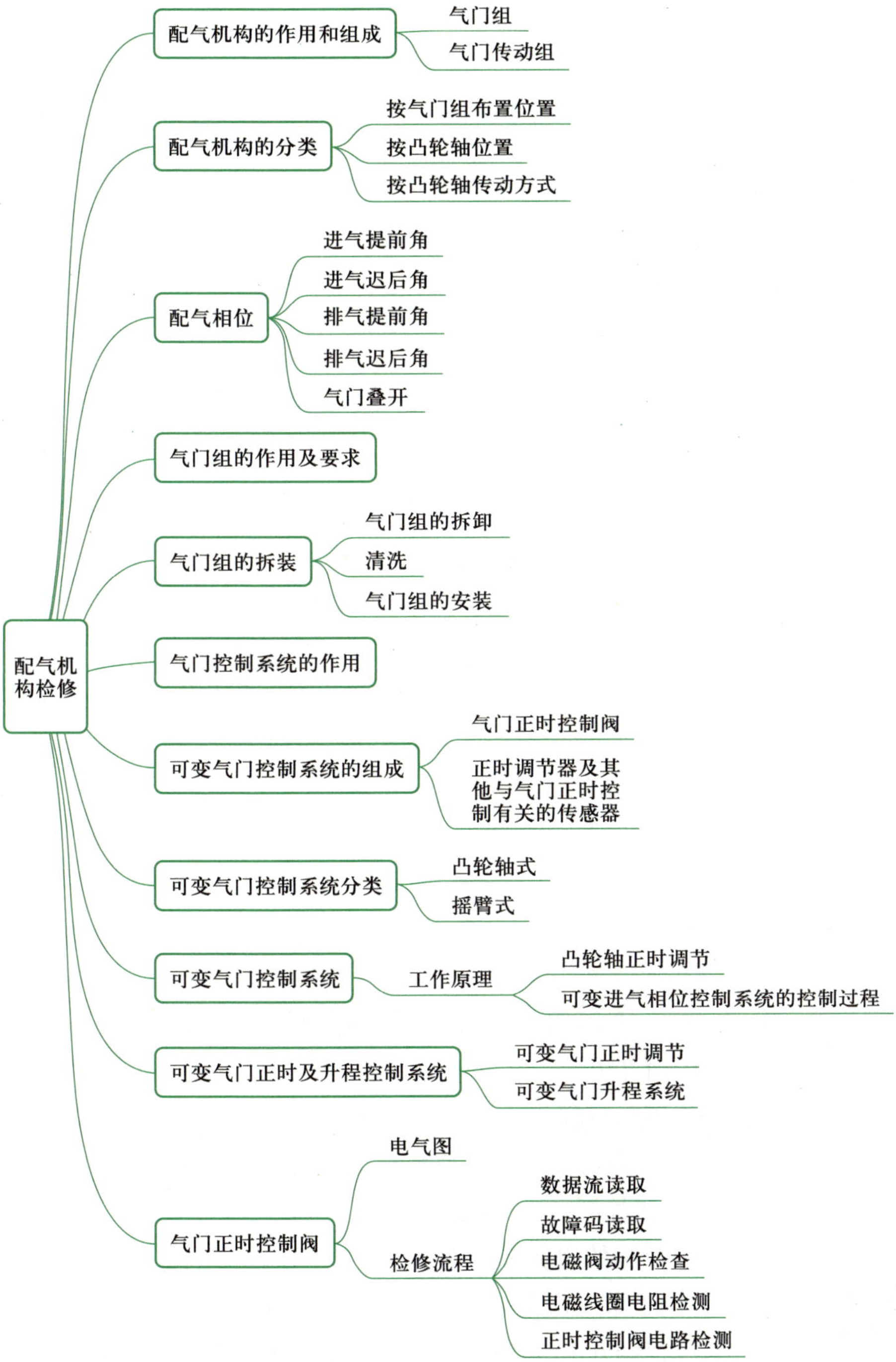
配气机构检修
配气机构的作用和组成
气门组
气门传动组
配气机构的分类
按气门组布置位置
按凸轮轴位置
按凸轮轴传动方式
配气相位
进气提前角
进气迟后角
排气提前角
排气迟后角
气门叠开
气门组的作用及要求
气门组的拆装
气门组的拆卸
清洗
气门组的安装
气门控制系统的作用
可变气门控制系统的组成
气门正时控制阀
正时调节器及其他与气门正时控制有关的传感器
可变气门控制系统分类
凸轮轴式
摇臂式
可变气门控制系统
工作原理
凸轮轴正时调节
可变进气相位控制系统的控制过程
可变气门正时及升程控制系统
可变气门正时调节
可变气门升程系统
气门正时控制阀
电气图
检修流程
数据流读取
故障码读取
电磁阀动作检查
电磁线圈电阻检测
正时控制阀电路检测

图 6–14　任务小结

任务七　发动机电子稳定系统检修

一、任务导入

场景：某品牌新能源汽车售后维修中心。

人物：维修技师小黄、客户刘女士。

情节：刘女士的某品牌混动汽车在行驶 60 000 km 后，某日行驶时 EPC 故障灯常亮、动力迟滞。经维修技师小黄初检后，判断为节气门故障，需要对节气门进行清洗和检修。

二、任务目标

◇ 能够根据发动机电子稳定系统的电气图，规范完成数据流、故障码的检测作业。

◇ 能够根据节气门总成的结构原理，规范完成节气门的清洗、节气门位置传感器的检测作业。

◇ 能够根据加速踏板位置传感器的控制原理，规范完成加速踏板位置传感器的检测作业。

三、任务实施

（一）EPC 系统的检测

1. 知识学习

EPC（Electronic Power Control，发动机电子稳定）系统，也称为电子节气门，是针对电子节气门的一种控制方法。

（1）EPC 系统的作用和组成

EPC 系统的作用是根据驾驶人对加速踏板加速或减速的操作，由 ECU 计算最佳节气门的开度，通过电机控制，修正节气门开度。

EPC 系统的组成如图 7-1 所示，由电子节气门体、加速踏板位置传感器、电子节气门系统故障指示灯及其他与节气门开度控制相关的传感器和控制开关共同组成。其中，电子节气门体包含节气门直流电机、节气门位置传感器。

微课

EPC 系统组成与工作模式

节气门的开度计算除了来自加速踏板位置传感器的信号外，还需要参考其他信号的输入，如图 7-2 所示。

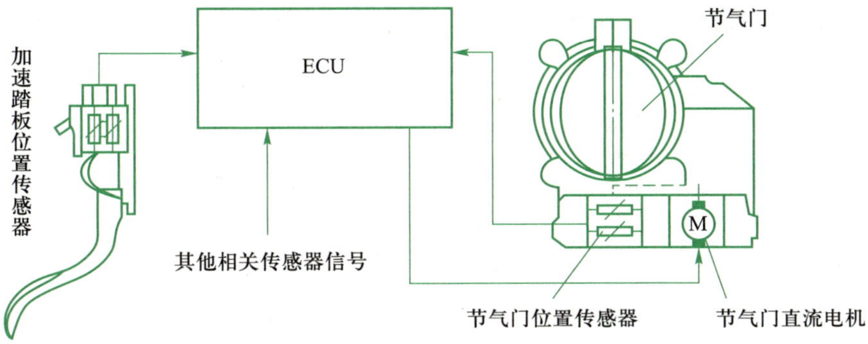

图 7-1　EPC 系统的组成

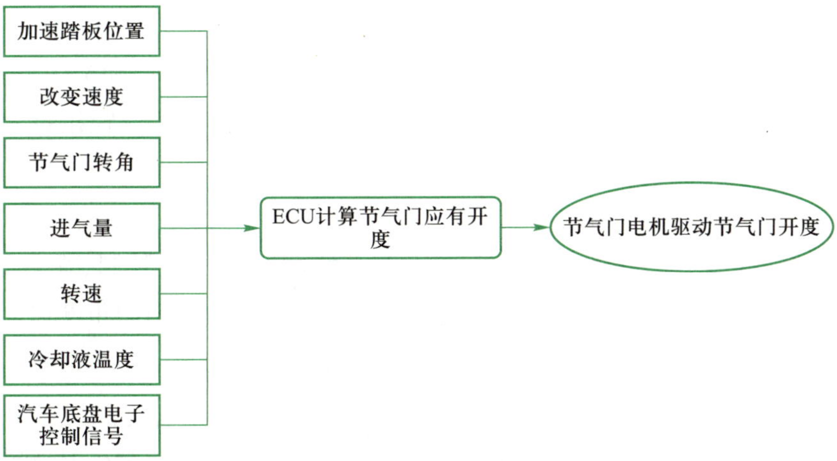

图 7-2　节气门开度计算的信号输入

（2）EPC 系统的工作原理

EPC 系统的工作原理框图如图 7-3 所示，ECU 根据各传感器的输入信号确定最佳的节气门开度，并通过对节气门驱动电路的控制改变节气门开度。

EPC 系统的工作过程如表 7-1 所示。

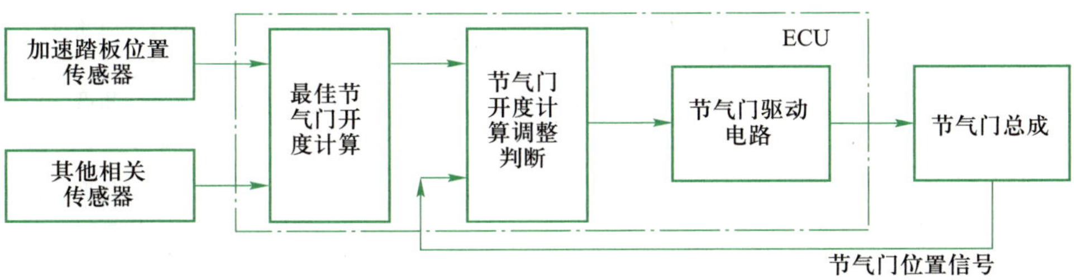

图 7-3　EPC 系统的工作原理框图

表 7-1　EPC 系统的工作过程

步骤	工作过程
1	驾驶员踩下加速踏板
2	加速位置传感器将加速踏板的位置信息传递给发动机的 ECU
3	ECU 根据接收到的加速踏板位置信息给节气门控制电动机发出指令
4	由节气门控制电动机带动节气门转过一定的角度
5	节气门实际所转过的角度同步通过节气门位置传感器反馈给 ECU

当踩下加速踏板时，ECU 通过节气门直流电动机，使节气门方向朝开启方向转动，直至节气门位置传感器所测得的节气门开度达到与加速踏板位置相对应的角度为止。

当松开加速踏板时，ECU 通过节气门直流电动机，使节气门朝关闭方向转动，直至节气门位置传感器所测得的节气门开度达到与加速踏板位置相对应的角度为止。

（3）EPC 系统的工作模式

EPC 系统的工作模式如图 7-4 所示，包括非线性控制、怠速控制、减小换挡冲击控制、驱动力控制、稳定性控制、巡航控制 6 种，通过控制节气门的角度保证车辆的稳定性。

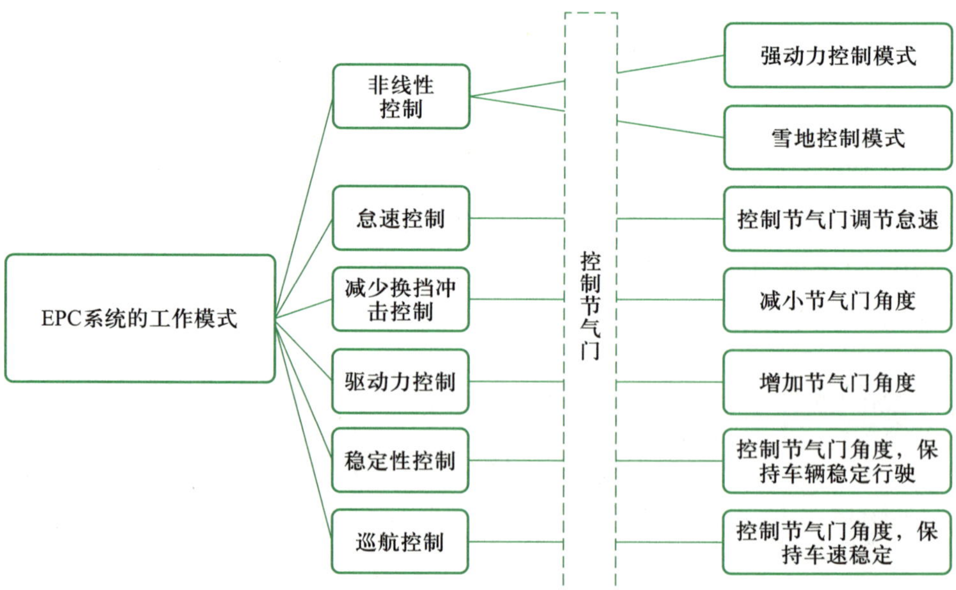

图 7-4　EPC 系统的工作模式

非线性控制指 ECU 能依据加速踏板和发动机转速来控制节气门的开启率和开启位置，以获得较好的发动机性能。非线性控制模式有两种，强动力控制模式和雪地控制模式。强动力控制模式即节气门的开度比率大于加速踏板的变化比率；雪地控制模式即节气门的开度小于加速踏板的变化。

正常控制模式是线性控制，用于保持平衡的操作和平稳的驾驶，即加速踏板的变化与节气门的开度近似成正比关系。3 种模式的对比关系如图 7–5 所示。

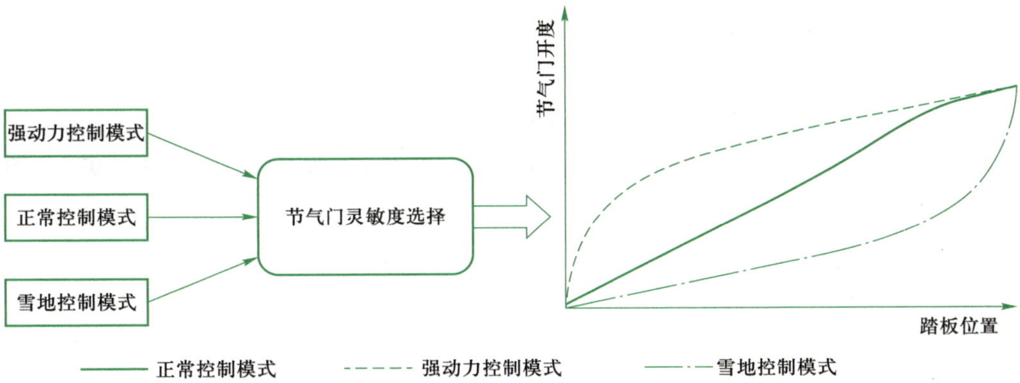

图 7–5　非线性控制模式与正常控制工作模式对比

（4）EPC 系统的电气图

EPC 系统的电气图如图 7–6 所示。

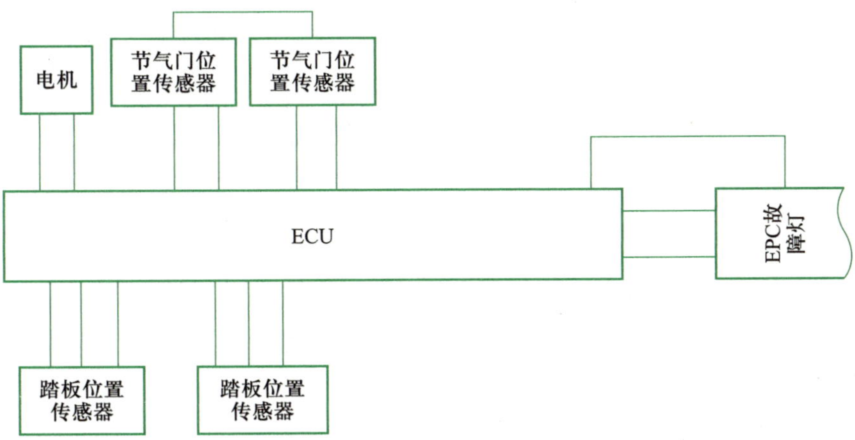

图 7–6　EPC 系统的电气图

2. 技能操作

（1）操作准备

准备技能操作所需的物料，如表 7–2 所示。

表 7-2 物料准备

类别	所需物料
教学整车 / 实训平台	新能源教学整车
设备、仪器、工具	高压安全防护用品、绝缘工具、绝缘扭力扳手、诊断仪

（2）EPC 系统的检测

① 读取故障码。从诊断仪上读取车辆故障码，将故障码填写在表 7-3 中，并根据故障码进行分析。

表 7-3 车辆故障码记录表

序号	故障码	故障码描述	是否正常	维修意见
1			是□ 否□	
2			是□ 否□	
3			是□ 否□	

② 读取数据流。从诊断仪上读取数据流，将数据流填写在表 7-4 中，并根据数据流进行分析。

表 7-4 数据流信息

序号	控制单元	名称	当前值 / 状态	标准值 / 状态	是否正常
1					是□ 否□
2					是□ 否□
3					是□ 否□

（二）节气门的清洗与检测

1. 知识学习

节气门总成一般安装在进气歧管上，作用是保证发动机获得所需的空气量。电子节气门总成包括节气门体、节气门、节气门位置传感器、节气门直流电动机、节气门位置传感器 1、节气门位置传感器 2。

（1）节气门

节气门是控制空气进入发动机的一道可控阀门，气体进入进气管后会和汽油混合变成可燃混合气，从而燃烧形成做功。节气门上接空气滤清器，下接进气总管。

1）节气门的分类

节气门有传统拉线式节气门和电子节气门两种：传统发动机节气门操纵机构是通过拉索（软钢丝）或者拉杆，一端连接油门踏板，另一端连接节气门连动板而工作；电子节气门主要通过节气门位置传感器，来根据发动机所需能量，控制节气门的开启角度，从而调节进气量的大小。

2）节气门的清洗流程

由于汽油被直接喷射到气缸内，本身具有较好的溶解、清洁作用的汽油不能够对进气道进行清洁，而发动机内复杂的机油循环系统和废气循环系统内的部分杂质，会进入进气道。久而久之，进气道内会出现积炭，当这些积炭在节气门上黏附到一定程度时，便会堵塞怠速时的空气流通空间，从而造成发动机怠速不稳等现象。

由上可知，及时清洗节气门和旁通空气道很有必要，其清洗流程如图 7–7 所示。在清洗节气门前，需要用车辆故障诊断器对车辆的发动机工作状态进行检测，以确认是否需要清洗；熄灭发动机，把节气门拆卸下来并用清洁剂进行清理。需要注意的是，现在许多汽车品牌的节气门表面的金属都有特殊的涂层，所以在清洁时应控制力度，以防损坏涂层。如积炭比较严重，可将适量的清洁剂直接喷射到节气门上，待清洁成分与积炭充分发生反应后再进行清洁。

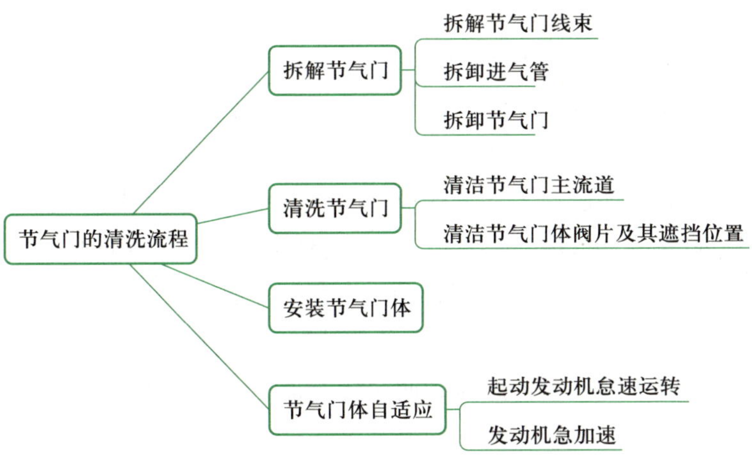

图 7–7　节气门的清洗流程

（2）节气门直流电机

节气门直流电机通过一套小齿轮机构来带动节气门运动，可实现从怠速到全负荷位置的无级调节。如果节气门直流电机失效了，那么节气门被自动拉到应急运行位置。故障存储器内就记录了一个故障，电子节气门故障灯报警，此时驾驶人只能使用应急功能。

节气门直流电机有失效模式、节气门关闭、节气门开启、节气门保持、怠速控制 5 种工作方式，如图 7–8 所示。

失效模式：无电流、固定位置。

节气门关闭：ECU 控制节气门关闭时，ECU 内的搭铁晶体管和电源晶体管导通，电流从 ECU 内流出经搭铁晶体管端、驱动电机，再从电源晶体管端子流回 ECU，使节气门保持关闭。

节气门开启：驱动电机电流方向与节气门关闭时相反，当脉宽调制占空比增大，节气门驱动也增大，节气门开度也加大，反之亦然。

节气门保持：脉冲电流的占空比要能满足驱动电机驱动节气门的开启力与弹簧弹力保持平衡。

怠速控制：调节节气门的开度以维持怠速运转。

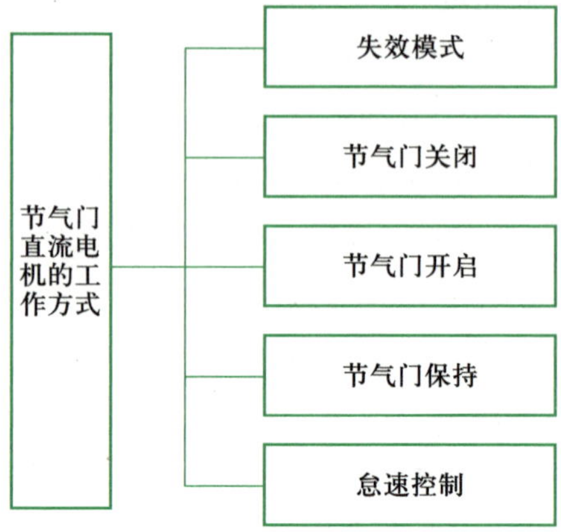

图 7–8　节气门直流电机的工作方式

（3）节气门位置传感器

1）节气门位置传感器的安装位置

节气门位置传感器安装在节气门体上，用来检测节气门的开度。它通过杠杆机构与节气门联动，进而反映发动机的不同工况。

2）节气门位置传感器的分类

节气门位置传感器一般可分为滑线电阻式和开关式两种。其中，滑线电阻式节气门位置传感器的设计避免了开关式节气门位置传感器只能检测发动机怠速工况和全负荷工况的弊端，可以获得节气门从全闭到全开连续变化的信号，从而更精确地判断发动机的运行工况，因此在混合动力汽车中大量应用。

滑线电阻式节气门位置传感器为三线传感器，在此基础上又衍生了四线的带怠速开关的综合式节气门位置传感器和两个传感器组合安装的双可变电阻式节气门位置传感器。

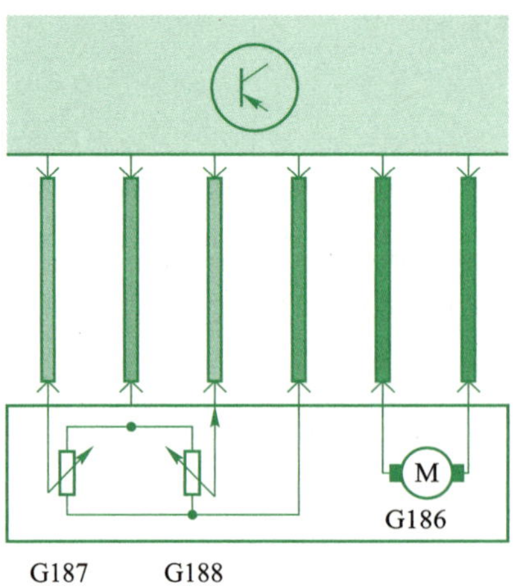

图 7–9　节气门位置传感器的电气图

3）节气门位置传感器的电气图

节气门位置传感器的电气图如图 7–9 所示，两个节气门位置传感器共用一根供电线和一根搭铁线。每个传感器都有自己单独的信号线，节气门直流电动机根据运动方向来控制。

4）节气门位置传感器的特性曲线

滑线电阻式节气门位置传感器的触点与节气门轴相连，节气门转动时，滑动触点可在电阻上移动，引起滑动触点电位的变化，利用电阻的变化将节气门位置传感器信号转换为电压值。该电压的变化呈线性变化，根据这个线性电压值，ECU 可感知节气门的开度，使 ECU 进行喷油量修正。

节气门位置不同，电位计轨道上的电阻也不同，因此发送到 ECU 上的电压信号也不同，这两个电位计的特性曲线如图 7-10 所示，是相反的。因此，ECU 可以区分出这两个位置传感器，并执行检查功能。

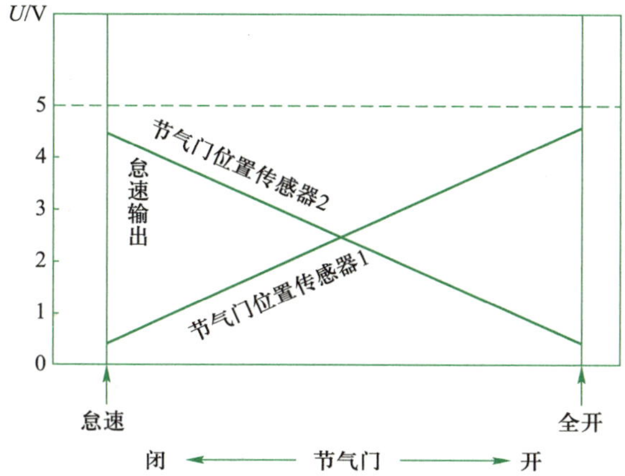

图 7-10　节气门位置传感器的特性曲线

5）节气门位置传感器的失效影响

当其中一个节气门位置传感器失效时，ECU 从该节气门位置传感器接收到不可靠的信号，或者根本接收不到信号时，故障存储器内将存储一个故障，电子节气门故障警告灯点亮报警。影响扭矩的子系统就被关闭，使用负荷信号来校验剩余的节气门位置传感器。

当两个节气门位置传感器都失效时，ECU 从两个传感器都接收到不可靠的信号，或者根本接收不到信号时，两个传感器都会在故障存储器中记录故障。此时电子节气门故障警告灯点亮报警，节气门驱动器被关闭，发动机以怠速运行，对加速踏板不再做出反应。

2. 技能操作

（1）操作准备

准备技能操作所需的物料，如表 7-5 所示。

表 7-5　物料准备

类别	所需物料
教学整车 / 实训平台	新能源教学整车
设备、仪器、工具	高压安全防护用品、绝缘工具、绝缘扭力扳手、万用表
	节气门清洗罐、节气门清洗剂、压缩空气、棉布

（2）节气门的清洗

参考维修手册，按照标准流程清洗节气门，并将相关内容记录在表 7–6 中。

表 7–6　节气门清洗

序号	项目	内容	操作记录	
1	拆卸节气门	拆卸节气门线束	工具：	
		拆卸进气管	工具	
		拆卸节气门	工具	
2	清洗节气门	清洗节气门主流道	清洁剂：	
		清洁节气门体阀片及其遮挡位置	工具：	
3	安装节气门体及其附件	安装节气门	工具：	
		安装进气管	工具：	
		安装节气门线束	工具：	
4	节气门体自适应	起动发动机怠速运转	怠速时间：	
		发动机急加速	次数：	最高转速：

（3）节气门位置传感器的检测

参考维修手册，按照标准流程分别进行节气门位置传感器的电阻值检测、供电电压和搭铁检测及输出电压检测。

① 电阻值检测。关闭点火开关，拔下传感器插头，使用万用表电阻挡，依次检测传感器两点间的电阻值，并将相关内容记录在表 7–7 中。

表 7–7　电阻值检测

序号	项目	内容	是否正常
1	传感器 1 两点间电阻值	5 V 电源电压输入端子—接地端子	是□　否□
		5 V 电源电压输入端子—信号输出端子	是□　否□
		信号输出端子—接地端子	是□　否□
2	传感器 2 两点间电阻值	5 V 电源电压输入端子—接地端子	是□　否□
		5 V 电源电压输入端子—信号输出端子	是□　否□
		信号输出端子—接地端子	是□　否□

② 供电电压和搭铁检测。关闭点火开关，拔下传感器插头，再起动点火开关，使用万用表电压挡，测量传感器 5 V 电源电压输入端子与搭铁之间的电压，用电阻挡测量信号输出端与蓄电池负极之间的电阻，并将相关内容记录在表 7–8 中。

表 7–8　供电电压和搭铁检测

序号	项目	内容	检测结果（是否正常）
1	传感器 1 供电电压	5 V 电源电压输入端子—搭铁	是□　否□
2	传感器 1 信号输出端与蓄电池负极之间的电阻	信号输出端与蓄电池负极之间的电阻	是□　否□
3	传感器 2 供电电压	5 V 电源电压输入端子—搭铁	是□　否□
4	传感器 2 信号输出端与蓄电池负极之间的电阻	信号输出端与蓄电池负极之间的电阻	是□　否□

③ 传感器输出电压检测。插上传感器插头，起动点火开关，使用万用表电压挡分别测量节气门完全关闭和缓慢打开时的电压，并将相关内容记录在表 7–9 中。

表 7–9　传感器输出电压检测

序号	项目	内容	检测结果（是否正常）
1	传感器 1 输出电压	节气门完全关闭时的电压	是□　否□
		节气门缓慢打开时的电压	是□　否□
2	传感器 2 输出电压	节气门完全关闭时的电压	是□　否□
		节气门缓慢打开时的电压	是□　否□

（三）加速踏板模块的故障检测

1. 知识学习

（1）加速踏板模块的组成

加速踏板模块通过加速踏板位置传感器来确定加速踏板的瞬时位置，并向 ECU 反映驾驶员意图的信号。

加速踏板模块由加速踏板、加速踏板位置传感器 1 和加速踏板位置传感器 2 组成，如图 7–11 所示。

微课

加速踏板模块组成与工作原理

（2）加速踏板位置传感器的电气图

ECU 利用这两个加速踏板位置传感器的信号来判断加速踏板的瞬时位置。这两个传感器是滑动电位计，同时固定在一个轴上。

加速踏板位置的变动会引起滑动电位计电阻的变化，于是发送到 ECU 的电压也跟着变化。

加速踏板位置传感器的电气图如图 7–12 所示。两个传感器都有自己的 5 V 供电线、搭铁线和信号线。

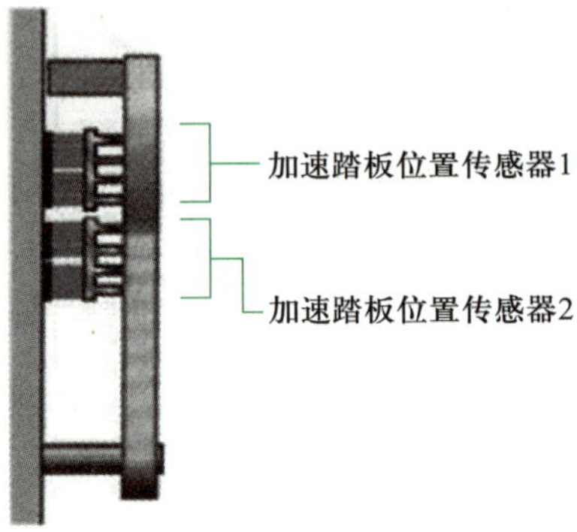

图 7–11　加速踏板模块

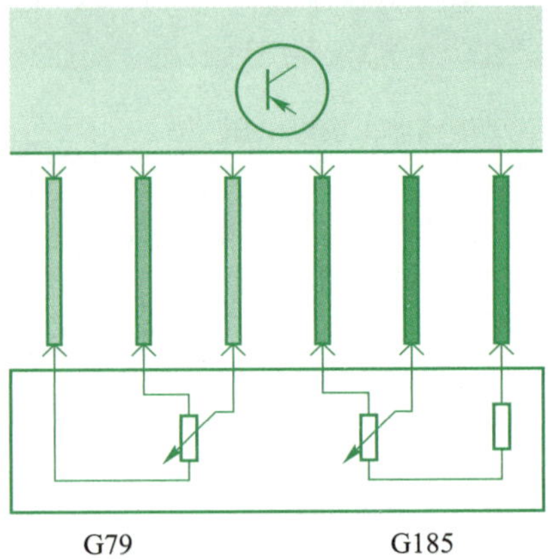

图 7–12　加速踏板位置传感器的电气图

（3）加速踏板位置传感器的特性曲线

加速踏板位置传感器 2 上装有一个串联电阻，因此两个加速踏板位置传感器有两条不同的特性曲线。如图 7–13 所示。

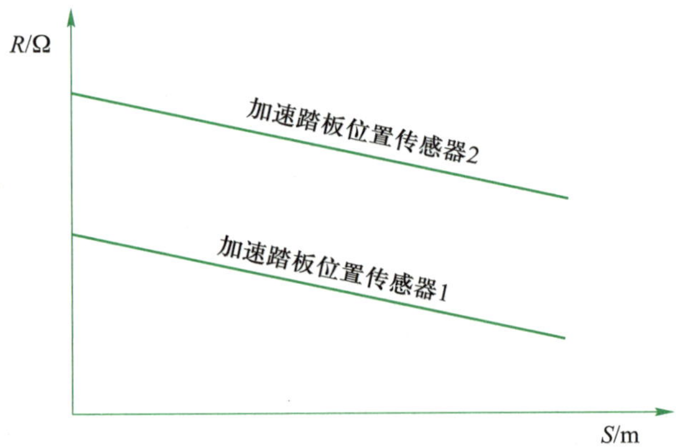

图 7–13　加速踏板位置传感器的特性曲线

（4）加速踏板位置传感器失效影响

如果其中一个传感器故障，故障存储器内记录下一个故障，电子节气门故障警告灯接通。同时，ECU 能够检测到两个传感器电路之间的信号出现差别而产生的反常电压，控制发动机转换到怠速状态，使用剩余的一条线路来计算加速踏板的开启角度，并且车辆是在节气门开启角度大于正常值的有限条件下行驶的。

如果两个传感器都失效,故障存储器内记录下一个故障,电子节气门故障警告灯接通。发动机只能以较高的怠速转速来工作,且不再对加速踏板做出反应。

2. 技能操作

(1)操作准备

准备技能操作所需的物料,如表 7–10 所示。

表 7–10 物料准备

类别	所需物料
教学整车 / 实训平台	新能源教学整车
设备、仪器、工具	高压安全防护用品、绝缘工具、绝缘扭力扳手、万用表

(2)加速踏板位置传感器的检测

参考维修手册,按照标准流程分别进行加速踏板位置传感器的电阻值检测、供电电压和搭铁检测及输出电压检测。

① 电阻值检测。关闭点火开关,拔下传感器插头,使用万用表电阻挡,依次检测传感器两点间的电阻值,并将相关内容记录在表 7–11 中。

表 7–11 电阻值检测

序号	项目	内容	是否正常
1	传感器 1 两点间的电阻值	5 V 电源电压输入端子—接地端子	是□ 否□
		5 V 电源电压输入端子—信号输出端子	是□ 否□
		信号输出端子—接地端子	是□ 否□
2	传感器 2 两点间的电阻值	5 V 电源电压输入端子—接地端子	是□ 否□
		5 V 电源电压输入端子—信号输出端子	是□ 否□
		信号输出端子—接地端子	是□ 否□

② 供电电压和搭铁检测。关闭点火开关,拔下传感器插头,再打开点火开关,使用万用表电压挡,测量传感器 5 V 电源电压输入端子与搭铁之间的电压,并将相关内容记录在表 7–12 中。

表 7–12 供电电压和搭铁检测

序号	项目	内容	检测结果(是否正常)
1	传感器 1 供电电压	5 V 电源电压输入端子与搭铁之间的电压	是□ 否□
2	传感器 2 供电电压	5 V 电源电压输入端子与搭铁之间的电压	是□ 否□

③ 传感器输出电压检测。插上传感器插头，打开点火开关，使用万用表电压挡分别测量节气门完全关闭和缓慢打开时的电压，并将相关内容记录在表 7-13 中。

表 7-13　传感器输出电压检测

序号	项目	内容	检测结果（是否正常）
1	传感器 1 输出电压	节气门完全关闭时的电压	是□　否□
		节气门缓慢打开时的电压	是□　否□
2	传感器 2 输出电压	节气门完全关闭时的电压	是□　否□
		节气门缓慢打开时的电压	是□　否□

四、检查评估

对本任务的学习情况进行检查，并将相关内容填写在表 7-14 中。

表 7-14　检查表

检查项目	检查结果	结果点评
EPC 系统的检测		
是否正确完成数据流的读取分析作业	是□　否□	
是否正确完成故障码的读取分析作业	是□　否□	
节气门位置传感器的检测		
是否正确完成节气门的清洗作业	是□　否□	
是否正确完成节气门位置传感器电阻值的检测作业	是□　否□	
是否正确完成节气门位置传感器供电电压和搭铁的检测作业	是□　否□	
是否正确完成节气门位置传感器输出电压的检测作业	是□　否□	
加速踏板模块的检测		
是否正确完成加速踏板位置传感器电阻值的检测作业	是□　否□	
是否正确完成加速踏板位置传感器供电电压和搭铁的检测作业	是□　否□	
是否正确完成加速踏板位置传感器输出电压的检测作业	是□　否□	
整理和恢复		
工具、设备是否整理恢复	是□　否□	
实训工位是否打扫干净	是□　否□	
工作页是否填写完整	是□　否□	

五、任务小结

本任务小结如图 7-14 所示。

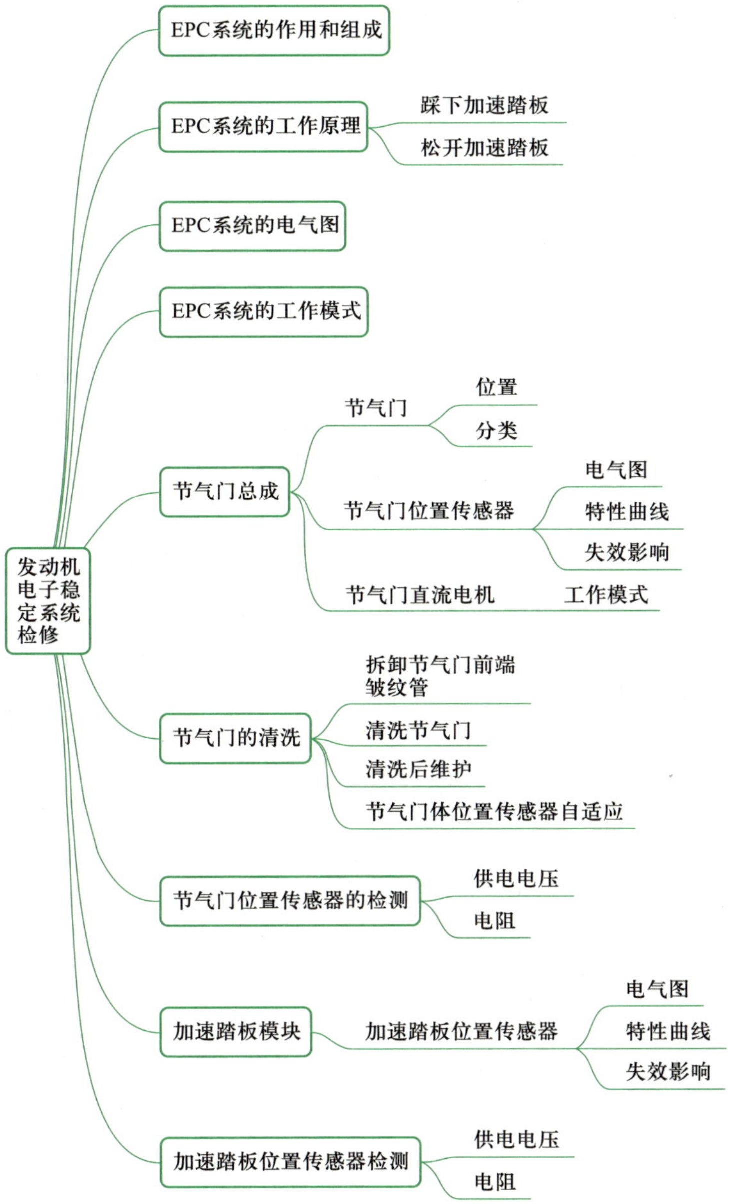

图 7-14 任务小结

任务八　电子控制燃油喷射系统检修

一、任务导入

场景：某品牌新能源汽车售后维修中心。

人物：维修技师小黄、客户张女士。

情节：张女士的某品牌混动汽车在行驶中发动机缺缸并伴有动力下降。经维修技师小黄初检后，判断为电子控制燃油喷射系统故障，需要对电子控制燃油喷射系统进行诊断与检修。

二、任务目标

◇ 能够根据电子控制燃油喷射系统的结构原理，规范完成电子控制燃油喷射系统静态检查及系统类型判定。

◇ 能够根据燃油泵的结构原理，规范完成燃油泵的检测作业。

◇ 能够根据喷油器的结构原理，规范完成喷油器的检测作业。

三、任务实施

（一）电子控制燃油喷射系统的结构原理

1. 知识学习

（1）电子控制燃油喷射系统的认识检查

电子控制燃油喷射（Electronic Fuel Injection，EFI）系统的作用是精确控制燃油喷射量、喷射时间、喷射压力，使喷入气缸内的燃油达到最佳效果，达到动力性、经济性排放最佳效果。

（2）电子控制燃油喷射系统的分类

电子控制燃油喷射系统的分类方式有很多种，可以按进气流量的测量方式分类，按喷油器喷射位置分类，也可以按喷油器喷射时期分类，还可以按有无信号分类。电子控制燃油喷射系统的分类如图 8-1 所示。

其中，按喷油器喷射位置可以分为缸内直喷式和进气道喷射式两种。进气道喷射式根据喷油器安装位置又分为单点喷射和多点喷射两种。

多点喷射系统是指每缸进气门处装有一个中央喷射装置，由电子控制单元控制喷射。其燃油分配均匀性好，但控制系统复杂，成本高，主要用于中、高级轿车。

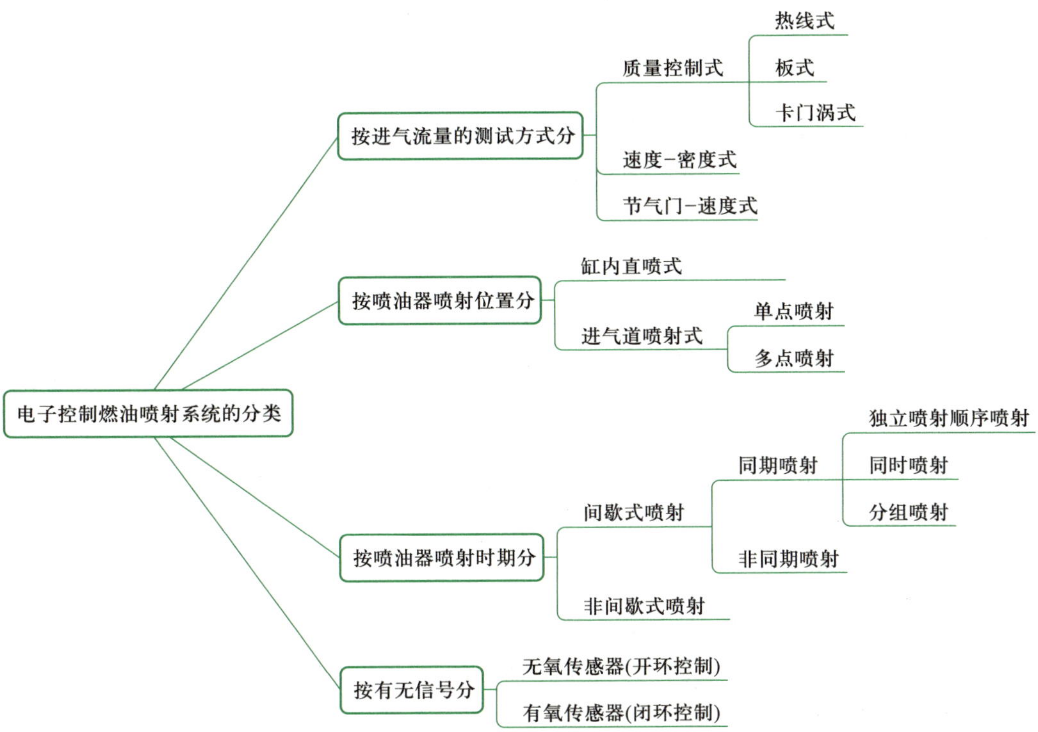

图 8-1　电子控制燃油喷射系统的分类

单点喷射系统是指在节气门上方装一个中央喷射装置，由 1～2 个喷油器集中喷油。采用顺序喷射方式。结构简单，故障少、维修调整方便，广泛地应用于普通轿车和货车。

此外，目前已经普及的电控汽油喷射系统，其喷射方式采用间歇式。间歇式喷射方式根据喷油器的喷射时期的不同又分为同期喷射和非同期喷射。

同期喷射方式包括独立喷射顺序喷射、同时喷射和分组喷射。同期喷射是指将各气缸的喷油器并联，所有喷油器由计算机的同一个指令控制，同时喷油，同时断油。分组喷射是指将各气缸的喷油器分成几组，同一组喷油器同时喷油或断油。顺序喷射是指各喷油器由计算机分别控制，按发动机各气缸的工作顺序喷油。

（3）电子控制燃油喷射系统的组成

电子控制燃油喷射系统一般由三大部分组成，即电子控制系统、燃油供给系统和空气供给系统。

1）电子控制系统

电子控制系统的作用是根据发动机运转状况和车辆运行状况确定基本喷油时间，再根据其他传感器对喷油时间进行修正，并按最后确定的总喷油时间向喷油器发出指令，得到燃油最佳喷射量。

如图 8-2 所示，电子控制系统一般由传感器、电子控制单元和执行器组成。

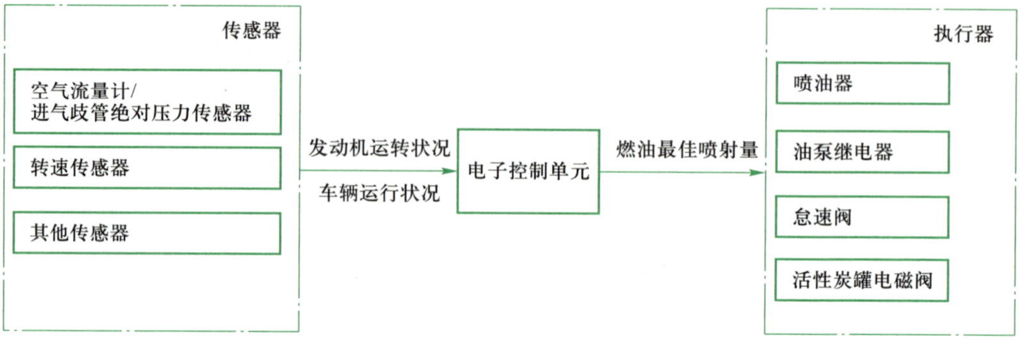

图 8-2　电子控制系统

混合动力汽车发动机电控喷油系统常用的执行器有喷油器、油泵继电器、怠速阀、活性炭罐电磁阀等。

2）燃油供给系统

燃油供给系统的作用是负责进行燃油压力及流量的控制，将具有一定压力的清洁燃油适时喷入进气管或发动机气缸，供给喷油器一定压力的燃油，喷油器根据电子控制单元的指令喷油。

燃油供给系统一般由燃油箱、电动燃油泵、燃油滤清器、燃油压力调节器、燃油导轨、喷油器等组成，如图 8-3 所示。

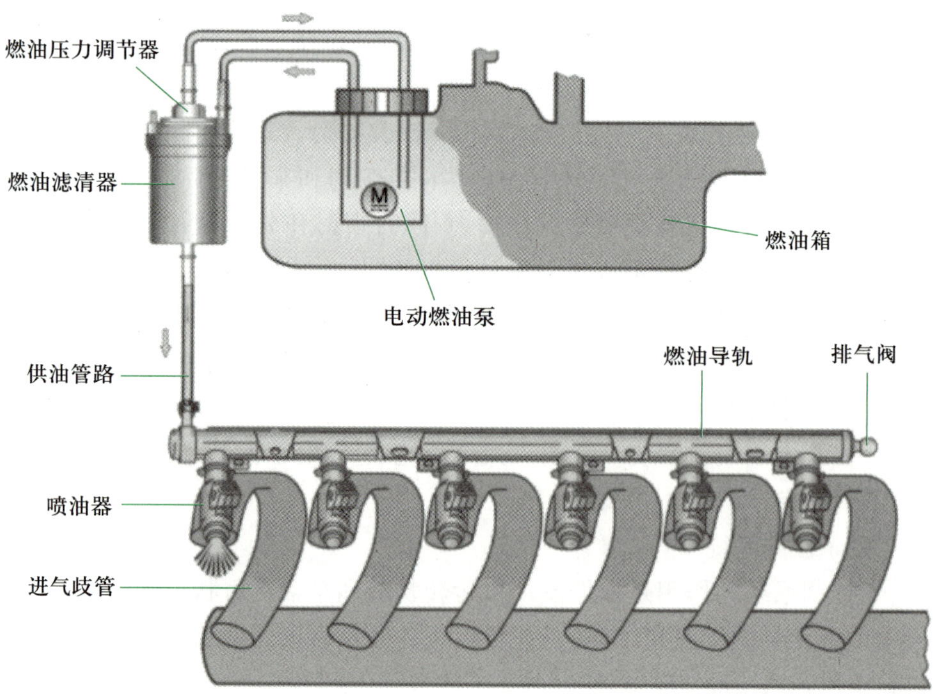

图 8-3　燃油供给系统

3）空气供给系统

空气供给系统的作用是根据发动机的工况要求，定时将清洁的空气供入气缸，并进行实时测量，为电子控制燃油喷射系统计算喷油量提供依据。

（4）电子控制燃油喷射系统的控制内容

电子控制燃油喷射系统的控制内容主要是喷油正时控制、喷油量控制。

1）喷油正时控制

喷油正时控制可以分为同步喷油正时控制和异步喷油正时控制。其中，同步喷油正时控制是指发动机各缸工作循环，在既定的曲轴位置进行喷油，同步喷油正时控制有规律性。同步喷油正时控制又可以分为顺序喷射正时控制、分组喷射正时控制、同时喷射正时控制，其特点如表 8–1 所示。

表 8–1　同步喷油正时控制的特点

分类名称	特　点
顺序喷射正时控制	喷油器驱动回路数与气缸数目相等
分组喷射正时控制	把所有喷油器分成 2 ~ 4 组，由电子控制单元分组控制喷油器
同时喷射正时控制	所有缸喷油器由电子控制单元控制同时喷油和停油

异步喷油正时控制与发动机的工作不同步，无规律性，是在同步喷油的基础上，为改善发动机的性能额外增加的喷油。

混合动力汽车发动机的电子控制燃油喷射系统一般采用异步喷油正时控制。

如图 8–4 所示，异步喷油正时控制分为起动时的喷油正时控制和起动后的喷油正时控制。

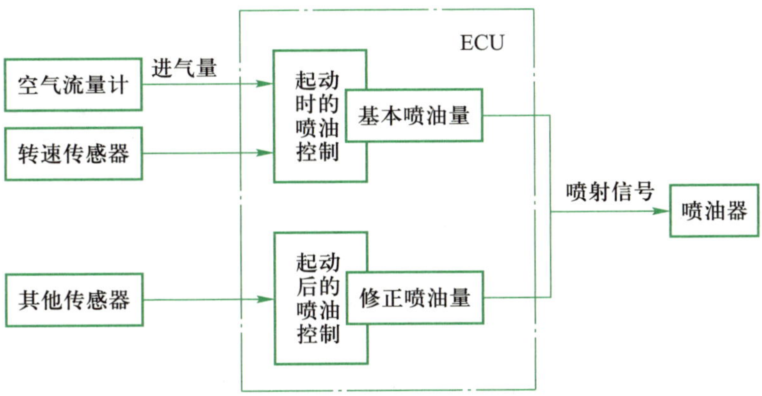

图 8–4　异步喷油正时控制

起动时的喷油正时控制是电子控制单元根据空气流量计或进气歧管绝对压力传感器等输送的信号计算出基本喷油量。由于喷油器针阀的行程是一定的,因此喷油量的大小取决于喷油器持续开启时间长短,所以电子控制单元实际上是控制喷油器喷油的持续时间。在同步喷油的基础上,为改善发动机的起动性能,再增加一次异步喷油。

起动后的喷油正时控制是为了使发动机适应不同的工况,必须精确计算基本喷油持续时间和基于各种参数的修正量,其目的是使发动机燃烧混合气的空燃比符合要求。

2)喷油量控制

喷油量控制的目的是使发动机在各种运行工况下,都能获得最佳的喷油量,以提高发动机的经济性和降低排放污染。

由于电子控制单元要考虑的运转参数很多,为了使电子控制单元的计算程序简化,通常将喷油量分成基本喷油量、修正量和增量三部分,分别计算出结构后再把这三个部分叠加在一起,作为总喷油量来控制喷油器喷油,如图 8–5 所示。

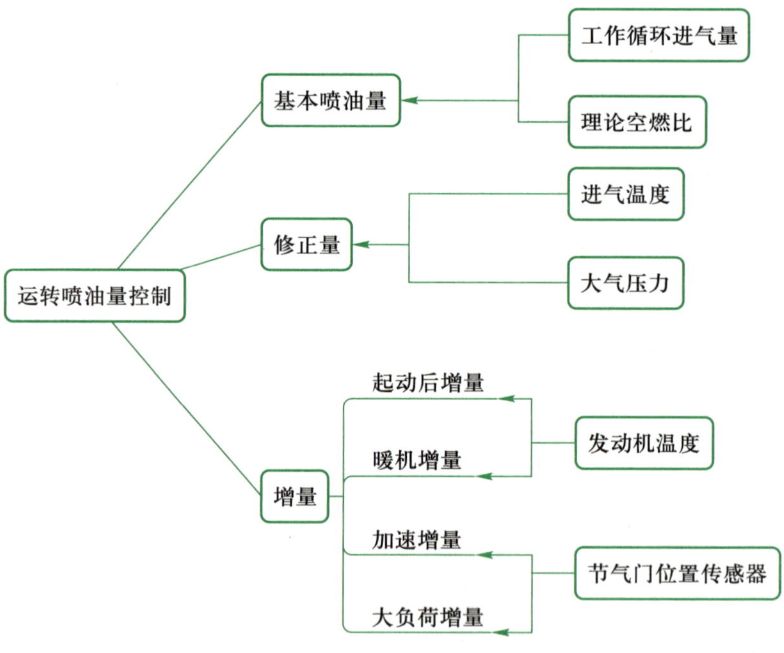

图 8–5　运转喷油量控制内容

基本喷油量:依据发动机每个工作循环的进气量,根据理论空燃比 14.7 : 1 计算出的喷油量。

修正量:根据进气温度和大气压力等实际运转情况,对基本喷油量进行适当修正,使发动机在不同运转条件下均能获得最佳浓度的混合气。修正量的内容包括进气温度修正、大气压力修正、蓄电池电压修正。

增量：在一些特殊工况条件下，为加浓混合气而增加的喷油量。加浓的目的是使发动机获得良好的使用性能。一般在如下几种工况下需要增量：起动后增量、暖机增量、加速增量、大负荷增量。

当喷油器的结构和喷油压差一定时，喷油量的多少取决于喷油时间。

如图 8-6 所示，喷油量的控制分为起动时的同步喷油量控制、起动后的同步喷油量控制、异步喷油量控制、燃油停供控制、燃油泵控制。

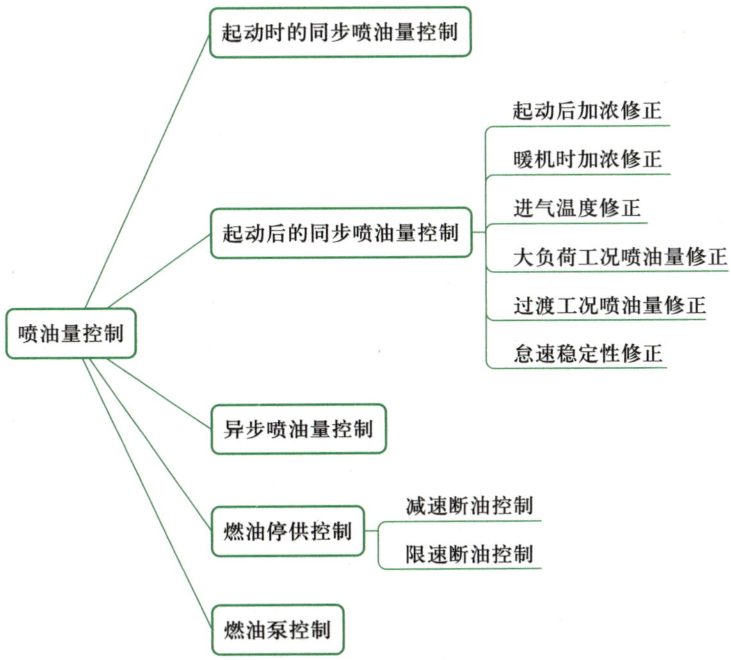

图 8-6 电子控制燃油喷射系统的控制内容

① 起动时的同步喷油量控制。在发动机转速低于规定值或点火开关接通位于 START 时，电子控制单元根据冷却液传感器信号和冷却液温度来确定基本喷油时间，根据进气温度传感器对喷油时间做延长或缩短的修正。除此之外，还根据蓄电池电压适当延长喷油时间，以实现喷油量的进一步修正，即电压修正。

② 起动后的同步喷油量控制。喷油持续时间 = 基本喷油持续时间 × 喷油修正系数 + 电压修正值。

D 型空气进给系统根据发动机转速信号和进气管绝对压力信号确定基本喷油时间；L 型空气进给系统根据发动机转速信号和空气流量计信号确定基本喷油时间。

喷油修正系数根据发动机工作进行实时修正，主要有起动后加浓修正、暖机加浓修正、进气温度修正、大负荷工况喷油量修正、过渡工况喷油量修正、怠速稳定性修正这几种情况，其喷油修正的依据如表 8-2 所示。

表 8-2　起动后的同步喷油量控制

喷油量控制	依　据
起动后加浓修正	冷却液温度信号
暖机加浓修正	冷却液温度信号
进气温度修正	进气温度信号
大负荷工况喷油量修正	进气管绝对压力信号（PIM）和空气量信号（Vs）
	节气门位置传感器输送的全负荷信号或节气门位置信号（VTA）信号
过渡工况喷油量修正	根据进气管绝对压力信号（PIM）或空气量信号（Vs）、发动机转速信号（Ne）、车速信号（SPD）
	节气门位置信号（VTA）、空挡起动开关信号（NES）
怠速稳定性修正	进气管绝对压力信号（PIM）和发动机转速信号（Ne）

③ 异步喷油量控制。发动机起动和加速时的异步喷油量固定，各缸喷油器以一个固定的喷油持续时间，同时向各缸增加一次喷油。

④ 燃油停供控制。燃油停供控制是电子控制单元在一些特殊工况下，暂时中断燃油喷射，以满足发动机运转中的特殊要求。如图 8-7 所示，燃油停供控制包含减速断油控制、限速断油控制、溢油消除、减转矩断油控制。

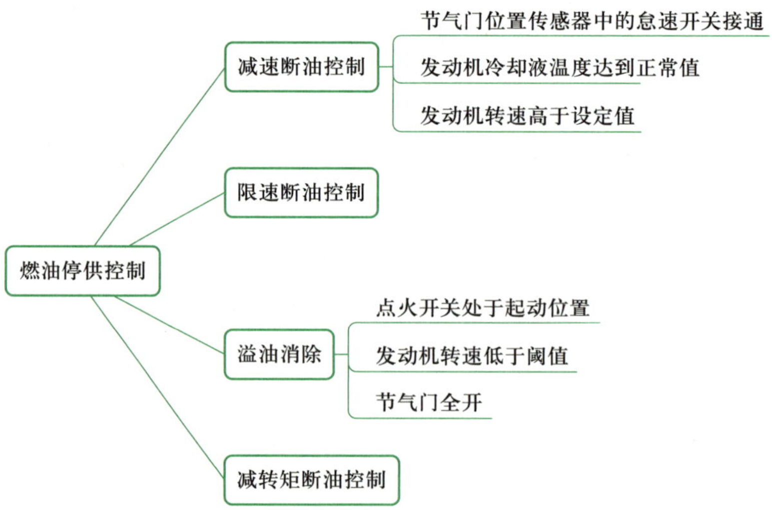

图 8-7　燃油停供控制

减速断油控制：当汽车在高速运转中突然将加速踏板松开减速时，发动机仍在汽车惯性的带动下高速旋转。因为节气门已关闭，进入气缸的混合气数量很少，在高速运转下燃烧不完全，导致废气中的有害排放物增多。减速断油控制就是当汽车减速时，电子控制单元将会切断燃油喷射控制电路，停止喷油，以降低碳氢化合物及一氧化碳的排放量，促使发动机转速尽快下降，有利于汽车减速。

减速断油控制过程是由电子控制单元根据节气门位置、发动机转速及冷却液温度等参数，作出综合判断，一般需要符合如下条件：节气门位置传感器中的怠速开关接通；发动机水温已达到正常值；发动机转速高于设定值。

限速断油控制：加速时，发动机超过安全转速或汽车车速超过设定的最高车速时，电子控制单元将自动切断燃油喷射控制电路，停止喷油，以避免发动机超速运转，造成机件损坏，也有利于减小燃油消耗量，减少有害排放物。当断油之后发动机转速下降至低于极限转速时，断油控制结束，喷油器恢复正常喷油。

溢油消除：起动时空气供给系统会向发动机提供很浓的混合气，如果多次起动失败，淤积在气缸内的浓混合气可能会浸湿火花塞，使之不能跳火。这种情况称为溢油。电子控制单元在这种条件下会自动中断燃油喷射，以排除气缸中多余的燃油，使火花塞干燥。进入溢油消除状态需满足如下条件：点火开关处于起动位置；发动机转速低于 500 r/min；节气门全开。

减转矩断油控制：装有电控自动变速器的汽车在行驶中自动升挡时，控制变速器的电子控制单元会向发动机的电子控制单元发出减转矩信号。发动机电子控制单元在收到这一减转矩信号时，会暂时中断个别气缸的喷油，使发动机转速降低，从而减小换挡冲击。

⑤ 燃油泵控制。燃油泵控制即根据发动机的转速和负荷来控制燃油泵以高速或低速运转。

2. 技能操作

（1）操作准备

准备技能操作所需的物料，如表 8–3 所示。

表 8–3 物料准备

类别	所需物料
教学整车 / 实训平台	新能源教学整车
设备、仪器、工具	高压安全防护用品、绝缘工具、绝缘扭力扳手、诊断仪、万用表

（2）电子燃油喷射系统的认识

对实训车辆电子燃油喷射系统做静态检查及系统类型判定，填写表 8–4。

表 8-4　电子燃油喷射系统的认识

序号	项目	内容	操作记录
1	检查传感器	检查是否存在进气歧管绝对压力传感器	□是　□否
		检查是否存在空气流量计	□是　□否
		检查是否存在氧传感器	□是　□否
2	检查喷射器	检查喷射器位置	□气缸内　□进气道
		检查喷射器数量	数量：
3	检查零件与连接件状态	检查零件状态	□正常　□破损　□装配不到位
		检查连接件的状态	□正常　□破损
初步判断：		□ D 型空气进给系统	□ L 型空气进给系统
		□缸内直喷	□进气道直喷
		□闭环控制	□开环控制

（二）燃油供给系统的检测

1. 知识学习

（1）燃油供给系统的工作原理

如图 8–8 所示，电动燃油泵将燃油从油箱中泵出，加压后经进油管流入燃油滤清器，滤除其中的杂质后，由压力调节器调压，进入燃油分配管。电子控制单元根据传感器输入的信号，控制喷油器适时开启，将定量、定压的汽油喷入进气歧管，与经空气滤清器滤清后的新鲜空气混合进入气缸，而多余的燃油经回油管回到燃油箱。

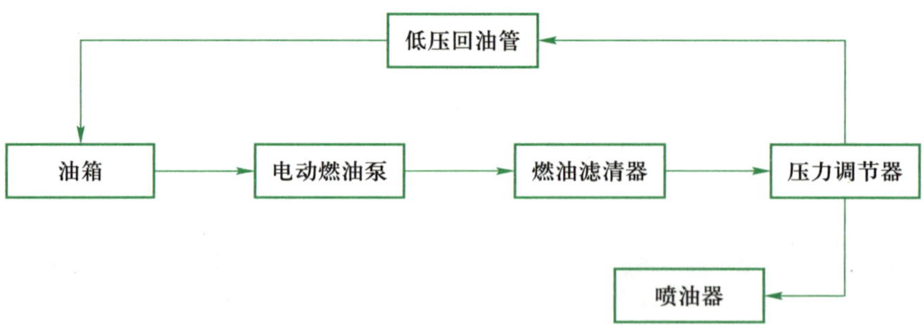

图 8–8　燃油供给系统的工作原理框图

（2）电动燃油泵

1）电动燃油泵的结构和作用

电动燃油泵是燃油供给系统中的重要组成部件，由小型直流电动机驱动。其作用是连续不断地从燃油箱中抽取燃油，将油压提高到规定值后输送给喷油器，及时向发动机供给各种工况下所需要的燃油量。

电动燃油泵的结构如图 8–9 所示，主要由泵体和电动机等组成。其中电动机由电刷、电枢和磁极等组成；泵体则由壳体、叶轮、泵盖、外壳等组成，另外电动燃油泵的出油阀（单向阀）和限压阀（泄压阀）也安装在外壳上。电动机转动带动叶轮旋转，进油口处的燃油随叶轮一起高速旋转，从而导致进油室燃油不断被带走，使进油口处产生真空，燃油被吸入；而出油室燃油不断增多，燃油压力升高，当燃油压力达到一定值时，顶开出油阀，燃油经出油口输出。限压阀在油压超过限定值时开启，使燃油流回油箱，防止油压过高损坏燃油泵或油管。

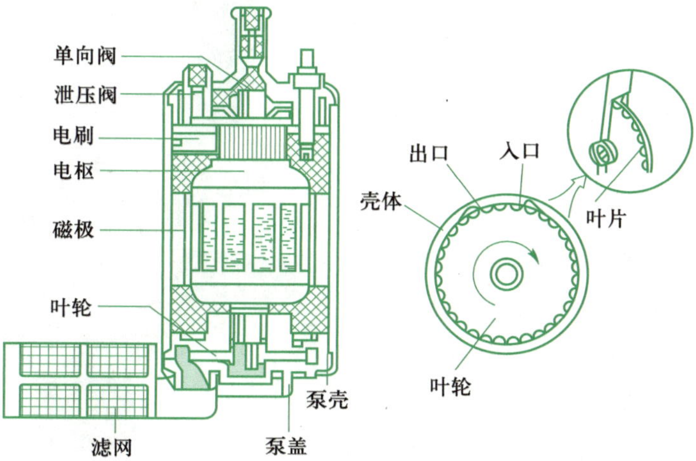

图 8–9　电动燃油泵的结构

电动燃油泵按结构不同，可分为滚柱式、涡轮式、转子式和侧槽式；按安装位置不同，可分为内置式（安装在燃油箱中，具有噪声小、不易产生气阻、不易泄漏、管路安装简单的特点）、外置式（串接在油箱外部的输油管路中，易布置、安装自由度大、噪声大、易产生气阻）。燃油泵将油箱中的燃油抽出，在一定的压力下，经燃油滤清器、燃油压力调节器、燃油分配管等输送到喷油器。

2）电动燃油泵的电气图

查阅相关手册，可知发动机 ECU 直接控制的电动燃油泵电气图如图 8–10 所示。

3）高压燃油泵

高压燃油泵如图 8–11 所示，通常安装在气缸盖的侧面。

高压燃油泵通过进气凸轮轴上的凸轮来驱动，应用在部分车辆上，可以在非喷射状态下将燃油输送到高压燃油系统中。限压阀集成在高压燃油泵中，可以在受热膨胀或是在功能故障时保护零部件不会经受燃油的高压。

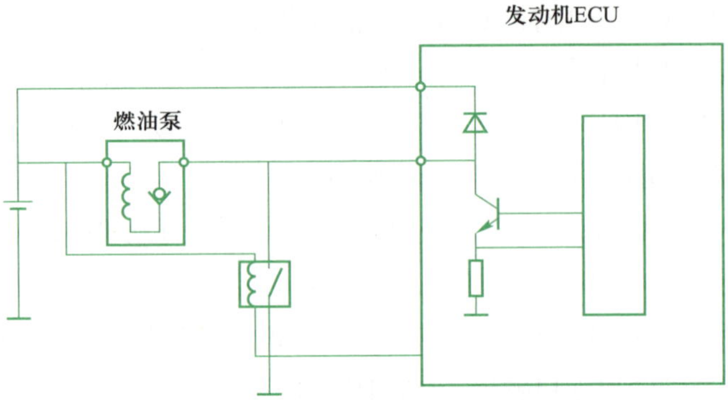

图 8-10　电动燃油泵的电气图

4）电动燃油泵的常见故障和排故思路

电动燃油泵常见的故障有燃油泵不转动、燃油泵能转动但不出油、泵油压力过低等。电动燃油泵的排故思路如图 8-12 所示。

图 8-11　高压燃油泵

（3）喷油器

1）喷油器的作用和结构原理

喷油器是电子控制燃油喷射系统的执行元件。喷油器的作用是根据电子控制单元传送的喷油脉冲信号，精确地控制燃油喷射量。

微课
喷油器工作原理与故障分析

喷油嘴可分为低压喷油嘴和高压喷油嘴，两者的工作压力不同，其中高压喷油嘴的工作压力为 2.4 ~ 30 MPa，低压喷油嘴的工作压力为 200 ~ 600 kPa。低压喷油嘴主要用于进气歧管喷射，而高压喷油嘴用于缸内直喷。高压喷油器是直接插入气缸内的，表面更容易产生积炭，如表 8-5 所示。

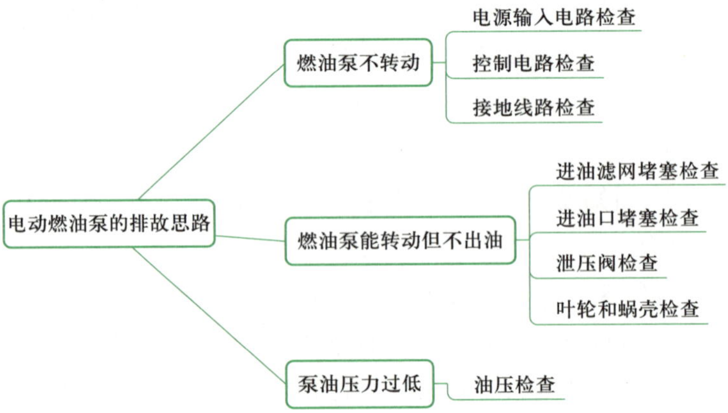

图 8-12　电动燃油泵的排故思路

表 8-5　高压、低压喷油嘴的差别

类别	高压喷油嘴	低压喷油嘴
安装位置	缸内直喷	进气歧管喷射
工作燃油压力	2.4 ~ 30 MPa	200 ~ 600 kPa
积炭	易产生	—

混合动力汽车的喷油器一般是电磁式的，当喷油器不工作时，针阀在回位弹簧的作用下将喷油器油孔封住。当发动机电子控制单元的喷油器控制信号将喷油器的电磁线圈与电源回路接通时，针阀才在电磁力的吸引下克服弹簧压力、摩擦力和自身重量，从静止位置往上升，喷出燃油，如图 8-13 所示。

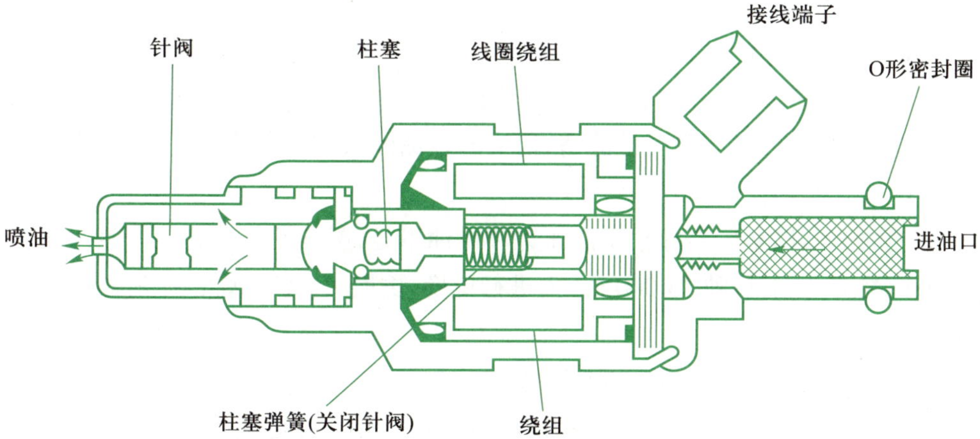

图 8-13　喷油器的结构

2）喷油器的电气图

查阅相关手册可知，混合动力汽车控制系统喷油器的电气图如图 8-14 所示。

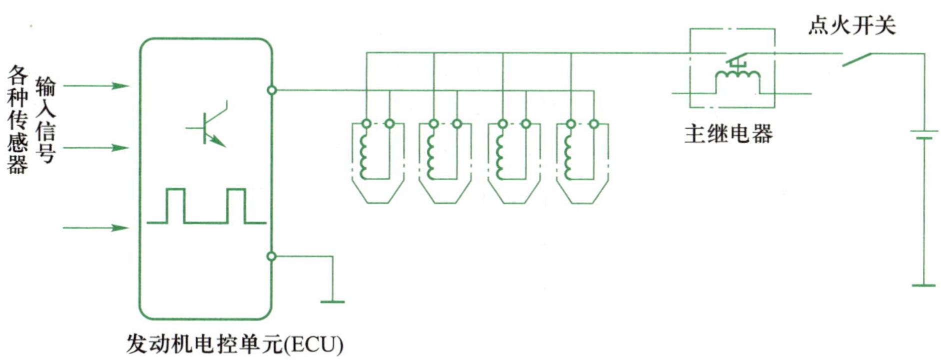

图 8-14　喷油器的电气图

3）喷油器的常见故障及排故思路

一般喷油器电路故障主要有：喷油器电源电路不良；喷油器电磁线圈不良；喷油器控制电路不良；喷油器控制信号不良等，喷油器的排故思路如图 8–15 所示。

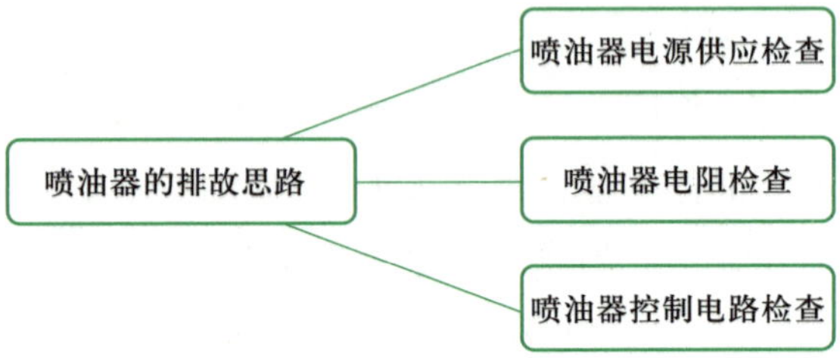

图 8–15　喷油器排故思路

（4）燃油滤清器

燃油滤清器的作用是把燃油中的杂质去除，防止燃料供给系统堵塞，减少运动部件的磨损。发动机工作时，燃油在电动燃油泵的作用下，从进油口接头流入燃油滤清器滤芯的外部，经滤芯后被滤清，清洁的燃油流入滤芯内腔，最后从出油管接头流出至燃油分配管。

燃油滤清器堵塞后会导致供油压力和供油不足，影响发动机的动力性，因此，要定期进行维护，一般行驶 15 000 km 需进行更换，更换时应注意燃油滤清器箭头上所指的燃油流动方向。

（5）燃油压力传感器的介绍及原理

燃油压力传感器也称为燃油压力调节器，其作用是使燃油分配管压力与进气歧管压力的差值保持恒定，使喷油器的喷油量唯一地取决于喷油器的开启时间。

燃油压力传感器如图 8–16 所示，由印制电路板、传感器元件、间隔块和壳体等组成，其内有一个压力腔，腔内有一个具有溢流阀的膜片，膜片里侧为真空腔，且腔内有一个弹簧。

燃油压力传感器的工作原理是：压力直接作用在传感器的膜片上，使膜片产生与介质压力成正比的微小位移，使传感器的电阻发生变化，利用电子线路检测这一变化，并转换输出一个对应于这个压力的标准信号。

（6）燃油喷射控制系统故障诊断流程

查阅维修手册，可知燃油喷射控制系统故障诊断流程如图 8–17 所示。

2. 技能操作

（1）操作准备

准备技能操作所需的物料，如表 8–6 所示。

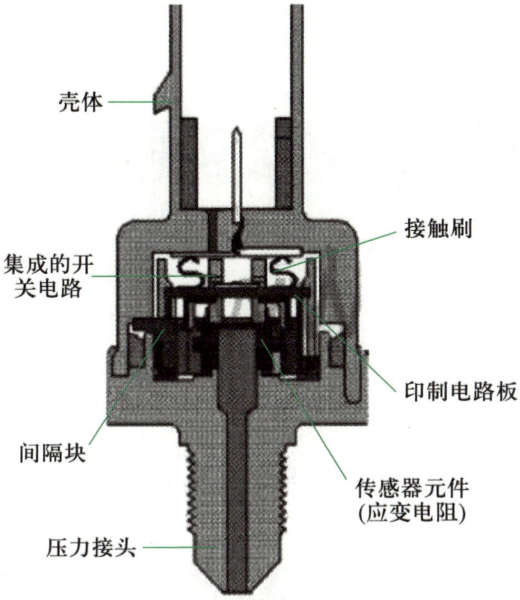

图 8-16　燃油压力传感器

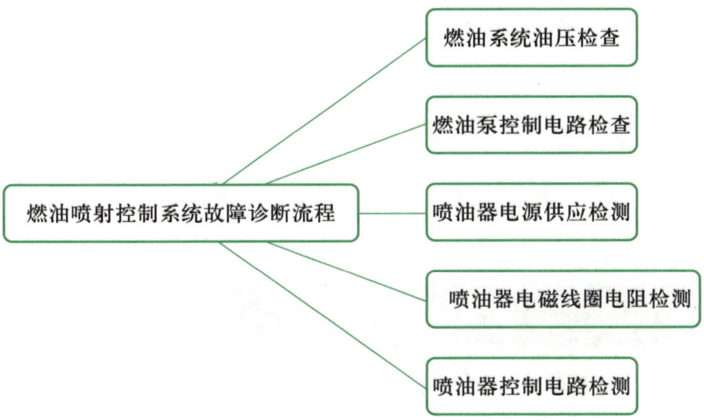

图 8-17　燃油喷射控制系统故障诊断流程

表 8-6　物料准备

类别	所需物料
教学整车 / 实训平台	新能源教学整车
设备、仪器、工具	高压安全防护用品、绝缘工具、绝缘扭力扳手、接油桶、油压表、回油管夹、万用表

（2）读取故障码

从诊断仪上读取车辆故障码，将故障码填写在表 8-7 中，并根据故障码进行分析。

表 8-7　车辆故障码记录表

序号	故障码	故障码描述	是否正常	维修意见
1			是□　否□	
2			是□　否□	
3			是□　否□	

（3）读取数据流

从诊断仪上读取数据流，将数据流填写在表 8-8 中，并根据数据流进行分析。

表 8-8　数据流信息

序号	控制单元	名称	当前值 / 状态	标准值 / 状态	是否正常
1					是□　否□
2					是□　否□
3					是□　否□

（4）燃油系统油压检测

查阅相关手册，对燃油系统油压进行检测，并将相关内容记录到表 8-9 中。

表 8-9　燃油系统油压检测

<table>
<tr><th>序号</th><th>项目</th><th>内容</th><th colspan="2">操作记录</th></tr>
<tr><td rowspan="3">1</td><td rowspan="3">拆卸外围件</td><td>从蓄电池上拆卸搭铁线</td><td colspan="2">工具：</td></tr>
<tr><td>拆卸输油管与注油管的连接螺栓</td><td colspan="2">工具：</td></tr>
<tr><td>拆卸密封垫圈</td><td colspan="2">工具：</td></tr>
<tr><td>2</td><td>泄油压</td><td>将系统残余油压泄掉</td><td colspan="2">工具</td></tr>
<tr><td rowspan="2">3</td><td rowspan="2">接入油压表</td><td rowspan="2">用新的密封垫及螺栓将油压表接入输油管和主油管间</td><td colspan="2">工具：</td></tr>
<tr><td>密封垫数量：</td><td>垫片数量：</td></tr>
</table>

续表

序号	项目	内容	操作记录	
4	静止油压	安装蓄电池搭铁线，打开点火开关但不起动发动机，读取油压值	油压值：	是否正常：是□　否□
5	起动工况油压	起动发动机，读取油压值	油压值：	是否正常：是□　否□
6	运行工况油压	正常运行发动机，读取油压值	油压值：	是否正常：是□　否□
7	系统最高油压	将回油管夹住，使回油管停止回油	工具：	
			油压值：	是否正常：是□　否□
8	管路油压回落 1	打开点火开关，连续起动 15 s	油压值：	油压值是否回落：是□　否□
		30 s 后观察油压表压力	油压值：	
9	管路油压回落 2	再次起动 15 s，夹住油压调节器回油管	油压值：	油压值是否回落：是□　否□
		30 s 后观察油压表压力	油压值：	

（5）燃油泵控制电路检测

查阅相关手册，对燃油泵控制电路进行检测，并将相关内容记录到表 8-10 中。

表 8-10　燃油泵控制电路检测

序号	项目	内容	操作记录	
1	燃油泵电源供给电路	检测燃油泵电源供给电压	电压值：	是否正常：是□　否□
2	燃油泵接地电阻	检测燃油泵接地电阻	电阻值：	是否正常：是□　否□
3	燃油泵控制电路	燃油泵继电器和电子控制单元	电阻值：	是否正常：是□　否□
		燃油泵调速附加电阻	电阻值：	是否正常：是□　否□
		电子控制单元控制线路	电阻值：	是否正常：是□　否□
4	检查燃油泵	燃油泵电动机连接器两端子	电阻值：	是否正常：是□　否□

（6）喷油器电源供应检测

关闭点火开关，拆下喷油器电线接头，打开点火开关，使用万用表电压挡，分别测量喷油器电线接头的 1、2、3、4 号接线端子与车身搭铁之间的电压值，并将测量结果记录到表 8-11 中。

表 8-11　喷油器电源供应检测

序号	内容	操作记录	
1	接头 1	电压：≈ 0 V□　≈ 12 V□ 0 ~ 12 V□	电源线□　电子控制单元控制线□
2	接头 2	电压：≈ 0 V□　≈ 12 V□ 0 ~ 12 V□	电源线□　电子控制单元控制线□
3	接头 3	电压：≈ 0 V□　≈ 12 V□ 0 ~ 12 V□	电源线□　电子控制单元控制线□
4	接头 4	电压：≈ 0 V□　≈ 12 V□ 0 ~ 12 V□	电源线□　电子控制单元控制线□

（7）喷油器电磁线圈电阻检测

关闭点火开关，拆下喷油器电线接头，用万用表电阻挡检测喷油器内部电阻，并将相关内容记录到表 8-12 中。

表 8-12　喷油器电磁线圈电阻检测

序号	项目	内容	操作记录	
1	电磁线圈电阻检测	喷油器 1	电阻值：	是否正常：是□　否□
2		喷油器 2	电阻值：	是否正常：是□　否□
3		喷油器 3	电阻值：	是否正常：是□　否□
4		喷油器 4	电阻值：	是否正常：是□　否□

（8）喷油器控制电路检测

关闭点火开关，拆下喷油器电线接头，使用万用表电压挡测量接线两端，并将相关内容记录到表 8-13 中。

四、检查评估

对本任务的学习情况进行检查，并将相关内容填写在表 8-14 中。

表 8-13 喷油器控制电路检测

序号	项目	内容	操作记录
1	喷油器控制电路检测	喷油器 1	电压值：　　　是否正常：是□　否□
2		喷油器 2	电压值：　　　是否正常：是□　否□
3		喷油器 3	电压值：　　　是否正常：是□　否□
4		喷油器 4	电压值：　　　是否正常：是□　否□

表 8-14 检查表

检查项目	检查结果	结果点评
燃油控制系统的故障检测		
是否正确完成燃油控制系统故障码的读取作业	是□　否□	
是否正确完成燃油控制系统数据流的分析作业	是□　否□	
燃油供给系统的检测		
是否正确完成燃油泵油压的检测作业	是□　否□	
是否正确完成燃油泵控制电路的检测作业	是□　否□	
是否正确完成喷油器电源供应的检测作业	是□　否□	
是否正确完成喷油器电磁线圈电阻的检测作业	是□　否□	
是否正确完成喷油器控制电路的检测作业		
整理和恢复		
工具、设备是否整理恢复	是□　否□	
实训工位是否打扫干净	是□　否□	
工作页是否填写完整	是□　否□	

五、任务小结

本任务小结如图 8-18 所示。

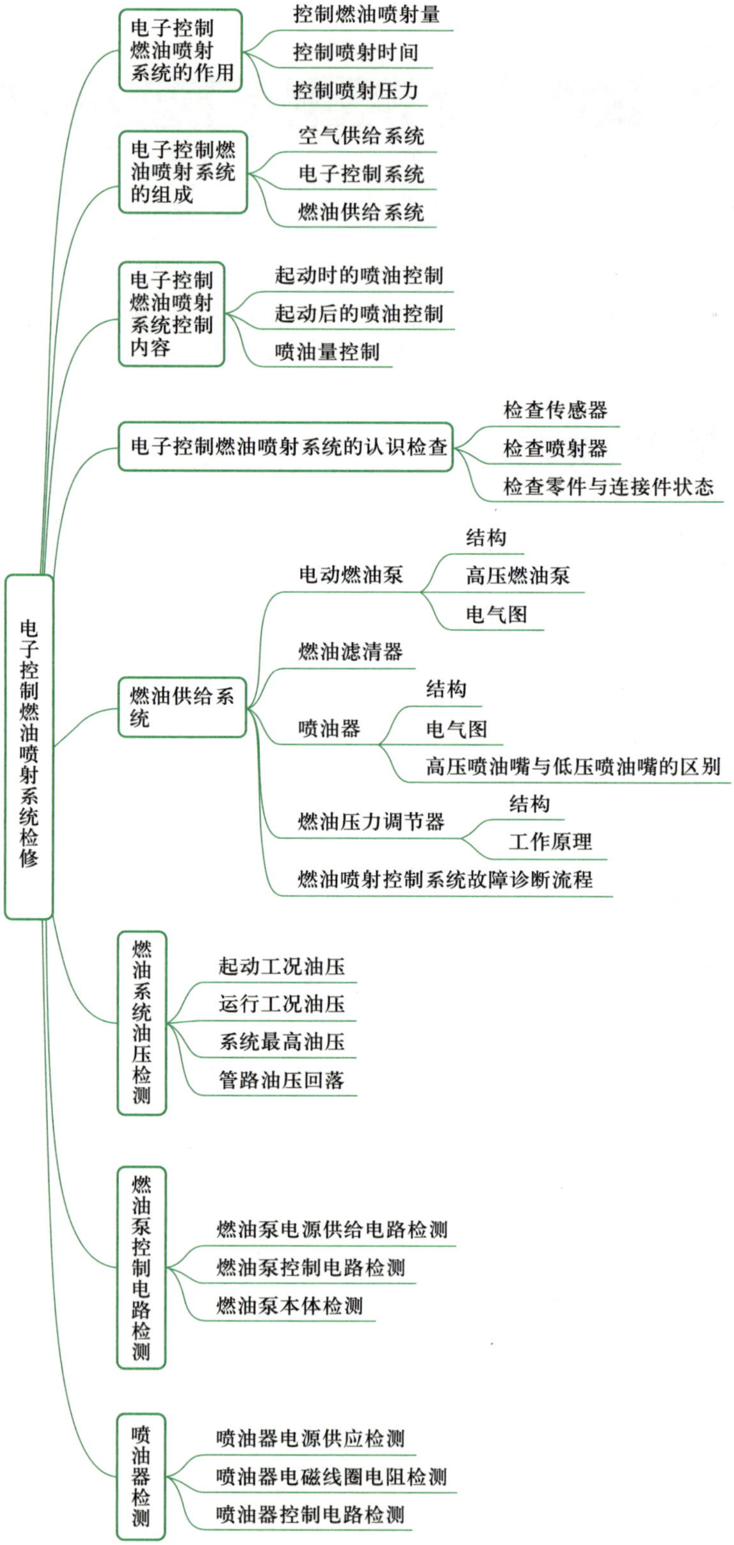
电子控制燃油喷射系统检修
电子控制燃油喷射系统的作用
控制燃油喷射量
控制喷射时间
控制喷射压力
电子控制燃油喷射系统的组成
空气供给系统
电子控制系统
燃油供给系统
电子控制燃油喷射系统控制内容
起动时的喷油控制
起动后的喷油控制
喷油量控制
电子控制燃油喷射系统的认识检查
检查传感器
检查喷射器
检查零件与连接件状态
燃油供给系统
电动燃油泵
结构
高压燃油泵
电气图
燃油滤清器
喷油器
结构
电气图
高压喷油嘴与低压喷油嘴的区别
燃油压力调节器
结构
工作原理
燃油喷射控制系统故障诊断流程
燃油系统油压检测
起动工况油压
运行工况油压
系统最高油压
管路油压回落
燃油泵控制电路检测
燃油泵电源供给电路检测
燃油泵控制电路检测
燃油泵本体检测
喷油器检测
喷油器电源供应检测
喷油器电磁线圈电阻检测
喷油器控制电路检测

图 8-18　任务小结

任务九　增压系统检修

一、任务导入

场景：某品牌新能源汽车售后维修中心。

人物：维修技师小张、客户胡先生。

情节：胡先生的某品牌混动汽车在行驶 90 000 km 后，某日车辆加速到 2 000～2 800 r/min 之间，发动机“滋滋”异响，发动机报警灯亮。经维修技师小张初检后，判断异响来自增压器，需要对增压系统进行检修。

二、任务目标

◇ 能够根据增压系统的机械结构原理，规范完成涡轮增压器的拆装作业。

◇ 能够根据增压系统的电控机构原理，规范完成控制单元数据流、故障码的分析作业。

◇ 能够根据增压压力控制电磁阀的结构原理，规范完成增压压力控制电磁阀的检修作业。

三、任务实施

（一）增压系统的故障检测

1. 知识学习

（1）增压系统的作用及分类

增压系统是指将进入发动机气缸的空气或可燃混合气预先进行压缩或压缩后再加以冷却，以提高进入气缸的空气或可燃混合气的密度，从而使充气质量增加，并在供油系统的适当配合下，使更多的燃料很好地燃烧，从而达到提高发动机动力性、提高比功率、改善燃料经济性、降低废气排放和噪声的目的。

根据使用的动力源不同，增压装置可分为废气涡轮增压和机械增压两种类型，其区别如表 9-1 所示。

（2）涡轮增压系统的作用和结构

1）涡轮增压系统的作用

涡轮增压系统的作用是利用发动机运转产生的废气，来驱动空气压缩机提高发动机进气量，从而提高发动机的功率和扭矩，让车子更

动画
涡轮增压系统的作用和结构

"有劲"。一台发动机装上涡轮增压器后，其最大功率与未装增压器的时候相比，可以增加 40% 甚至更高。

表 9-1 机械增压和废气涡轮增压的区别

增压方式	驱动方式	优点	缺点
废气涡轮增压	利用废气驱动	动力更强；不消耗发动机动力；比较省油	结构复杂；动力输出反应存在滞后性
机械增压	利用发动机曲轴产生的扭矩驱动	结构简单；没有迟滞现象，增压线性	直接消耗发动机的动力；省油表现略差；高速状态下会变成发动机的负载，增压不足

混合动力汽车的增压系统通常是在传统涡轮增压器的基础上增加了电控装置，使进气量可以控制得更加精确。

2）涡轮增压系统的结构

如图 9-1 所示，涡轮增压系统主要由空气滤清器、涡轮增压器、中冷器等组成。

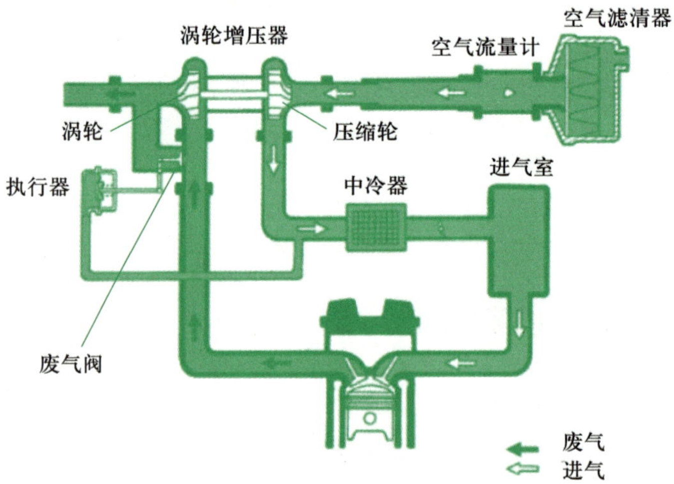

图 9-1 涡轮增压系统的结构

3）涡轮增压器

涡轮增压器一般安装在进气歧管上。如图 9-2 所示，涡轮增压器主要由蜗壳、涡轮、压缩机叶片等组成。蜗壳入口与发动机排气口相连，出口与排气总管相连，压缩机入口与空气滤清器后方的进气管连接，出口与进气歧管或进气中冷装置连接。发动机排出的废气驱动涡轮旋转，带动压缩机叶片旋转，将进气增压后压入发动机。

（3）增压空气循环控制

增压空气循环是指将压缩后的空气重新引回到增压器进气口，增压空气循环控制系统主要是根据发动机转速和负荷的变化，控制增压空气循环量，以调节供给发动机的增压空气量。其优点如下。

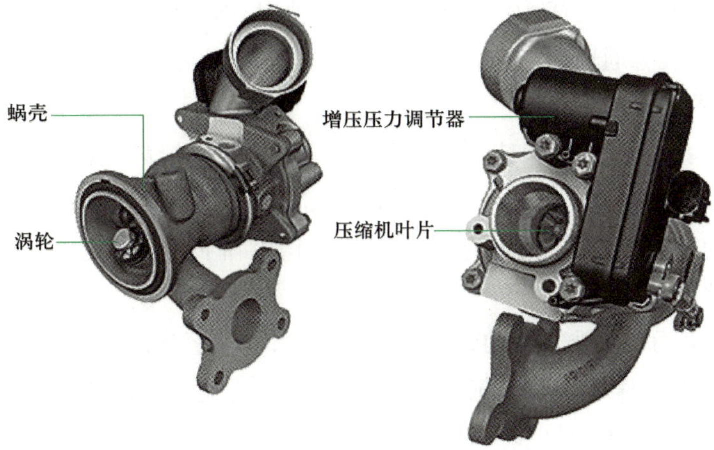

图 9–2　涡轮增压器的结构

① 发动机转速突然降低：可避免废气涡轮增压器产生气体冲击。

② 发动机小负荷工况运转：可防止供气量过多，并降低进气噪声。

发动机在正常工况下工作时，增压空气循环控制电磁阀不通电，增压空气循环阀膜片气室与真空罐之间的真空管路不相同，此时利用进气管的真空度控制增压空气循环，如图 9–1 左侧区域箭头所示。随着发动机转速提高，进气管真空度增大，增压空气循环控制阀开度增大，增压空气循环量增多，从而使提供给发动机的增压空气量受限。反之，随着发动机转速降低，进气管真空度减小，增压空气循环量减少，从而可防止低速时供气量不足，增压空气如图 9–1 右侧区域箭头所示。

（4）涡轮增压系统的工作原理

1）废气涡轮增压的工作原理

如图 9–3 所示，ECU 检测到进气压力低于预设的规定值时，ECU 断开释放电磁

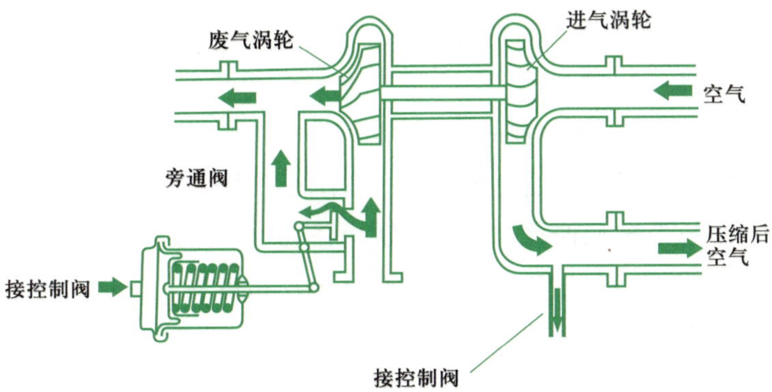

图 9–3　废气涡轮增压原理图

阀的负极，电磁阀关闭。由涡轮增压器出口引入的进气压力进入驱动气室，关闭旁通排气道，排入的废气进入驱动气室，使进气增压。

当 ECU 检测到进气压力高于预设的规定值时，电磁阀打开，关闭进入废气涡轮的通道，同时排气旁通道口打开，废气不经涡轮直接排出，增压器停止工作。

2）中冷器的工作原理

中冷器串接在压气机和节气门体之间，位于冷却系统散热器附近，使热空气通过其管道，用来冷却压缩后的空气。如果进入发动机的空气压力过大、温度过高，中冷器能够对进入的空气温度起到较好的调节作用，降低过高的空气温度，从而有效防止爆炸现象的出现。

如图 9–4 所示，当排气驱动废气涡轮旋转时，空气经进气道进入进气涡轮，在离心力的作用下沿叶片之间形成流道，从进气涡轮中心流向叶轮周边，使其流速、压力明显增高，但由于温度也同步升高，受热膨胀的空气密度没有明显提高。经过中冷器水冷空气密度明显提高，使充气系数明显提高。

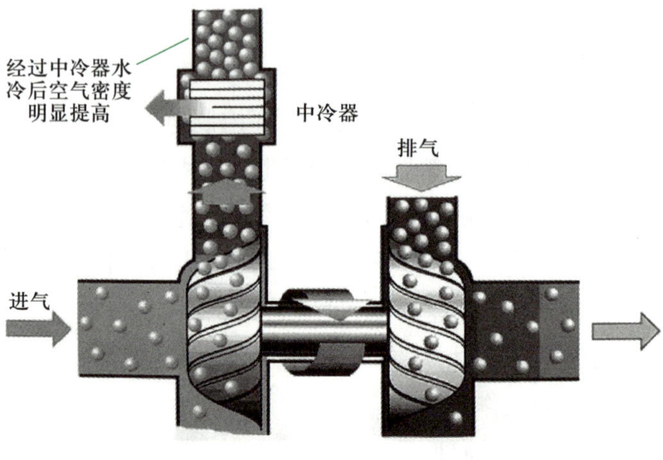

图 9–4　中冷器的工作原理图

（5）涡轮增压器保养维修注意事项

1）涡轮增压器的润滑

由于涡轮增压器的工作转速较高（约 20×10^4 r/min），因此对润滑的要求较高。

来自发动机润滑系统主油道的机油，经增压器中间体上的机油进口进入增压器，润滑和冷却增压器轴和轴承，机油再经中间体上的机油出口返回发动机油底壳。

增压器轴上装有油封，用于防止机油窜入增压机或涡轮机蜗壳内。如果油封损坏，将导致机油消耗量增加，排气管冒蓝烟。

机油不洁或者润滑不充分时会导致涡轮增压器的损坏，需要按照保养要求定期更换机油、机油滤清器。此外，还需按照保养要求定期清洁空气滤清器，必要时更换滤芯，以免进气不畅造成叶轮端漏油。

2）涡轮增压器的冷却

由于增压器的热负荷大，部分发动机在增压器中间体的涡轮机侧设置冷却水套，并用软管与发动机的冷却系统相通。冷却液从涡轮中间体上的冷却液进口流入中间体内的冷却水套，再从冷却液出口流回发动机冷却系统。冷却液在中间体的冷却水套中不断循环，使增压器轴和轴承得到适当的冷却。

有些发动机的涡轮增压器在中间体内，不设置冷却水套，只靠机油及空气对其冷却。当发动机在大负荷或高转速工作之后，如果立即停机，那么机油可能由于轴承温度太高而在轴承内燃烧。因此，这类涡轮增压发动机应该在停机之前，至少怠速运转 1 min。

3）涡轮增压器的维修

涡轮增压器系统维修时，应注意清洁：松开空气滤清器卡子前，清洁连接部位及其周围。拆下部件放在干净的地方，不能用有绒毛的抹布。安装前才能打开备件包装，不能使用散放的零件。尽可能不使用压缩空气，不移动车辆。

2. 技能操作

（1）操作准备

准备技能操作所需的物料，如表 9–2 所示。

表 9–2　物料准备

类别	所需物料
教学整车 / 实训平台	新能源教学整车
设备、仪器、工具	高压安全防护用品、举升机、冷却液回收装置、绝缘工具、绝缘扭力扳手
	机油、机油滤清器、空气滤清器

（2）涡轮增压器的拆卸

查阅手册，拆卸涡轮增压器，并记录在表 9–3 中。

表 9–3　涡轮增压器的拆卸记录表

序号	项目	内容	操作记录
1	高压安全防护	人身安全防护	工具：
		环境安全防护	工具：
2	高压断电	断开辅助蓄电池负极	工具：
		拆卸高压维修开关	工具：

续表

序号	项目	内容	操作记录
3	排放油液	排放冷却液	工具：
4	拆卸相关附件	按要求拆卸相关附件	需要拆卸的附件：
5	拆卸涡轮增压器	拆卸曲轴箱排气管	工具：
		断开增压压力调节器插接件	工具：
		断开涡轮增压器循环空气阀插接件	工具：
		拆卸三元催化净化器	工具：
		拆卸排气管隔热板	工具：
		拆卸冷却液回流管	工具：
		拆卸进油管	工具：
		拆卸冷却液进流管	工具：
		取出涡轮增压器	

（3）涡轮增压器的安装

查阅手册，检查保养后，按拆装倒序安装涡轮增压器，并记录在表 9–4 中。

表 9–4 涡轮增压器的安装记录表

序号	项目	内容	操作记录	
1	检查其他附件	空气滤清器是否清洁、完好	是否正常：是□ 否□	措施：
		涡轮增压器叶轮端进气管卡箍是否松动	是否正常：是□ 否□	措施：
		涡轮增压器涡轮端排气歧管是否有异物	是否正常：是□ 否□	措施：
		进油管回油管是否干净	是否正常：是□ 否□	措施：
		进油管回油管是否扭曲堵塞	是否正常：是□ 否□	措施：
2	检查机油	检查油底壳中的机油是否需要更换	是否正常：是□ 否□	措施：

续表

序号	项目	内容	操作记录	
3	检查机油滤清器	检查机油滤清器是否需要更换	是否正常：是□　否□	措施：
4	润滑	在进油口处加注机油	机油牌号：	
		手动转动转子，充分润滑轴承		
5	安装涡轮增压器	紧固各进出口连接螺栓	工具：	

（二）电控涡轮增压系统检测

1. 知识学习

（1）电控涡轮增压系统的工作过程

如图 9–5 所示，混合动力汽车使用的涡轮增压系统是在传统涡轮增压器基础上增加了电控装置，主要由控制单元、空气流量传感器（或进气压力传感器）、增压压力传感器、增压压力控制电磁阀、增压压力再循环阀和涡轮增压器等组成。

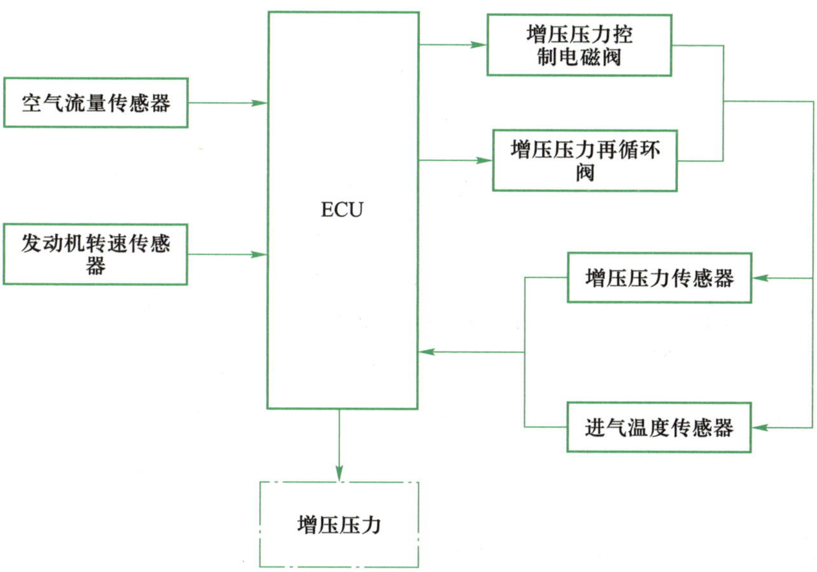

图 9–5　电控涡轮增压系统的工作过程

电控涡轮增压系统中的电磁阀根据空气流量传感器和发动机转速传感器的信号，负责控制高压空气量。增压压力传感器和进气温度传感器的作用是检测并控制增压压力。

（2）涡轮增压压力控制电磁阀

涡轮增压压力控制电磁阀受 ECU 控制开启和关闭，从而调节通往废气旁通阀膜片执行器的增压压力，通往废气旁通阀膜片执行器的增压压力增大，则废气旁通阀开启空间越大，废气被分流。

涡轮增压压力控制电磁阀的结构如图 9–6 所示，在低速时，增压压力电磁阀不工作，电磁阀通涡轮增压器后方（A 端）与接膜片执行器（B 端），使压力调节装置自动调节增压压力；在急加速或高负荷时，电磁阀被 ECU 以占空比的形式供电控制，电磁阀处于打开状态，连接涡轮增压器前方（C 端）与其他两端，所以使膜片执行器内部压力减小，弹簧推动膜片执行器回位，并减小甚至关闭排气旁通阀，从而增大增压压力；ECU 控制增压压力电磁阀的占空比越大，增压压力也就越大。

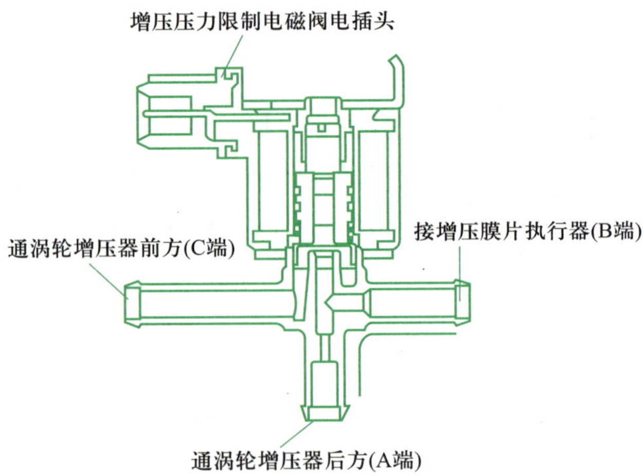

图 9–6　涡轮增压压力控制电磁阀的结构

电磁阀测试条件（以发动机代码为 AWL 的大众帕萨特轿车为例）：进气及排气系统无泄漏、发动机温度不低于 60 ℃、全负荷下检查增压压力、测量时间不超过 10 s。

（3）涡轮增压压力的调节

增压压力与增压转速有关，而在发动机转速和负荷一定时，废气涡轮增压器的转速与废气流经涡轮的转速有关。因此，改变废气流经涡轮的速度就可以实现对增压压力的控制。

微课

涡轮增压压力调节方法

发动机在高速大负荷时的废气能量多，增压压力高；在低速小负荷时的废气能量少，增压压力低。因此，涡轮增压发动机的低速转矩小，加速性能差。

为了获得低速大转矩和良好的加速性能，混合动力汽车用涡轮增压器通常为标定转速的40%。由此，在高速时的增压压力将会过高，增压器可能超速；同时，还可能使发动机的热负荷过大并发生爆燃，为此必须对增压压力进行调节。

控制增压压力的方法主要由旁通阀式、节流阀式、可调叶片式。其实现方法如表9-5所示。

表9-5 控制增压压力的方法

控制增压压力的方式	实现方法	
旁通阀式增压压力控制	利用旁通阀控制流经涡轮的废气量	改变废气流经涡轮的速度，实现对增压压力的控制
节流阀式增压压力控制	利用节流阀控制涡轮进气口流通截面	
可调叶片式增压压力控制	利用可调叶片控制涡轮受力的有效截面	

1）旁通阀式增压控制

在汽车涡轮增压系统中设置废气旁通阀，是调节增压压力最简单、成本最低而又十分有效的方法。

如图9-7所示，废气旁通阀的开闭由ECU控制的增压压力控制电磁阀操纵。ECU根据发动机的工况，由预存的增压压力脉谱图确定目标增压压力，并与增压压力传感器检测到的实际增压压力进行比较，然后根据其差值来改变控制电磁阀开闭的脉冲信号占空比，以此改变电磁阀的开启时间，控制膜片执行器右腔的气体压力，进而改变废气旁通阀的开度，控制废气旁通量，借以精确地调节增压压力。

虽然废气旁通阀在涡轮增压发动机上得到了广泛的应用，但是废气旁通之后，废气能量的利用率下降，致使在高速大负荷时发动机的燃油经济性变差。

2）节流阀式增压压力控制

节流阀式增压压力控制原理如图9-8所示。节流阀安装在增压器的涡轮进口处，当发动机低速运转时，节流阀关闭以减小涡轮进口截面，使废气流速加快，增压器转速提高，以避免低速时增压压力不足的现象。当发动机转速较高时，节流阀开启以增大涡轮进口截面，使废气流速减慢，以防止高速时增压器超速现象。

节流阀的开启或关闭，由电磁阀和驱动气室来控制，其控制原理与废气旁通阀增压控制基本相同。

3）可调叶片式增压压力控制

可调叶片式增压压力控制系统如图9-9所示，调整环安装在增压器的涡轮壳上，与可调叶片和轴制成一体的叶片拨销位于调整环相应的卡槽内，叶片轴由支承环支承，调整环转动时，即可通过相应的卡槽驱动叶片拨销和叶片一起转动，从而改

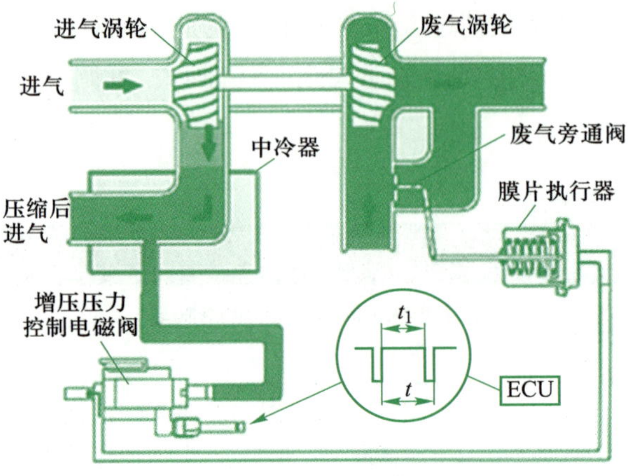

(a) 低速时工作原理图

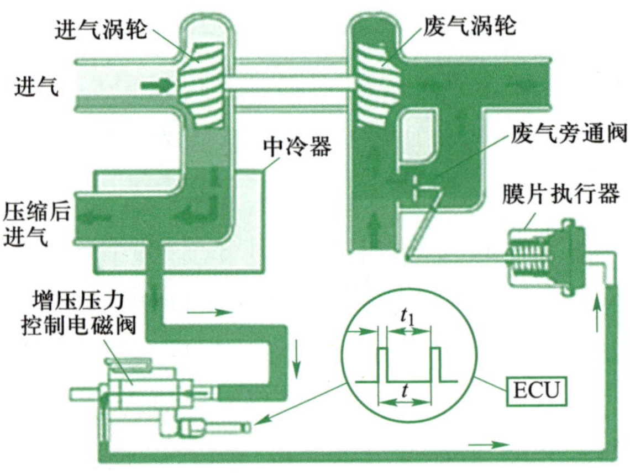

(b) 高速大负荷时工作原理图

图 9-7　旁通阀式增压压力控制

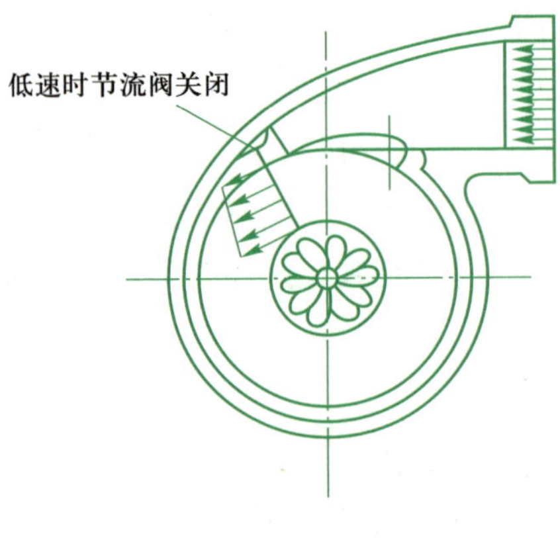

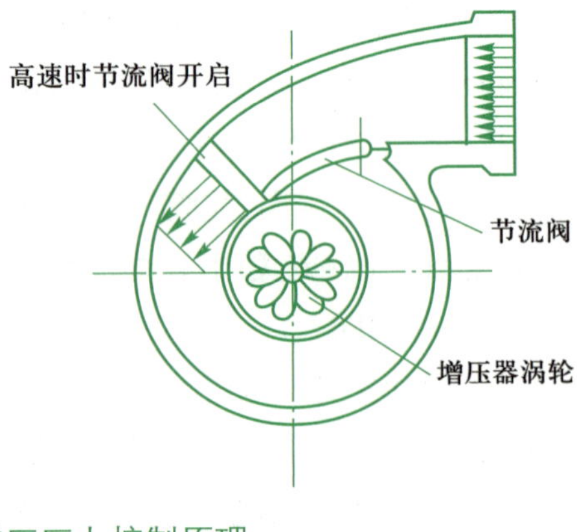

图 9-8　节流阀式增压压力控制原理

变叶片角度。控制杆系通过调整环拨销相应的卡槽驱动调整环转动，而控制杆系的转动则由 ECU 通过电磁阀和驱动气室来控制。控制电磁阀采用占空比控制型，但只有 4 个位置变化，相应的可调叶片也有 4 个角度位置，能够对废气涡轮增压器实现四级转换控制。

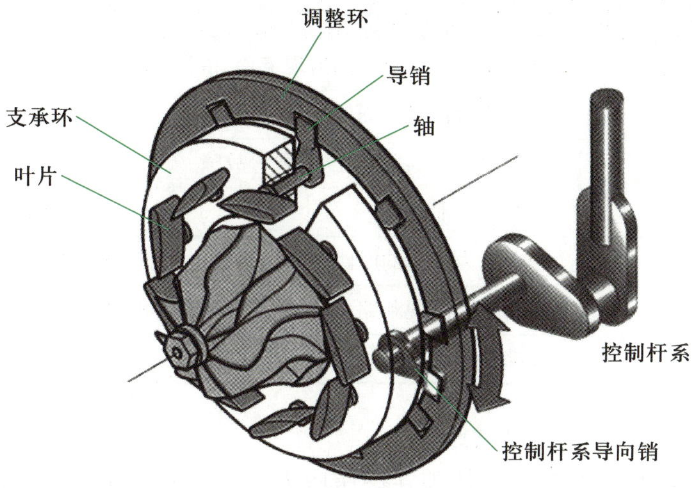

图 9-9　可调叶片式增压压力控制系统

可调叶片式增压压力控制原理如图 9-10 所示，发动机低速时，ECU 通过电磁阀和驱动气室控制调整环转动，使可调叶片角度减小，由于废气经过可调叶片流向涡轮时的通道截面变小，使废气流速加快，而且废气冲击涡轮叶片的外边缘，也增大了涡轮驱动力矩，因此废气涡轮增压器转速较高，增压压力相对增大。反之，可调叶片角度增大时，增压压力则相对减小。

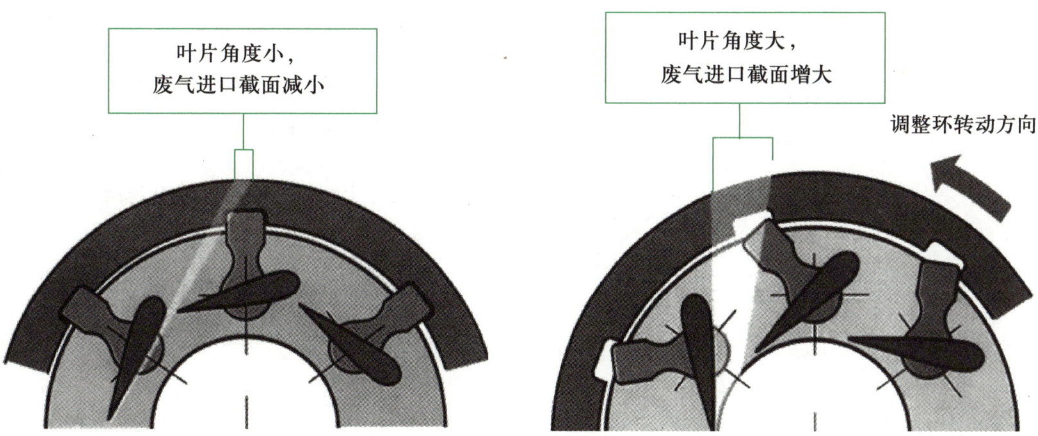

图 9-10　可调叶片式增压压力控制原理

（4）涡轮增压系统增压压力不足的原因

涡轮增压系统增压压力不足主要由机械故障和电气系统故障引起，具体如表 9-6 所示。

表 9-6　涡轮增压系统增压压力不足的原因

类别	原　因
机械故障	增压压力控制电磁阀出现卡死、堵塞等故障
	膜片执行器发生损坏
	涡轮增压器出现卡死、烧毁等故障
	管路空气泄漏
电气系统故障	增压压力控制的电磁阀出现线圈老化、断路等故障
	控制电路出现断路、短路和接触不良等故障
	发动机控制模块硬件损坏等故障

（5）涡轮增压系统的排故思路

涡轮增压系统的故障主要体现在增压压力不足。如图 9-11 所示，当出现增压压力不足时，应从故障码读取、数据流读取、机械性能检测、电气系统检测几个方面进行排故。其中机械性能的检测包括进气歧管压力检测、涡轮增压器性能就车检测、膜片执行器的动作检测、废气旁通阀的检测；电气系统的检测包括增压压力控制电磁阀的供电电压检测、电阻检测、波形检测。

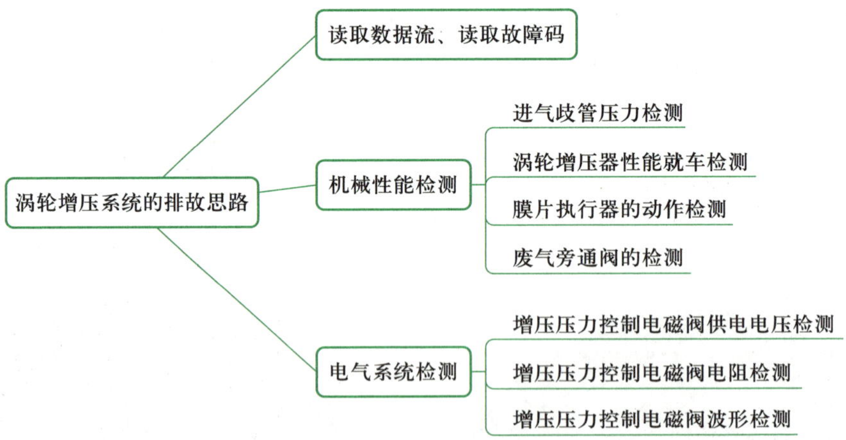

图 9-11　涡轮增压系统的排故思路

2. 技能操作

（1）操作准备

准备技能操作所需的物料，如表 9-7 所示。

表 9-7　物料准备

类别	所需物料
教学整车 / 实训平台	新能源教学整车
设备、仪器、工具	高压安全防护用品、绝缘工具、绝缘扭力扳手、诊断仪、万用表、示波器

（2）读取故障码

从诊断仪上读取车辆故障码，将故障码填写在表 9-8 中，并根据故障码进行分析。

表 9-8　车辆故障码记录表

序号	故障码	故障码描述	是否正常	维修意见
1			是□　否□	
2			是□　否□	
3				

（3）读取数据流

从诊断仪上读取数据流，将数据流填写在表 9-9 中，并根据数据流进行分析。

表 9-9　数据流信息

序号	控制单元	名称	当前值 / 状态	标准值 / 状态	是否正常
1					是□　否□
2					是□　否□
3					是□　否□

（4）涡轮增压系统机械性能检测

参考维修手册，对增压系统的机械性能进行检测，并记录在表 9-10 中。

表 9-10　涡轮增压系统机械性能检测

序号	项目	内容	操作记录
1	进气歧管压力检测	检测涡轮增压器增压口到节气门间的管路	正常□　老化□　裂口漏气□
		检查中冷器	正常□　腐蚀□　裂口漏气□
		检查进气管到增压控制电磁阀软管	正常□　老化□　裂口漏气□
		检查增压控制电磁阀到膜片执行器软管	正常□　老化□　裂口漏气□

续表

序号	项目	内容	操作记录
2	涡轮增压器的性能就车检测	连接气压表	工具：
		起动发动机，读取气压值	数值有变化□ 数值无变化□
3	膜片执行器的动作检测	取下膜片执行器的连接软管	工具：
		对膜片执行器施加真空度	工具：
		观察膜片执行器的中心阀杆的运动	自由运动□ 不能自由运动□
4	废气旁通阀的检测	对膜片执行器施加真空度，将中心阀杆吸到顶部	工具：
		连接气压表	工具：
		发动机怠速运转，读取气压表数值	数值变大□ 数值无变化□

（5）电气系统检测

① 涡轮增压压力控制电磁阀供电电压和电阻检测。参考维修手册，拔下涡轮增压压力控制电磁阀的线束连接器，用万用表分别测量电磁阀的电压和电阻值，并将相关内容记录在表 9-11 中。

表 9-11　涡轮增压压力控制电磁阀供电电压和电阻检测记录表

序号	项目	内容	操作记录	
1	测量供电电压	测量连接器端子间电压	测量结果：	是否正常：是□ 否□
2	测量电阻	测量电磁阀线圈阻值	测量结果：	是否正常：是□ 否□

② 涡轮增压压力控制电磁阀控制线路检测。参考维修手册，检测涡轮增压压力控制电磁阀的控制线路，并将相关内容记录在表 9-12 中。

表 9-12　涡轮增压压力控制电磁阀控制线路检测记录表

序号	项目	内容	操作记录	
1	准备工作	拔下连接器，连接二极管检测灯	端子接口：	
2	提高发动机转速	观察二极管检测灯	是否点亮：是□ 否□	是否正常：是□ 否□

③ 占空比脉冲信号检测。参考维修手册，使用涡轮增压压力控制电磁阀连接示波器，检测占空比信号波形，并将相关内容记录在图 9–12 中。

结论：涡轮增压压力传感器是否收到 ECU 的控制信号—— 是□ 否□

图 9–12 占空比波形

四、检查评估

对本任务的学习情况进行检查，并将相关内容填写在表 9–13 中。

表 9–13 检查表

检查项目	检查结果	结果点评
涡轮增压器的拆卸		
是否正确完成涡轮增压器拆卸的作业	是□ 否□	
涡轮增压器的安装		
是否正确完成涡轮增压器安装前检查的作业	是□ 否□	
是否正确完成涡轮增压器安装的作业	是□ 否□	

续表

检查项目	检查结果	结果点评
电控涡轮增压的故障检测		
是否正确完成数据流的读取分析作业	是□　否□	
是否正确完成故障码的读取分析作业	是□　否□	
涡轮增压系统机械性能检测		
是否正确完成进气歧管压力的检测作业	是□　否□	
是否正确完成涡轮增压器的性能检测作业	是□　否□	
是否正确完成膜片执行器的动作检测作业	是□　否□	
是否正确完成废气旁通阀的检测作业	是□　否□	
涡轮增压系统电气的检测		
是否正确完成供电电压的检测作业	是□　否□	
是否正确完成电阻的检测作业	是□　否□	
是否正确完成控制线路的检测作业	是□　否□	
整理和恢复		
工具、设备是否整理恢复	是□　否□	
实训工位是否打扫干净	是□　否□	
工作页是否填写完整	是□　否□	

五、任务小结

本任务小结如图 9-13 所示。

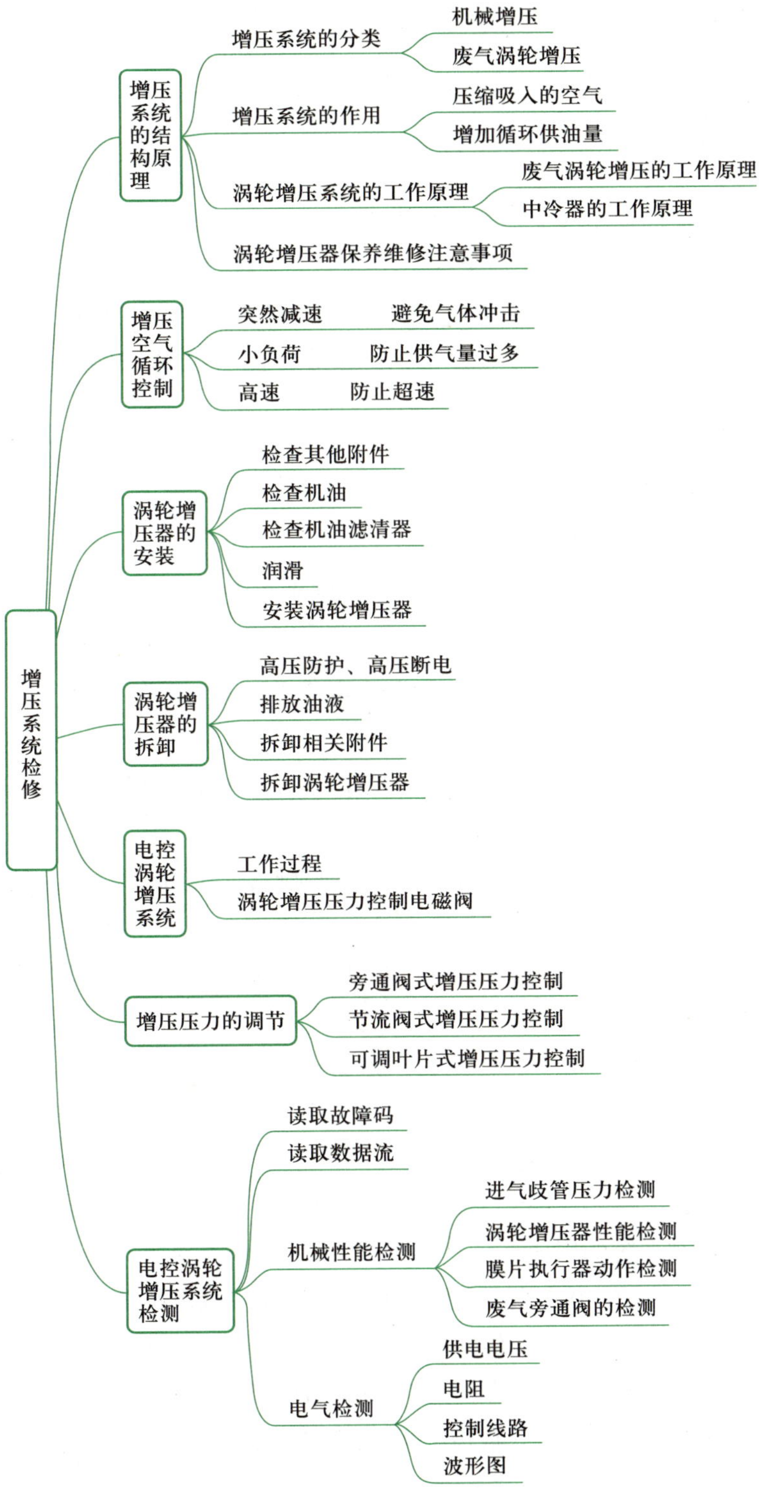
增压系统检修
增压系统的结构原理
增压系统的分类
机械增压
废气涡轮增压
增压系统的作用
压缩吸入的空气
增加循环供油量
涡轮增压系统的工作原理
废气涡轮增压的工作原理
中冷器的工作原理
涡轮增压器保养维修注意事项
增压空气循环控制
突然减速
避免气体冲击
小负荷
防止供气量过多
高速
防止超速
涡轮增压器的安装
检查其他附件
检查机油
检查机油滤清器
润滑
安装涡轮增压器
涡轮增压器的拆卸
高压防护、高压断电
排放油液
拆卸相关附件
拆卸涡轮增压器
电控涡轮增压系统
工作过程
涡轮增压压力控制电磁阀
增压压力的调节
旁通阀式增压压力控制
节流阀式增压压力控制
可调叶片式增压压力控制
电控涡轮增压系统检测
读取故障码
读取数据流
机械性能检测
进气歧管压力检测
涡轮增压器性能检测
膜片执行器动作检测
废气旁通阀的检测
电气检测
供电电压
电阻
控制线路
波形图

图 9-13 任务小结

任务十　排放系统检修

一、任务导入

场景：某品牌新能源汽车售后维修中心。

人物：维修技师小李、客户张先生。

情节：张先生的某品牌混合动力汽车在行驶 65 000 km 后，发动机故障灯亮，同时车辆抖动，加速无力。经维修技师小李初检后，判断异常来自排放系统，需要对排放系统进行检修。

二、任务目标

◇ 能够结合排放系统的结构原理，规范完成数据流故障码的检测及尾气的检测作业。

◇ 能够结合燃油蒸气排放控制系统的工作原理，规范完成活性炭罐电磁阀的检测作业。

◇ 能够结合三元催化转化器控制系统的工作原理，规范完成三元催化转化器的堵塞检测作业。

◇ 能够结合曲轴箱强制通风（Positive Crankcase Ventilation，PCV）系统的工作原理，规范完成 PCV 阀的检测作业。

◇ 能够结合二次空气供给系统的工作原理，规范完成二次空气电磁阀的检测作业。

三、任务实施

（一）排放控制系统的检测

1. 知识学习

（1）排放控制系统的组成

动画

排放控制系统组成

如图 10-1 所示，发动机排放系统一般由排气总管、排气歧管、三元催化转化器、氧传感器、消音器和排气尾管等组成。

除此之外，混合动力汽车的排放控制系统还有多种电控子系统，主要包括燃油蒸气排放控制系统、废气再循环系统、氧传感器和空燃比反馈控制系统、曲轴箱强制通风系统、三元催化转化器控制系统、恒温进气系统、二次空气供给系统等，如图 10-2 所示。

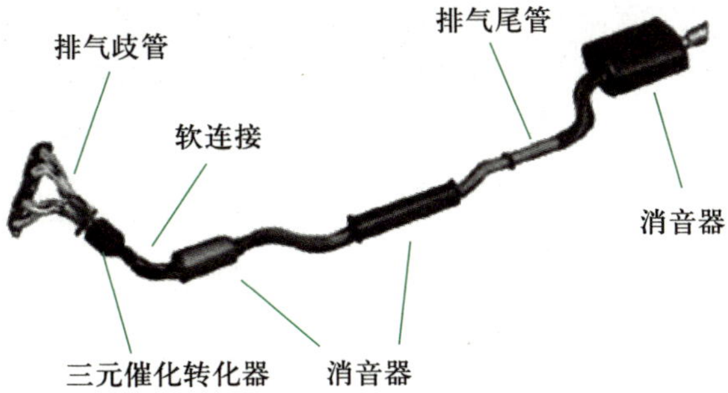

图 10-1 排放系统的组成

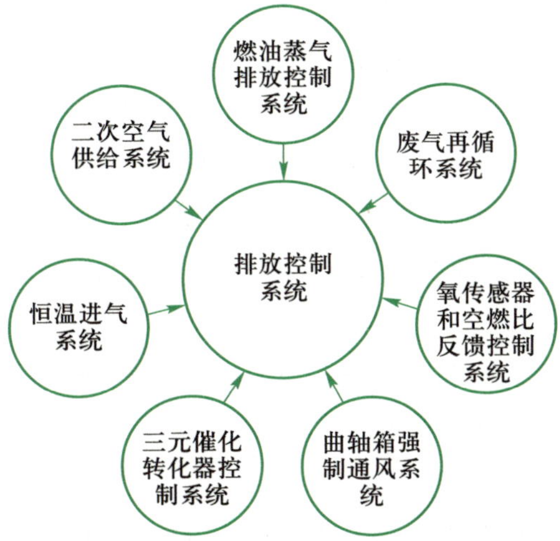

图 10-2 排放控制系统的电控子系统

（2）排放控制系统的作用

与传统汽车一样，混合动力汽车的排放控制系统主要是控制一氧化碳（CO）、碳氢化合物（HC）、氮氧化合物（NO_x）的排放。混合动力汽车发动机排放系统是指收集并排放废气的系统，主要是排放发动机工作中产生的废气，同时减小排出废气的污染和噪声污染。

（3）国六排放限值

国家第六阶段机动车污染物排放标准中与混合动力汽车相关的《轻型汽车污染物排放限值及测量方法（中国第六阶段）》自 2020 年 7 月 1 日起实施，简称“国六”。“国六”的排放限值相对“国五”的一氧化碳排量及 PN 颗粒物的要求都有加强。“国六”排放限值与“国五”的对比如表 10-1 所示。

表 10-1 “国六”排放限值与“国五”的对比

排放物	国五	国六
一氧化碳	1 000 mg/km	700 mg/km
非甲烷烃	68 mg/km	68 mg/km
氮氧化合物	60 mg/km	60 mg/km
PM 细颗粒物	4.5 mg/km	4.5 mg/km
PN 颗粒物	—	6×10^{11} 颗 /km

（4）排放尾气分析

尾气分析除了可以了解发动机的工作状况和性能好坏，还可以检查燃烧情况、点火情况、进气效果、供油情况、机械情况。当发动机出现问题时，尾气中的某些成分必然偏离正常值，通过检测不同工况下尾气中不同气体成分的含量，可以判断发动机故障所在的部位，如喷油器故障、进气歧管真空泄漏、排气歧管泄漏、废气再循环（EGR）阀故障、二次空气喷射系统失效、缸盖密封不良、点火提前角过大等。

正常的 NO_x 排放在怠速时不应超过 100×10^{-6} mg/km，在稳定的道路工况下不应该超过 $1\,000\times10^{-6}$ mg/km。

在保证燃烧的前提下，混合气越稀，CO 的含量就越低，CO_2 的含量越高，说明 CO 的转化率越好，混合气体越接近理论空燃比。

（5）尾气检验方法

汽车尾气通常有 5 种检验方法：怠速法、稳态工况法、瞬态工况法、简易瞬态工况法、双怠速法。其中，简易瞬态工况法作为一种新的汽车排放检测方法，具有很大的优越性和推广前景，不仅具有较高的识别率，能够测量出汽车排放污染物的质量，而且检测效率高，检测费用和设备费用都较低。

如图 10-3 所示，简易瞬态工况法测量系统主要由底盘测功机、排气取样系统、尾气分析仪、气体流量分析仪等组成。

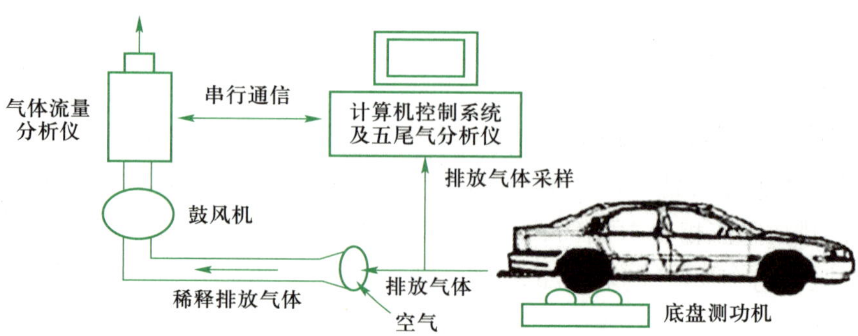

图 10-3 简易瞬态工况法测量系统的组成

使用底盘测功机对汽车驱动轮加载，五尾气分析仪检测每秒内各种排放气体（主要包括 CO、HC 和 NO）的浓度，气体流量分析仪检测每秒内排放气体流量，自动控制系统计算尾气是否符合限制要求。

底盘测功机是汽车整车动力性检测的必备设备，用于测量汽车驱动轮输出功率、扭矩（或驱动力）和转速（或速度）的专用计量设备。底盘测功机主要部分为滚筒机构、动力吸收装置、控制与测量系统和辅助装置。有些底盘测功机附加飞轮系统等，还可以测量汽车的加速性能、滑行性能等。

底盘测功机使用前需做如下准备。

① 车辆轮胎气压、花纹深度符合标准规定，胎面清洁。

② 测量时发动机冷却水和润滑油温度应达到汽车使用说明书所规定的热车状态。

③ 如对同一辆车连续重复测试，准备风机对准车头吹风散热。

底盘测功机的检验程序如下。

① 根据受检车型，在底盘测功机上设定检测速度。

② 待检测汽车空载，将驱动轮置于底盘测功机滚筒上，举升器下降，用挡车器挡住非驱动轴车轮，前桥驱动车辆拉紧驻车制动并调整活动挡轮使其靠近车轮。

③ 关闭空调系统等非汽车运行所必需的耗能装置，起动汽车，使汽车以最低车速稳定运转。

④ 将油门踏板踩到底，测定检测速度工况的驱动轮输出功率。

⑤ 测取读数，待车辆速度在设定的检测速度下稳定 15 s 后，方可记录仪表显示的输出功率。实际检测速度与设定检测速度的允差为 ±0.5 km/h。

⑥ 在读数期间，扭矩变动幅度应不超过 4%。

⑦ 记录环境状态及检测数据，并将输出功率修正为标准环境状态下的校正驱动轮输出功率。

⑧ 检测结束，前桥驱动车辆卸掉活动挡轮，举升器上升。

2. 技能操作

（1）操作准备

准备技能操作所需的物料，如表 10–2 所示。

表 10–2　物料准备

类别	所需物料
教学整车 / 实训平台	新能源教学整车
设备、仪器、工具	高压安全防护用品、绝缘工具、绝缘扭力扳手、诊断仪、五尾气分析仪、底盘测功机、排放取样系统

（2）故障码及数据流读取

① 读取故障码。从诊断仪上读取车辆故障码，将故障码填写在表 10–3 中，并根据故障码进行分析。

表 10–3 车辆故障码记录表

序号	故障码	故障码描述	是否正常	维修意见
1			是□ 否□	
2			是□ 否□	
3			是□ 否□	

② 读取数据流。从诊断仪上读取数据流，将数据流填写在表 10–4 中，并根据数据流进行分析。

表 10–4 数据流信息

序号	控制单元	名称	当前值 / 状态	标准值 / 状态	是否正常
1					是□ 否□
2					是□ 否□
3					是□ 否□
4					是□ 否□

③ 五尾气的检测。查阅手册，使用简易瞬态工况法对尾气进行检测，并记录在表 10–5 中。

表 10–5 五尾气的检测记录表

序号	项目	内容	操作记录
1	准备及标定	排气取样管伸入排气管道	深度：
		预热五尾气分析仪和气体流量分析仪	预热完成后仪器数值：
		预热底盘测功机并进行滑行试验	滑行试验是否合格：是□ 否□
2	尾气检测	起动发动机，保持怠速	怠速时间：
		按简易瞬态工况要求的试验循环试验	怠速工况：
			加速运行工况：
			减速运行工况：
			等速运行工况：
3	读取结果	读取测试结果	限制要求是否满足：是□ 否□

（二）排放控制系统部件的检测

1. 知识学习

（1）燃油蒸气排放控制系统

燃油蒸气排放控制系统的功能是收集燃油箱内的燃油蒸气，并将燃油蒸气导入气缸参与燃烧，防止燃油蒸气直接排入大气造成环境污染。此外，可以根据发动机工况，控制导入气缸参与燃烧的燃油蒸气量。

1）燃油蒸气排放控制系统的工作原理

燃油蒸气排放控制系统的工作原理框图如图 10-4 所示，当混合动力汽车发动机工作时，发动机控制单元（ECU）根据发动机转速、温度、空气流量等信号，控制活性炭罐电磁阀的开闭，来控制排放控制阀上部的真空度，从而控制其开度。当排气控制阀打开时，燃油蒸气被吸入进气歧管。

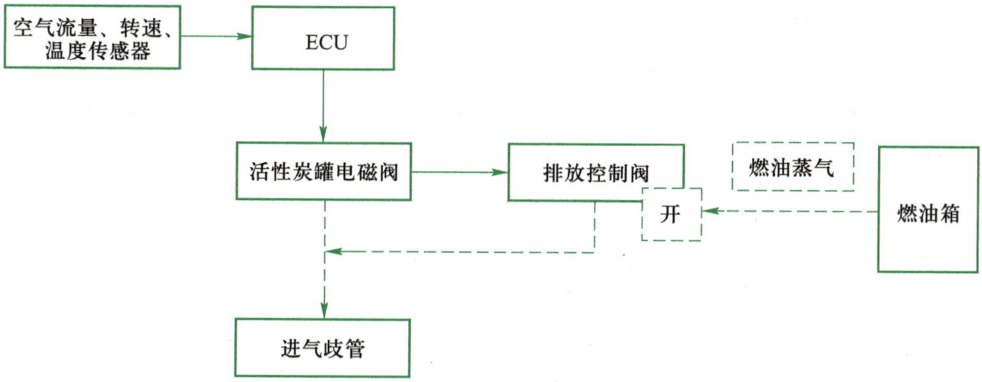

图 10-4　燃油蒸气排放控制系统的工作原理框图

2）炭罐通气控制系统的控制过程

如图 10-5 所示，炭罐控制系统的炭罐通气量的控制主要从发动机转速变化、发动机负荷变化、发动机温度低时、空燃比反馈等 4 个方面进行控制。

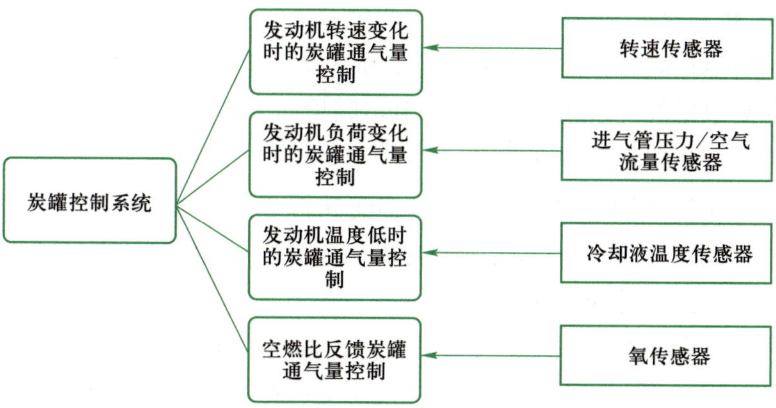

图 10-5　炭罐通气电子控制系统的控制过程

① 发动机转速变化时的炭罐通气量控制：ECU 根据发动机转速传感器获得发动机转速信号。当发动机工作在高转速时，ECU 输出控制脉冲使炭罐通气阀开度加大，以增加炭罐通气量，使炭罐中的燃油蒸气能及时净化掉。当发动机不工作（无转速信号）时，ECU 使炭罐通气阀关闭，炭罐无空气流通。

② 发动机负荷变化时的炭罐通气量控制：ECU 根据进气管压力或空气流量传感器获得发动机负荷信号。当发动机负荷大时，ECU 输出控制脉冲使炭罐通气阀开度加大，用较大的通气量将炭罐中的燃油蒸气及时净化掉。当发动机处于怠速工况时，ECU 输出的控制脉冲使炭罐通气量减少，以免造成混合气过稀而使发动机怠速不稳。

③ 发动机温度低时的炭罐通气量控制：ECU 根据冷却液温度传感器获得发动机温度信号。当发动机温度低于某一温度值时（有些车型取 60 ℃），炭罐通气阀完全关闭，使炭罐无空气流通，以避免影响发动机的工作。

④ 空燃比反馈炭罐通气量控制：ECU 根据氧传感器信号判断混合气空燃比状态。当氧传感器输出混合气过浓或过稀的电信号时，ECU 输出控制脉冲，及时调整炭罐通气阀的开度，以避免混合气过浓或过稀。

3）活性炭罐电磁阀

活性炭罐电磁阀由上壳体、下壳体、骨架线圈、衔铁等组成。

正常情况下，活性炭罐电磁阀是间歇性吸气工作。其主要作用是在发动机熄火以后，吸附油箱中蒸发出来的汽油蒸气，防止其进入大气中污染空气。同时在发动机起动以后，再将储存的汽油蒸气送到发动机中进行燃烧，实现活性炭的再生。

活性炭罐电磁阀一般故障为一直吸气或一直不吸气，活性炭罐电磁阀故障易导致车辆出现如下现象。

① 汽车行驶时会有异响：非怠速状态下，有时能听到“哒哒”的响声。

② 油耗增大，且车内汽油味较大。

③ 发动机难打火，且易熄火 。

④ 发动机怠速忽高忽低，汽车加速无力。

活性炭罐电磁阀可以通过通断检测和电阻检测来确认是否异常。

（2）三元催化转化器控制系统

在大气污染物质中，大量的 CO、HC、NO_x 来源于汽油发动机排放的尾气。为了减少污染，现代发动机在排放系统中普遍装有三元催化转化器。

1）三元催化转化器的作用

三元催化转化器控制系统是混合动力汽车排气后处理的重要组成部分，它利用安装在发动机排气系统中的催化转化装置，使发动机排出的 HC、CO、NO_x 氧化，使它们还原成无害的 H_2O、CO_2 和 N_2，净化废气。

2）三元催化转化器的结构

如图 10–6 所示，三元催化转化器由三元催化转化芯子、减震层和外壳等组成。混合动力汽车中采用的三元催化转化芯子，大多数以蜂窝状陶瓷作为承载催化剂的载体，简称陶瓷载体。为了提高三元催化转化芯子抗颠簸的能力，芯子外面通常用钢丝网包裹，钢丝网形成了减震层。陶瓷载体和钢丝网一起安装在不锈钢的圆筒状壳体内。

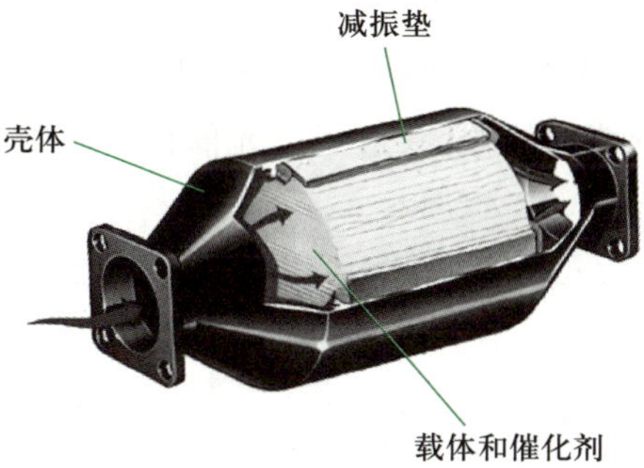

图 10–6　三元催化转化器的结构

动画
三元催化转化器结构、原理

蜂窝状陶瓷载体每平方英寸有 400 ~ 1 200 个孔，这些孔贯穿于整个载体。在每个孔的内表面涂有一层非常疏松的铂、铑、钯活性催化层。

3）三元催化转化器的工作原理

如图 10–7 所示，三元催化转化器控制系统的工作原理是利用系统自带的贵重金属作为催化剂，进行氧化还原反应，将 NO_x 还原成的 N_2 和 CO_2。还原反应中生成的 O_2 与金属催化剂一起和 CO、HC 进行氧化反应，使其变成 H_2O 和 CO_2。CO_2 无毒，但可造成温室效应。

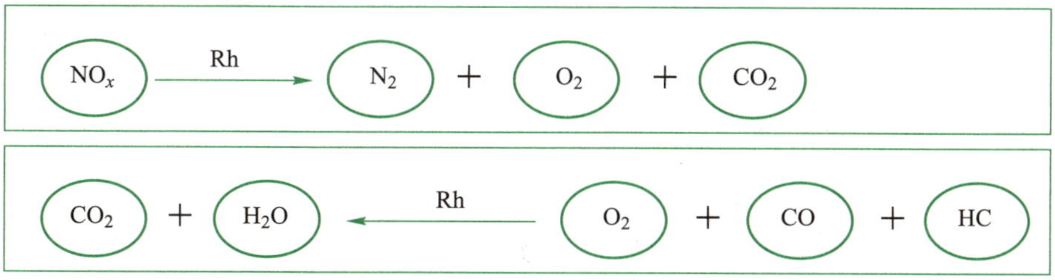

图 10–7　三元催化转化器控制系统工作原理

4）三元催化转化器常见的故障及原因

三元催化转化器如果存在堵塞，可能造成车辆加速无力、转速不能升高，自动变速器没有超速挡，提速缓慢，加速无力，有时还伴随着换挡冲击，发动机温度过高，甚至会引起活塞烧熔。

三元催化转化器常见的故障有催化剂化学中毒、积炭堵塞、高温烧结、陶瓷载体破损等。其常见的故障原因如下。

催化剂化学中毒：燃油和机油中含有铅、硫、磷等化学元素，然后氧化物覆盖在催化剂表面，发动机排气管中尾气的有害成分不能与催化剂接触，无法进行氧化还原反应。

积炭堵塞：燃烧产生的积炭或机油经排气门导管进入排气管内高温氧化生成积炭堵塞了陶瓷载体，造成排气不畅、恶化燃烧。

高温烧结：未燃混合气体在载体的高温环境中发生剧烈的氧化放热反应、发动机持续高速大负荷运行、排气管堵塞等原因，造成三元催化转化器涂层烧结，表面积减少，功能失效。

陶瓷载体破损：三元催化转化器过热、外部碰撞和挤压都有可能使陶瓷载体断裂和破碎，导致排气不畅。

5）三元催化转化器的检测方法

查阅维修手册，可知三元催化转化器的检测主要从外观检测、晃动听音、测量进出气口温度差三方面进行检测，如图 10-8 所示。

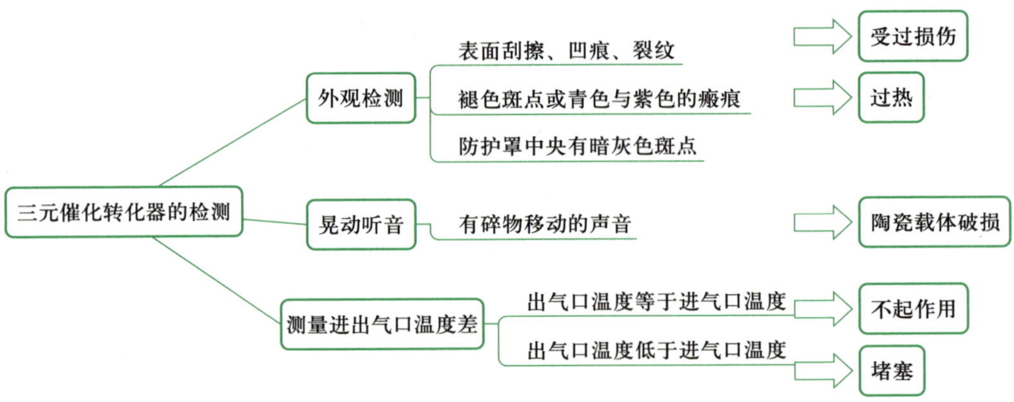

图 10-8　三元催化转化器的检测方法

（3）曲轴箱强制通风系统

在发动机工作时，燃烧室的高压可燃混合气和燃烧后的废气，或多或少会通过活塞组与气缸之间的间隙漏入曲轴箱内，造成窜气。窜气的成分为未燃的燃油气、水蒸气和废气等，这会稀释机油，降低机油的使用性能，加速机油的氧化、变质。水汽凝结在机油中，会形成油泥，阻塞油路；废气中的酸性气体混入润滑系统，会导致发动机零件的腐蚀和加速磨损；窜气还会使曲轴箱的压力过高而破坏曲轴箱的密封，使机油渗漏流失。

为防止曲轴箱压力过高，延长机油使用期限，减少零件磨损和腐蚀，防止发动机漏油,必须实行曲轴箱通风。此外,为满足日益严格的排放要求和提高经济性,在汽车发动机设计过程中也必须进行曲轴箱通风系统设计。

1)曲轴箱强制通风系统的结构

曲轴箱强制通风系统一般由空气滤清器、进气管、PCV 阀等组成,其中 PCV 阀是单向阀,如图 10-9 所示。

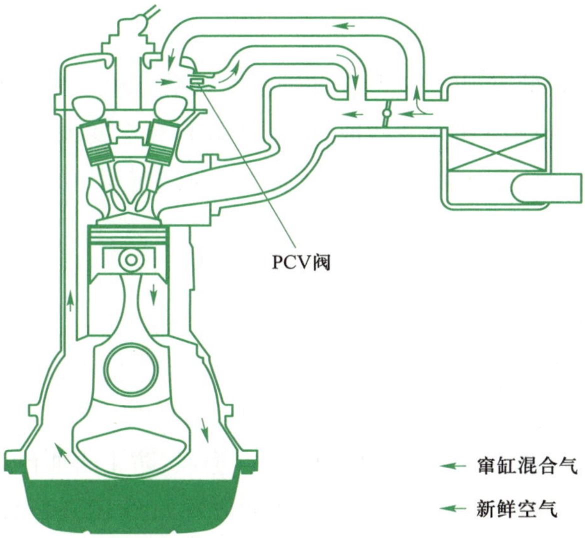

图 10-9　曲轴箱强制通风系统工作原理示意图

2)曲轴箱强制通风系统的作用

曲轴箱强制通风系统的作用是防止窜入曲轴箱的 HC 通过自然通风进入大气;防止曲轴箱内气压过高导致机油渗漏;防止燃油蒸气稀释机油导致机油变质。

3)曲轴箱强制通风系统的工作原理

如图 10-9 所示,当混合动力发动机工作时,PCV 阀开启,发动机负荷越大,PCV 阀开启量越大,利用进气管的真空度吸入新鲜空气,经空气滤清器、空气软管进入曲轴箱。新鲜气体和曲轴箱气体混合后经 PCV 阀和曲轴箱气体软管进入进气管,曲轴箱内的油蒸气经气门导入燃烧室燃烧。当发动机关闭时 PCV 阀也同步关闭,有效防止废气返流进曲轴箱。

(4)曲轴箱强制通风系统常见故障及原因

曲轴箱强制通风系统常见故障有曲轴箱压力异常、油气分离系统分离效率异常、呼吸管结冰等。其常见的故障原因如下。

曲轴箱压力异常:PCV 阀弹簧弹力阻塞、僵硬,使单向阀未正常开启,过量气体被从曲轴箱内吸出,导致很低的曲轴箱负压;未按方向安装单向阀使气体反向流动,异常气体进入曲轴箱,导致很高的曲轴箱正压。

油气分离系统分离效率异常：油气分离器回油孔的 PCV 阀膜片破裂，发动机曲轴箱与油气分离器分离后的腔体连通，油雾未经过油气分离单元直接进入进气系统，造成“烧机油”，需要更换 PCV 阀膜片。

呼吸管结冰：极寒条件下，冷热空气将在呼吸管出口处汇合，热空气遇到冷空气会有水凝结，进而不断汇聚形成冰块，长时间运行后冰块不断增多，最终堵塞呼吸管，导致很高的曲轴箱正压。

（5）PCV 阀

PCV 阀是一个计量控制阀，安装在曲轴箱通风系统和进气系统之间。

PCV 阀由柱塞式阀门和弹簧构成，进气歧管的真空度决定了 PCV 阀的开闭和 PCV 阀的开启程度，而 PCV 阀的开闭和开启程度又决定了窜缸混合气被重新吸入进气歧管参加燃烧的数量。

当发动机处于正常转速或转速较慢时，气流量小，窜气量小，PCV 阀开度较小甚至关闭，因而被强制吸入燃烧的窜气将比较少甚至没有。

当发动机加速或转速比较高时，气流量大，窜气也大，PCV 阀开度较大，因而被强制吸入燃烧的窜气也比较多。

此外，当发动机发生回火时，PCV 阀能切断通风，防止曲轴箱爆裂。

PCV 阀的常见故障是堵塞，检测 PCV 阀的方法如图 10-10 所示。

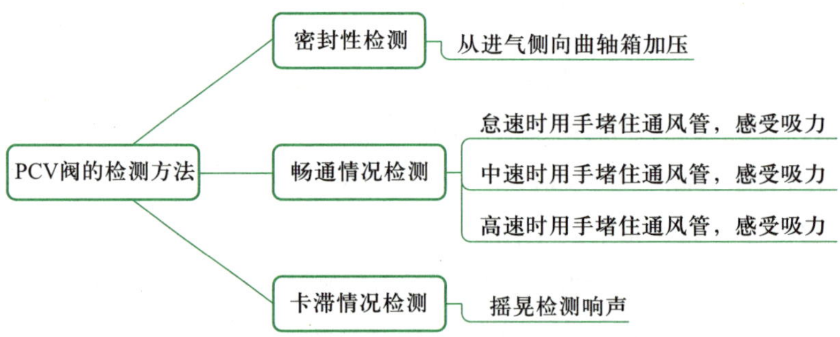

图 10-10　PCV 阀的检测方法

（6）二次空气供给系统

二次空气供给系统是降低发动机尾气排放的机外净化装置之一。该系统通过向排气管中压入新鲜空气，增加废气中的氧含量，这样可以使废气中未完全反应的有害物质 CO 和 HC 在高温环境中再次氧化，最终生成无毒的 H_2O 和 CO_2。

1）二次空气供给系统的结构

二次空气供给系统主要由空气滤清器、ECU、二次空气泵、二次空气泵继电器、二次空气控制阀和二次空气机械阀等组成。

2）二次空气供给系统的作用

二次空气供给系统的作用主要有两个：提高三元催化转化器的转化效率、降低发动机冷起动阶段有害物质的排放。

3）二次空气供给系统的工作原理

二次空气供给系统主要是在车辆冷起动时工作，如图 10–11 所示，点火开关接通后，蓄电池向二次空气电磁阀供电，ECU 控制电磁阀搭铁回路。电磁阀不通电时，关闭二次空气供给通道，不允许向排气管提供空气。ECU 给电磁阀通电，使二次空气进入排气管。

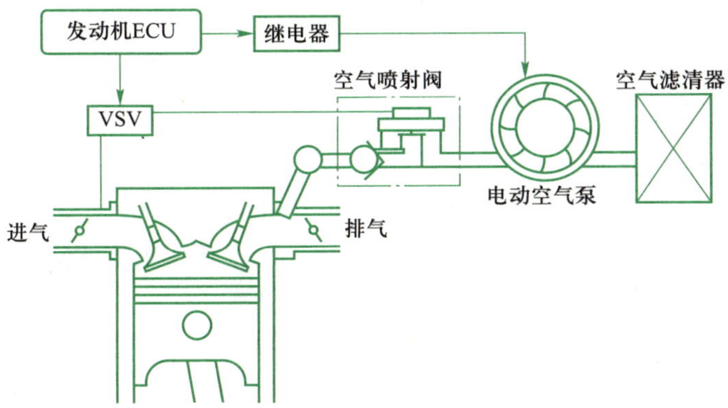

图 10–11　二次空气供给系统

4）二次空气电磁阀

二次空气电磁阀由 ECU 控制，从进气歧管中得到真空力，通过真空吸力来控制二次空气单向阀的开启和关闭。

查阅维修手册，可知二次空气电磁阀的检测主要从电阻检测、吹气检测等方面进行，如图 10–12 所示。

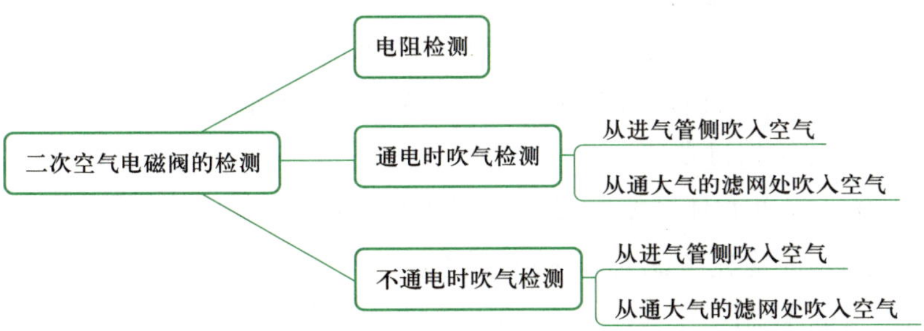

图 10–12　二次空气电磁阀的检测方法

微课

废气再循环系统作用与EGR阀工作原理

（7）废气再循环系统

1）废气再循环系统的作用

如图10-13所示，废气再循环（Exhaust Gas Re-circulation，EGR）系统的作用是把发动机在中小负荷（部分车型为冷却液温度50 ℃以上且转速1 500～4 500 r/min时）运转时将排出的部分废气回送到进气歧管，并与新鲜混合气一起再次进入气缸。由于废气中含有大量的CO_2，而CO_2不能燃烧却吸收大量的热，会降低燃烧室的工作温度和氧含量，进而达到有效降低NO_x的目的。怠速、全负荷时废气再循环系统不起作用，在怠速和全负荷时如果有一部分废气进入燃烧室，不仅会降低燃烧室的温度，还会恶化燃烧环境，阻碍新鲜空气的进入，导致发动机怠速抖动。

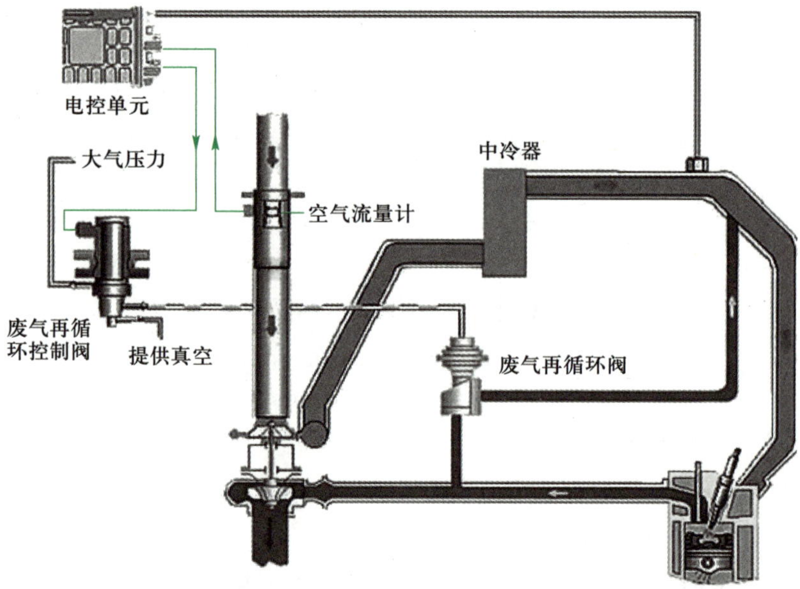

图10-13　废气再循环系统

2）废气再循环系统的开启条件

与传统内燃机一样，混合动力汽车的发动机根据工况需要适时调节废气循环率，以有效减小排气中有害气体NO_x。废气再循环系统通常在下列条件下开启：发动机暖机运转；转速超过怠速。

当配置有废气再循环系统的发动机出现怠速抖动十分严重，加速不良，但中速运转平稳现象时，应优先考虑EGR阀密封不良。

3）EGR率的控制

在实际使用中，常用EGR率来表示废气再循环系统的控制量，即进气气缸的混合气中废气的比例。EGR率与发动机动力性、经济性和排放性有关，其关系如图10-14所示。

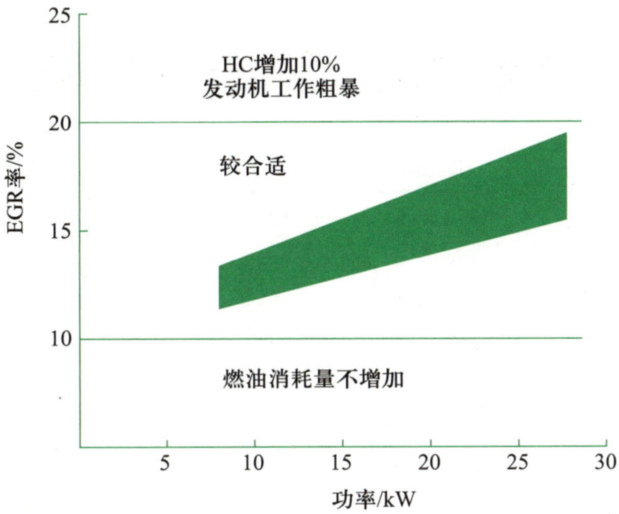

图 10–14　EGR 率与发动机性能的关系

由图 10–14 可知：当 EGR 率过大时，燃烧变得不稳定，失火率增加，HC 相应增加；当 EGR 率过小时，NO_x 排放达不到规定要求，易产生爆燃、发动机过热等现象。

4）EGR 阀的工作原理

EGR 阀如图 10–15 所示，EGR 阀阀针与电位计的滑动触点臂相连，占空比控制的 EGR 阀随占空比变化，控制的真空吸力不同，引起 EGR 阀阀门开启的大小也不同，阀杆上升的位移也不同。

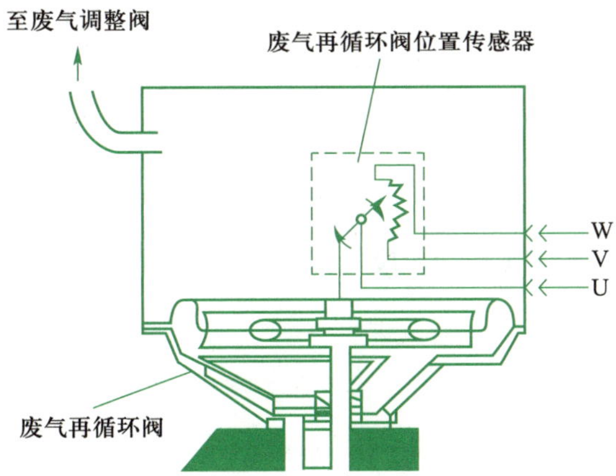

图 10–15　EGR 阀的工作原理示意图

5）废气再循环系统常见故障

配备 EGR 阀的车型，行驶 50 000 km 后 EGR 阀出现故障的比例升高。因为 EGR 阀工作的温度比较高，行驶一定里程后润滑条件变差，会引起卡滞。废气再循环系统常见故障及引起的原因和造成的影响如表 10–6 所示。

表 10-6 废气再循环系统常见故障

序号	常见故障	产生的原因	造成的影响
1	EGR 阀不能正常打开	阀针卡死	发动机怠速抖动，排放不达标，严重时会导致发动机加速无力
		线圈损坏	
		EGR 阀到发动机 ECU 之间的线路故障	
		ECU 故障	
2	EGR 阀密封不严	阀针卡死	
		阀底积炭	

6）废气再循环系统的电气图

查阅维修手册，废气再循环系统的电气图如图 10-16 所示。

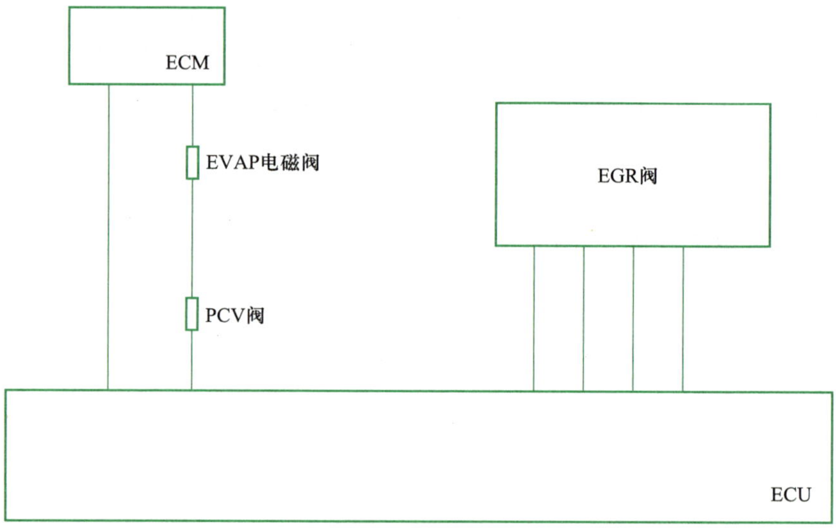

图 10-16 废气再循环系统的电气图

2. 技能操作

（1）操作准备

准备技能操作所需的物料，如表 10-7 所示。

表 10-7 物料准备

类别	所需物料
教学整车 / 实训平台	新能源教学整车
设备、仪器、工具	高压安全防护用品、绝缘工具、绝缘扭力扳手、万用表、气筒、诊断仪、发光二极管

（2）活性炭罐电磁阀的检测

参考维修手册，对活性炭罐电磁阀进行检测，并将相关内容记录在表 10–8 中。

表 10–8　活性炭罐电磁阀检测记录

序号	项目	内容	操作记录	
1	信号检测	接入发光二极管，检测是否输出信号	测量结果：	是否正常：是□　否□
2	电阻检测	断开炭罐电磁阀端子，测量阻值	测量结果：	是否正常：是□　否□

（3）三元催化转化器堵塞检测

参考维修手册，检测三元催化转化器是否堵塞，并将相关内容记录在表 10–9 中。

表 10–9　三元催化转化器堵塞检测记录

序号	项目	内容	操作记录	
1	外观检测	检测三元催化转化器的外观	正常□	
			表面刮擦、凹痕、裂纹□	
			褪色斑点或青色与紫色的瘢痕□	
			防护罩中央有暗灰色斑点□	
2	晃动听音	晃动三元催化转化器，观察是否有碎物移动的声音	是□　否□	
3	怠速时温差测量	检测三元催化转化器前端的温度	测量结果：	是否正常：是□　否□
		检测三元催化转化器后端的温度	测量结果：	

（4）PCV 阀的检测

参考维修手册，检测 PCV 阀是否正常，并将相关内容记录在表 10–10 中。

表 10–10　PCV 阀的检测记录

序号	项目	内容	操作记录	
1	密封性检测	从发动机进气系统侧向曲轴箱侧加压	工具：	是否通风：是□　否□
2	畅通情况检测	分别在发动机怠速、中速、高速时从曲轴箱侧拔下通风管用手堵住通风管	发动机转速：	是否有真空吸力：是□　否□
			发动机转速：	是否有真空吸力：是□　否□
			发动机转速：	是否有真空吸力：是□　否□
3	卡滞情况检测	把 PCV 阀放在耳边摇晃，听是否有响声	是否能听到响声：是□　否□	

（5）二次空气电磁阀的检测

参考维修手册，检测二次空气电磁阀，并将相关内容记录在表 10–11 中。

表 10–11　二次空气电磁阀的检测记录

序号	项目	内容	操作记录	
1	电阻检测	检测电磁阀电阻	电阻值：	是否正常：是□　否□
2	通电时吹气检测	从进气管侧吹入空气	通□　不通□	是否正常：是□　否□
		从通大气的滤网处吹入空气	通□　不通□	是否正常：是□　否□
3	不通电时吹气检测	从进气管侧吹入空气	通□　不通□	是否正常：是□　否□
		从通大气的滤网处吹入空气	通□　不通□	是否正常：是□　否□

四、检查评估

对本任务的学习情况进行检查，并将相关内容填写在表 10–12 中。

表 10–12　检查表

检查项目	检查结果	结果点评
五尾气的检测		
是否正确完成五尾气检测作业	是□　否□	
故障码和数据流的读取分析		
是否正确完成数据流的读取分析作业	是□　否□	
是否正确完成故障码的读取分析作业	是□　否□	
活性炭罐电磁阀的检测		
是否正确完成活性炭罐电磁阀的通断检测作业	是□　否□	
是否正确完成活性炭罐电磁阀的电阻检测作业	是□　否□	

续表

检查项目	检查结果	结果点评
三元催化转化器堵塞检测		
是否正确完成三元催化转化器堵塞检测的作业	是□　否□	
PCV 阀的检测		
是否正确完成 PCV 阀的密封性的检测作业	是□　否□	
是否正确完成 PCV 阀的畅通性的检测作业	是□　否□	
是否正确完成 PCV 阀卡滞的检测作业	是□　否□	
二次空气电磁阀的检测		
是否正确完成二次空气电磁阀的电阻检测作业	是□　否□	
是否正确完成电磁阀通电时通风的检测作业	是□　否□	
是否正确完成电磁阀不通电时通风检测作业	是□　否□	
整理和恢复		
工具、设备是否整理恢复	是□　否□	
实训工位是否打扫干净	是□　否□	
工作页是否填写完整	是□　否□	

五、任务小结

本任务小结如图 10-17 所示。

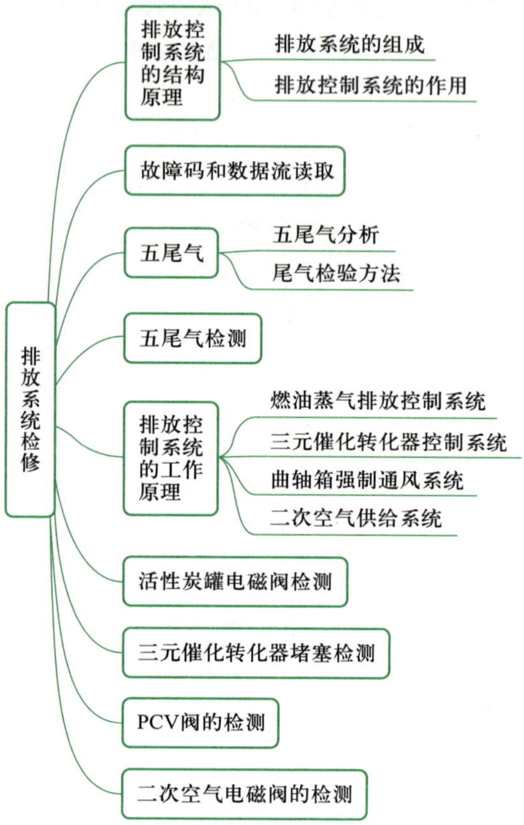
排放系统检修
排放控制系统的结构原理
排放系统的组成
排放控制系统的作用
故障码和数据流读取
五尾气
五尾气分析
尾气检验方法
五尾气检测
排放控制系统的工作原理
燃油蒸气排放控制系统
三元催化转化器控制系统
曲轴箱强制通风系统
二次空气供给系统
活性炭罐电磁阀检测
三元催化转化器堵塞检测
PCV阀的检测
二次空气电磁阀的检测

图 10-17　任务小结

任务十一 润滑系统检修

一、任务导入

场景：某品牌新能源汽车售后维修中心。

人物：维修技师小陈、客户乔先生。

情节：乔先生的某品牌混合动力汽车仪表盘上显示机油故障，伴有发动机噪声，还冒蓝烟，维修技师小陈对发动机进行检查时发现机油不多了，并且读取有故障码，需要对润滑系统进行拆装和检查以排除故障。

二、任务目标

◇ 能按照润滑系统的结构原理，规范完成润滑系统部件的拆卸与检查作业。

◇ 能按照技术资料中的说明，规范完成机油压力的检测、机油的检测、机油的更换作业。

◇ 能结合机油压力传感器的结构、原理，规范完成机油压力传感器的检测作业。

三、任务实施

（一）机油的检查和更换

1. 知识学习

（1）润滑剂的种类、牌号、品牌

按形态，润滑剂可分为润滑油、润滑脂、固体润滑剂、气体润滑剂等。在混合动力汽车中，机油作为常用的润滑剂。机油除了能润滑发动机降低摩擦，还能防止发动机金属腐蚀、消除进入发动机中的灰尘及其他污染物、在活塞与气缸壁间帮助燃烧室气密、为活塞及轴承等零件冷却及消除发动机内不必要的产物。

依据成分，机油可分为全合成、半合成及矿物油，一般来说，全合成机油在发动机中随发动机运转的衰退程度较低，而矿物油的衰退程度较高。但是如果车辆都能在原厂指定的换油里程或换油时间内更换机油，就算使用矿物油，也不会对发动机造成任何伤害。

机油除了在成分上不同，在黏度指数上也有区别。黏度指数是指机油黏度随温度改变的程度。目前常使用的机油黏度依照SAE编号分类，不同的编号对应不同的黏度范围，编号越大代表黏度越大，适用的最高气温越高。SAE编号后加上W则指适用于寒冷气候的机油，W前的数字越小，其低温黏度越小，低温流动性越好，适用的最低气温越低，发动机在寒冷的冬天越容易起动。机油牌号选用可参考表11-1。

表11-1　机油选用参考

使用季节	机油牌号
夏季	20、30、40、50
冬季	0 W、5 W、10 W、15 W、20 W、25 W
冬夏	5 W-20、5 W-30、5 W-40、5 W-50、10 W-20、10 W-30、10 W-40、10 W-50、15 W-20、15 W-30、15 W-40、15 W-50、20 W-20、20 W-30、20 W-40、20 W-50

（2）机油的主要性能指标

机油主要从黏度、温度－黏度特性、低温性、安定性、腐蚀性等方面评估性能。

① 黏度。机油的黏度是指机油在外力作用下流动时，分子间的内聚力阻碍分子间的相对运动，产生一种内摩擦力，所表现出来的性质。

黏度是评价机油品质的主要指标，通常用运动黏度来表示。运动黏度根据一定量的机油在一定的压力之下，通过黏度计上一定直径与长度的毛细管所需的时间来确定，其单位是mm^2/s。所需时间越长，则机油的运动黏度越大。

② 温度－黏度特性。温度－黏度特性是指机油的黏度随温度变化而变化的性质，机油温度高则黏度小。如表11-1所示，不同的季节需要选用不同的机油。

③ 低温性。低温性是指机油在低温下的流动性。机油的低温性能好，发动机在低温下起动容易，可有效地润滑机件。

④ 安定性。安定性是指机油一般情况下抵抗氧化变质的性能。机油的安定性好，说明机油不容易氧化变质，存放的时间更长。

⑤ 腐蚀性。机油的腐蚀性是指机油对金属及其他物质产生腐蚀作用的性质。通常要求机油的腐蚀性小，对润滑系的零部件与发动机的腐蚀性小。

（3）混合动力汽车的驱动电机对润滑油的要求

混合动力汽车的驱动电机对润滑油的要求如下。

① 良好的抗泡性：减少气泡会保证需要冷却油的量，从而保证了油的散热性。

② 对漆包线无腐蚀作用。

③ 具有良好的绝缘性。

（4）润滑脂

润滑脂是稠厚的油脂状的半固体，用于机械的摩擦部分，起润滑、保护和密封作用，也用于金属表面，起填充空隙和防锈作用。主要由矿物油（或合成润滑油）和稠化剂调制而成。

润滑脂的工作原理是利用稠化剂将油保持在需要润滑的位置上。当存在负载时，稠化剂将油释放出来，从而起到润滑作用。

在常温和静止状态时：润滑脂像固体，能保持形状而不流动，能黏附在金属上而不滑落。

在高温或受到超过一定限度的外力时：润滑脂像液体能产生流动。润滑脂在机械中受到运动部件的剪切作用时，它能产生流动并进行润滑，减低运动表面间的摩擦和磨损。当剪切作用停止后，它又能恢复一定的稠度，润滑脂的这种特殊的流动性，决定它可以在不适于用润滑油的部位进行润滑。

此外，由于润滑脂是半固体状物质，其密封作用和保护作用都比润滑油好。

（5）机油异常消耗的原因

机油异常消耗的原因有以下几个。

① 正常消耗。车辆在行驶一定公里数以后的正常现象，不同的车、不同的人使用、不同的地区（空气灰尘含量）对发动机的使用寿命都有很大的影响，对于超过一定使用年限和公里数的车辆正常磨损可能出现“烧机油”现象。

② 非正常消耗。造成非正常磨损的原因有产品质量和使用不当造成的早期磨损。

使用不合格的机油、超期不更换机油和机油滤清器、冷车大油门起动、长时间缺少机油下运转、长时间高温状态下运转、长期超负荷高转速下运转（发动机转速大于或等于 4 000 r/min）、长期在空气质量（灰尘含量超标）不好和到期不更换空气滤清器的状态下运转、机油泵油泵力不足、油压过低、机油道堵塞等，都会让发动机减少使用寿命造成早期磨损。

（6）机油的更换

机油中含有多种添加剂，能够有效保护发动机重要的移动部件，保证发动机正常运转，机油在工作过程中，添加剂被逐渐消耗，燃烧产生的污染物与机油混合产生油泥、沉积，长此以往，这些污垢不仅会加速发动机磨损，还会导致发动机锈化腐蚀、散热不畅等严重后果。因此，及时更换机油是对发动机最好的保护。

汽车的维修保养手册中都会明确车辆的换油里程，大部分车都为 5 000 ~ 10 000 km。一般达到规定的换油里程就应换油。而实际驾驶中，路况、车况、机油品质，都会影响到换油周期，如长期在市区驾驶、汽车停车起步频繁，会加剧发动机磨损、加快机油污染，因此须缩短换油周期。车主可定期对爱车的机油状况进行检测，用机油尺沾少许机油放在手指上，若机油呈黑色，非常稀薄，并含有沙砾，则说明此时的机油变质，必须立即更换。

2. 技能操作

（1）操作准备

准备技能操作所需的物料，如表 11–2 所示。

表 11–2 物料准备

类别	所需物料
教学整车 / 实训平台	新能源教学整车
设备、仪器、工具	举升机、绝缘工具、常用和专用工具、清洁布、手套等

（2）机油的检查

根据上述检查内容，对发动机机油进行检查，并将相关内容记录在表 11–3 中。

表 11–3 机油检查记录

序号	项目	内容	操作记录
1	检查机油量	拔出机油量油尺，检查油面，是否在上限和下限之间	油面位置：
		如果油面过低，检查有无漏油现象	□正常 □漏油
2	检查机油质量	取样检查机油是否变质、含水、变色或变稀	□变质 □含水 □变色 □变稀
		根据上一步骤，判断是否需要更换机油	□更换 □不更换
3	检查机油压力	拆下机油压力传感器并外接压力表，加热发动机至正常工作温度	温度：
		起动发动机，分别在怠速时、2 000 r/min 时、5 000 r/min 时读取机油压力值	怠速时机油压力值：
			2 000 r/min 时机油压力值：
			5 000 r/min 转时机油压力值：
		拆下机油压力表，恢复机油压力传感器，起动发动机检查是否漏油	□正常 □漏油

（3）更换机油

参考维修手册，按照标准流程对机油进行更换，并将相关内容记录在表 11–4 中。

表 11-4 机油更换记录

序号	项目	内容	操作记录
1	排放旧机油	拆下发动机机油加注盖	
		拆下放油螺塞，将旧机油放入容器内	工具：
2	加注新机油	清洗或使用新的密封垫，按规定力矩拧紧放油螺塞	力矩大小：
		按规定选用机油并从加注口加入规定油量	机油牌号：
		在机油加注口盖上安装密封垫，装上加注口盖	
3	更换后检查	起动发动机，检查是否漏油	□正常 □漏油
		再检查机油量，根据情况加注	油量：

（二）润滑系统部件检修

1. 知识学习

（1）润滑系统的作用

润滑系统的作用是将清洁、压力和温度适宜的机油不断地供给各个运动零件的摩擦表面，减少零件的摩擦和磨损，流动的机油还可以清除金属表面的金属屑、灰尘、积炭等杂质，同时，机油还可以带走部分热量，填充零部件之间的空隙，减少气体的泄漏，起到密封作用，还可以减缓零件之间的冲击和振动，降低工作过程中的噪声及防锈。如图 11-1 所示。

（2）润滑方式

发动机运转过程中，由于运动的零件工作条件不同，需要的润滑强度也不相同，需要采用不同的润滑方式。按照供油方式的不同将润滑方式分为压力润滑、飞溅润滑、润滑脂润滑，其润滑方式和特点如表 11-5 所示。

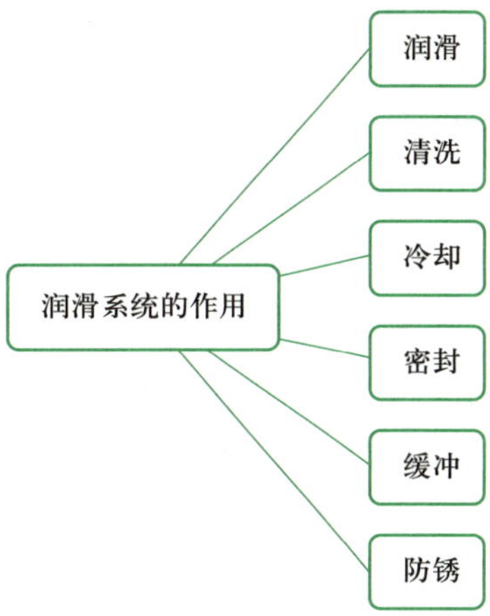

图 11-1 润滑系统的作用

（3）润滑系统的结构组成

润滑系统一般由油底壳、机油集滤器、机油泵、机油滤芯、主油道、缸盖油道、回油通道等组成，其结构如图 11-2 所示。

表 11-5　润滑方式和特点

润滑方式	工作特点	适用范围
压力润滑	机油泵强制输送机油参与润滑，润滑可靠	适用于工作负荷大、运动速度高的零件
		举例：曲轴主轴承、连杆轴承
飞溅润滑	利用运动零件激溅起来的油滴或油雾润滑，不需要额外的设备，受速度限制	适用于工作负荷较小、运动速度较低、表面暴露在外的零件
		举例：气缸壁
润滑脂润滑	按规定时间加注一定标号的润滑脂进行润滑	举例：发电机、起动机

微课

润滑系统结构组成与润滑方式

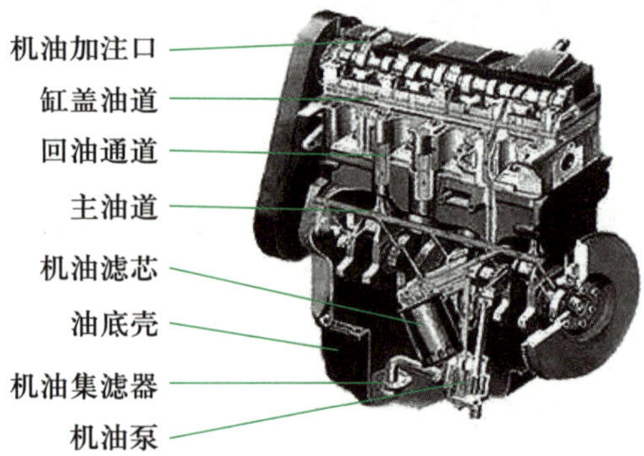

图 11-2　润滑系统的结构

（4）润滑系统的循环

润滑系统循环示意图如图 11-3 所示，机油主要存储在油底壳中，当发动机运转后带动机油泵，利用泵的压力将机油压送至发动机各个部位。润滑后的机油会沿着缸壁等途径回到油底壳中，重复循环使用。

反复润滑的机油中，会带有磨损的金属末或灰尘等杂质，如不清理反而加速零件间的磨损。所以在机油油道上应安装机油滤清器进行过滤。但时间过长，机油一样会变脏，因此在车辆行驶一定里程后必须更换机油机滤。

（5）机油泵

机油泵的作用是将一定压力和数量的机油输供到发动机各润滑表面，使机油在润滑路中循环，以保证发动机得到良好的润滑。

常见的机油泵有齿轮式和转子式，其结构如图 11-4 所示。

齿轮式机油泵具有结构简单、加工方便、工作可靠、能产生较高压力等优点；转子式机油泵结构紧凑，吸油真空度高，泵油量大，供油均匀，成本低，对安装位置没有特殊要求。

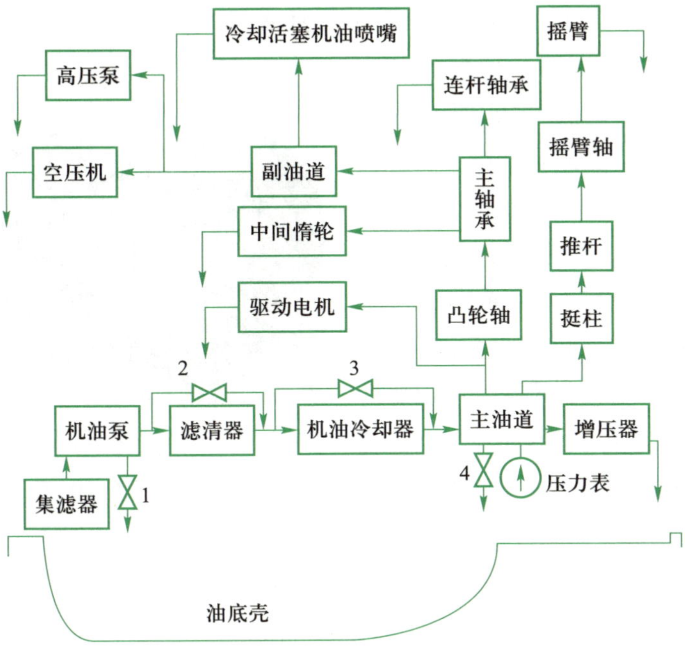

图 11-3　润滑系统循环示意图

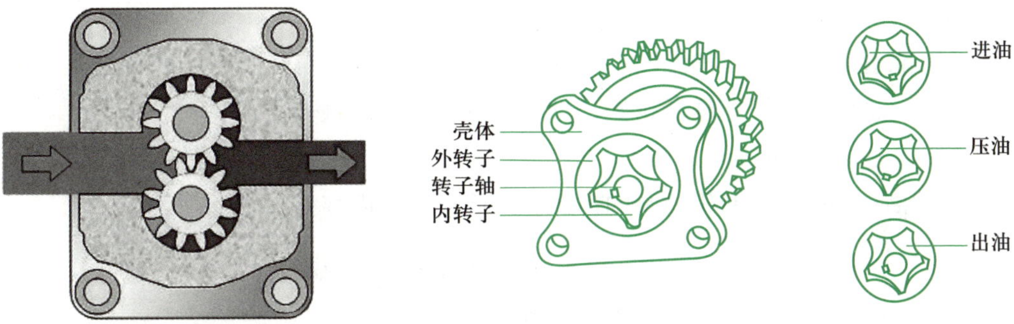

(a) 齿轮式　　(b) 转子式

图 11-4　机油泵

机油泵多为齿轮泵，它由齿轮泵体等组成。当发动机工作时，凸轮轴带动泵体的主动齿轮转动。齿轮甩动机油沿泵体内壁从进油口流至出油口，形成低压，产生吸力，机油箱内的机油即被吸入进油口。而出油口处的机油越积越多，因而压力增高，机油便被压到各摩擦部分，实现强制润滑。

（6）机油滤清器

在发动机的工作过程中，金属磨屑、尘土、高温下被氧化的积炭、胶状沉淀物、水等杂质不断混入润滑油中，易造成润滑工作表面划伤、磨损，运动部件卡滞等。机油滤清器的功用是过滤掉机油中所含的金属屑末等杂质，保证机油质量，防止零件过快的磨损，延长其使用期限。机油滤清器性能的好坏直接影响发动机的使用寿命，其结构如图 11-5 所示。

机油滤清器应具有滤清能力强、流通阻力小、使用寿命长等性能。在润滑系统中，一般装有几个不同滤清能力和不同流动阻力的滤清器，如集滤器、粗滤器、细滤器等。集滤器放在油底壳的油池内，常固定在主轴承盖或曲轴箱体上；粗滤器串联于机油泵与主油道之间，为全流式；细滤器并联在主油道中，为分流式。混合动力汽车的发动机上普遍只设置集滤器和一个全流式机油滤清器。粗滤器能过滤机油中粒径为 0.05 mm 以上的杂质；细滤器用来滤除粒径为 0.001 mm 以上的细小杂质。混合动力汽车发动机的机油滤清器应符合如下需求。

图 11-5　机油滤清器

① 过滤精度：滤出所有大于 30 μm 的颗粒。

② 减少进入润滑间隙并引起磨损的颗粒（3 ~ 30 μm）。

③ 机油流量符合发动机的机油需求量。

④ 更换周期至少长于机油的寿命。

⑤ 容灰量大，能适应恶劣环境。

⑥ 能适应较高的机油温度和腐蚀环境。

⑦ 过滤机油时压差越低越好，以保证机油能通过顺畅。

（7）机油泵的拆卸与检修

查阅维修手册可知，机油泵的拆卸和检修流程和内容如图 11-6 所示。

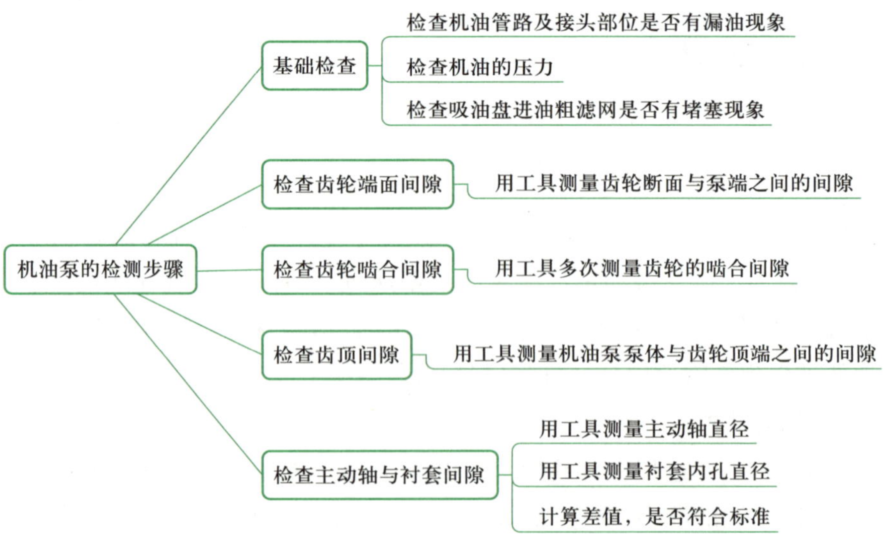

图 11-6　机油泵的拆卸与检修流程和内容

（8）机油滤清器的更换

查阅维修手册可知，机油滤清器的更换流程如图 11–7 所示。

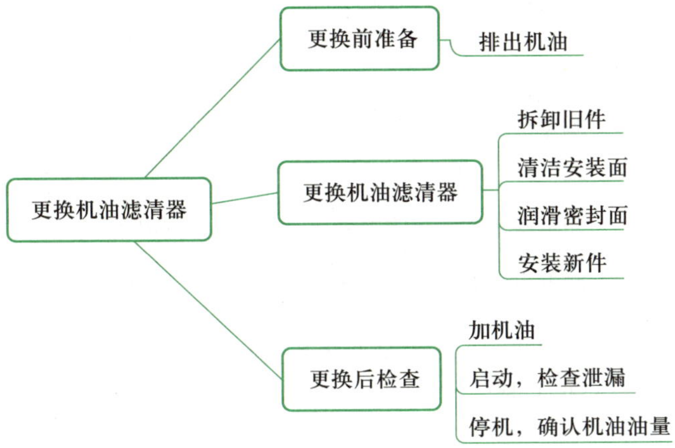

图 11–7　机油滤清器的更换流程

2. 技能操作

（1）操作准备

准备技能操作所需的物料，如表 11–6 所示。

表 11–6　物料准备

类别	所需物料
教学整车 / 实训平台	新能源教学整车
设备、仪器、工具	举升机、绝缘工具、常用和专用工具、清洁布、手套等

（2）机油泵的检查

参考维修手册，按照标准流程拆卸和检修机油泵，并将相关内容记录在表 11–7 中。

表 11–7　机油泵拆卸记录

序号	项目	内容	操作记录
1	基础检查	检查机油管路及接头部位是否有漏油现象	□正常　□破损　□泄漏
		检查机油的压力	□正常　□压力高　□压力低
		检查吸油盘进油粗滤网是否有堵塞现象	□正常　□沉积物　□堵塞

续表

序号	项目	内容	操作记录
2	检查齿轮端面间隙	测量齿轮端面与泵端之间的间隙	工具:
			间隙:
3	检查齿轮啮合间隙	测量齿轮的啮合间隙 1	工具:
			间隙:
		测量齿轮的啮合间隙 2	间隙:
		测量齿轮的啮合间隙 3	间隙:
4	检查齿顶间隙	测量机油泵的泵体与齿轮顶端之间的间隙	工具:
			间隙:
5	检查主动轴与衬套间隙	测量主动轴直径与衬套内孔直径,并计算其间隙值	工具:
			间隙:

（3）更换机油滤清器

参考维修手册,按标准流程更换机油滤清器,并将相关内容记录在表 11-8 中。

表 11-8　机油滤清器更换记录

序号	项目	内容	操作记录
1	更换前准备	放出发动机机油	是否完成:是□　否□
2	更换机油滤清器	拆下机油滤清器	是否完成:是□　否□
		检查并清洁机油滤清器安装面	是否完成:是□　否□
		用清洁的机油涂在机油滤清器密封垫上	是否完成:是□　否□
		用手轻轻拧进新的机油滤清器直到感觉有阻力,再用专用工具将机油滤清器拧紧	工具:
			力矩:
3	更换后检查	重新将机油加入发动机	是否完成:是□　否□
		起动发动机,检查有无泄漏	正常□　漏油□
		停机后,再次检查机油量,根据情况加注	油量:

（三）机油压力传感器检测

1. 知识学习

（1）机油压力传感器的作用

机油压力传感器是用于向 ECU 通报发动机机油主油道的压力的，当检测到的机油压力低于期望值时，ECU 将启用保护功能，对发动机转速和功率进行调节。当检测到的机油压力超出规定范围时，ECU 将通过仪表盘发出报警信号。常见的机油压力传感器如图 11–8 所示。

图 11–8　机油压力传感器

（2）机油压力传感器的工作原理

机油压力传感器是一种微电子机械系统，它集成了微型传感器、执行器以及信号处理和控制电路、接口电路、通信和电源，且其体积非常小。

同进气歧管压力传感器一样，机油压力传感器也有电磁式、电阻式、压阻式，其中电阻式在混合动力汽车中更为常见。

机油压力传感器内部有一个可变电阻，一端输出信号，一端与搭铁的滑动触臂相连。

当油压增大时，油压通过润滑油道接口推动膜片弯曲，膜片推动滑动触臂移动到低电阻位置，使电路中的输出电流增大；当油压减小时，膜片推动滑动触臂移动到高电阻位置，使电路中输出电流减小，最终在机油压力表上将机油压力的大小以指针指示出来。

机油压力传感器的工作原理示意图如图 11–9 所示。

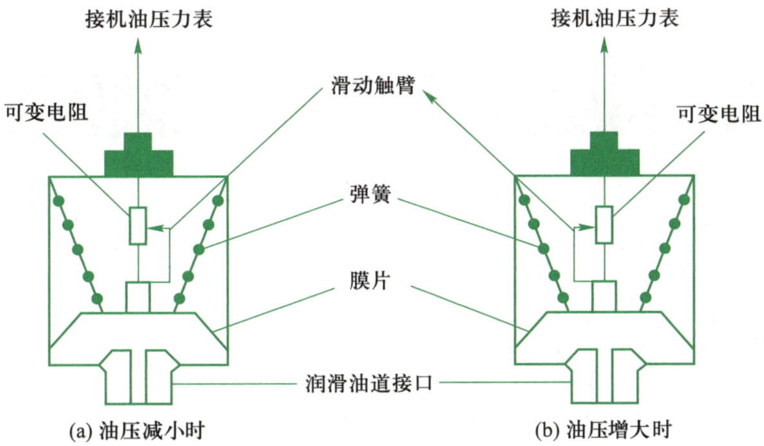

图 11–9　机油压力传感器的工作原理示意图

（3）机油压力传感器的常见故障

当机油压力传感器报故障时一般有如下原因：机油感应塞失灵、机油不够、机油泵滤网堵塞、机油泵损坏等。

2. 技能操作

（1）操作准备

准备技能操作所需的物料，如表 11-9 所示。

表 11-9　物料准备

类别	所 需 物 料
教学整车 / 实训平台	新能源教学整车
设备、仪器、工具	举升机、绝缘扭力扳手、常用和专用工具、万用表等

（2）读取故障码

用诊断仪读取车辆故障码，将故障码填写在表 11-10 中，并根据故障码进行分析。

表 11-10　车辆故障码记录表

序号	故障码	故障码描述	是否正常	维修意见
1			是□　否□	
2			是□　否□	
3			是□　否□	

（3）读取数据流

用诊断仪读取数据流，将数据流填写在表 11-11 中，并根据数据流进行分析。

表 11-11　数据流信息

序号	控制单元	名称	当前值 / 状态	标准值 / 状态	是否正常
1					是□　否□
2					是□　否□
3					是□　否□

（4）机油压力传感器线路检查

查阅维修手册，对机油压力传感器的线路进行检查，并将相关内容记录在表 11-12 中。

表 11-12　机油压力传感器线路检查记录

序号	项目	内容	操作记录
1	检查端子	检查 ECU 和线束连接器端子是否松脱、不匹配	是否松脱：□是　□否
			是否匹配：□是　□否
		检查端子锁片是否折断、变形或损坏	是否折断：□是　□否
			是否变形：□是　□否
			是否损坏：□是　□否
2	检查机油压力传感器	检查线束是否损坏	是否正常：□是　□否
		检查传感器正极端子和搭铁线之间的导通性	发动机运转时是否导通：□是　□否
			发动机停止时是否导通：□是　□否
		断开传感器，点火不起动，测量传感器端子与搭铁线之间的阻值	测量值：
			是否正常：□是　□否
		断开传感器，起动，油压大于 20 kPa 时，测量传感器与搭铁线之间的阻值	测量值：
			是否正常：□是　□否
		断开传感器，点火不起动，移动机油压力传感器相关线束，测量传感器接头间的电压	测量值 1：
			测量值 2：
			测量值 3：
			是否正常：□是　□否

四、检查评估

对本任务的学习情况进行检查，并将相关内容填写在表 11-13 中。

表 11-13　检查表

检查项目	检查结果	结果点评
润滑系统拆卸		
是否正确完成润滑系统一般检查作业	是□　否□	
是否正确完成润滑系统拆卸作业	是□　否□	
是否正确完成机油泵检查拆卸的作业	是□　否□	
是否正确完成机油滤清器更换的作业	是□　否□	
机油检查和更换		
是否正确完成机油的检查作业	是□　否□	
是否正确完成机油的更换作业	是□　否□	
机油压力传感器		
是否正确完成故障码读取的作业	是□　否□	
是否正确完成数据流读取的作业	是□　否□	
是否正确完成机油压力传感器线路检查的作业	是□　否□	
整理及恢复		
工具、设备是否整理恢复	是□　否□	
实训工位是否打扫干净	是□　否□	
工作页是否填写完整	是□　否□	

五、任务小结

本任务小结如图 11-10 所示。

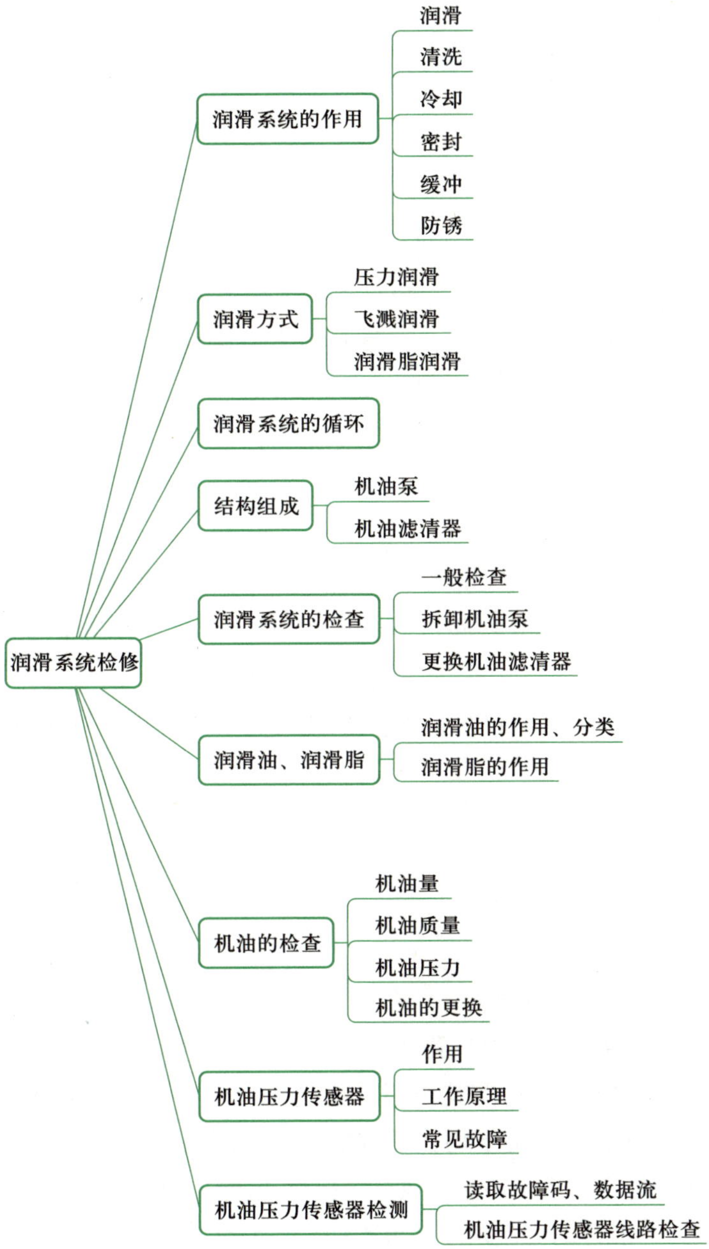
润滑系统检修
润滑系统的作用
润滑
清洗
冷却
密封
缓冲
防锈
润滑方式
压力润滑
飞溅润滑
润滑脂润滑
润滑系统的循环
结构组成
机油泵
机油滤清器
润滑系统的检查
一般检查
拆卸机油泵
更换机油滤清器
润滑油、润滑脂
润滑油的作用、分类
润滑脂的作用
机油的检查
机油量
机油质量
机油压力
机油的更换
机油压力传感器
作用
工作原理
常见故障
机油压力传感器检测
读取故障码、数据流
机油压力传感器线路检查

图 11-10　任务小结

任务十二　冷却系统检修

一、任务导入

场景：某品牌新能源汽车售后维修中心。

人物：维修技师小李、客户段先生。

情节：段先生的某品牌混动汽车的仪表显示发动机温度过高。维修技师小李对冷却系统进行检查时发现，除了水温过高还伴有轻微防冻液渗漏现象，小李需要对冷却系统进行拆装和检查以排除故障。

二、任务目标

◇ 能根据冷却系统的结构原理，规范完成冷却系统的检测作业。

◇ 能根据冷却液温度传感器的结构原理，规范完成冷却液温度传感器的故障诊断与检修作业。

◇ 能根据冷却风扇的结构和工作原理，规范完成冷却风扇的故障检测。

三、任务实施

（一）冷却系统部件检测

1. 知识学习

（1）冷却系统的作用与分类

1）发动机冷却系统的作用与类型

冷却系统如图 12-1 所示。其作用是把受热零件吸收的部分热量及时散发出去，以维持发动机在各种工况下均在适宜的温度范围工作，使发动机工作可靠。在提高动力性的同时，冷却系统还为暖风系统提供热源。

混合动力汽车发动机冷却系统的分类如图 12-2 所示。

与传统汽车不同，混合动力汽车发动机冷却系统增加了驱动电机的冷却系统。发动机本体的冷却系统根据所用冷却介质的不同，分为水冷和风冷两种。

风冷系统以空气作为冷却介质，水冷系统以冷却液作为冷却介质。目前在汽车发动机上均采用强制循环式水冷系统，利用水泵强制冷却液在冷却系统中循环流动。

微课

发动机冷却系统结构组成与工作原理

驱动电机冷却系统的冷却方式主要有自然冷却、风冷和水冷。风冷和水冷的原理与发动机一致，自然冷却是指热量直接散发到周围环境。

图 12-1　冷却系统

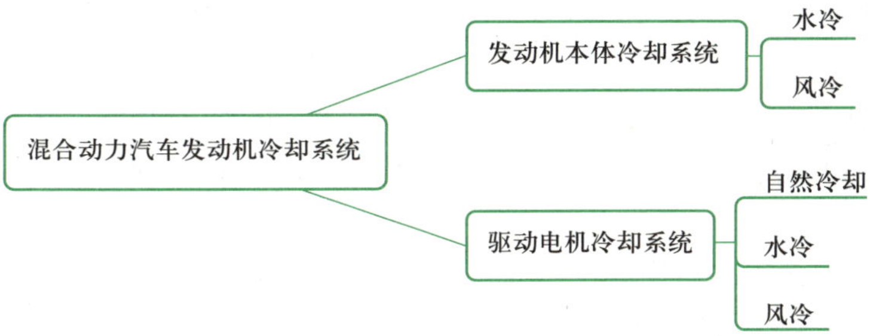

图 12-2　混合动力汽车发动机冷却系统的分类

2）驱动电机冷却系统的功用与分类

混合动力汽车在驱动与回收能量的工作过程中，电机定子铁心、定子绕组在运动过程中都会产生损耗，这些损耗以热量的形式向外发散。驱动电机冷却系统就是使用有效的冷却介质及冷却方式来带走驱动电机的热量，保证驱动电机在一个稳定的冷热循环平衡的通风系统中安全可靠运行。

混合动力汽车的驱动电机在低速高负荷下，达到温度限制很快；随着电机转速增加，到达温度限制的时间急剧增加，在 5 000 r/min 时，达到了最大；转速进一步增加后，到达温度限制的时间有缓慢下降的趋势。冷却剂的温度越低对电机的冷却效果越好。驱动电机冷却系统设计的好坏将直接影响电机的安全运行和使用寿命。

驱动电机冷却系统主要有自然冷却、风冷和水冷。

① 自然冷却。自然冷却是依靠电机铁心自身和机壳表面的热传递，将热量传递到周围介质进行散热。其结构简单，但冷却效果差，仅适用于转速低、负载转矩

小、发热量小的电机。

② 风冷。与发动机本体的风冷系统相同，驱动电机的风冷系统介质也是周围的空气。由电机自带同轴风扇，工作时形成风路循环，产生足够的风量以带走电机所产生的热量。

驱动电机风冷的结构相对简单，但在高温、粉尘、污垢和恶劣的天气下无法使用，风冷一般适用于清洁、无腐蚀、无爆炸环境下的电机。

③ 水冷。驱动电机的水冷系统冷却介质同样是冷却液。冷却液通过管道和通路在定子或转子空心导体内部不断循环，带走电机转子和定子产生的热量，从而完成对电机的冷却。

冷却效果比风冷更显著，但存在渗漏隐患，所以结构更复杂。驱动及水冷系统一般应用于大型机组、高温、粉尘、污垢等恶劣环境中。

一般混合动力汽车的驱动电机冷却系统采用水冷的方式，三者的对比如表 12-1 所示。

表 12-1 自然冷却、风冷、水冷的对比

项目	对比结果
冷却效果	水冷 > 风冷 > 自然冷却
结构复杂程度	水冷 > 风冷 > 自然冷却
经济性	自然冷却 > 风冷 > 水冷
应用环境的恶劣程度	水冷 > 风冷 > 自然冷却

（2）冷却系统的结构组成

1）发动机冷却系统的结构组成

水冷系统一般由散热器、散热风扇、冷却水管、水泵和冷却水套等组成，其结构组成如图 12-3 所示。

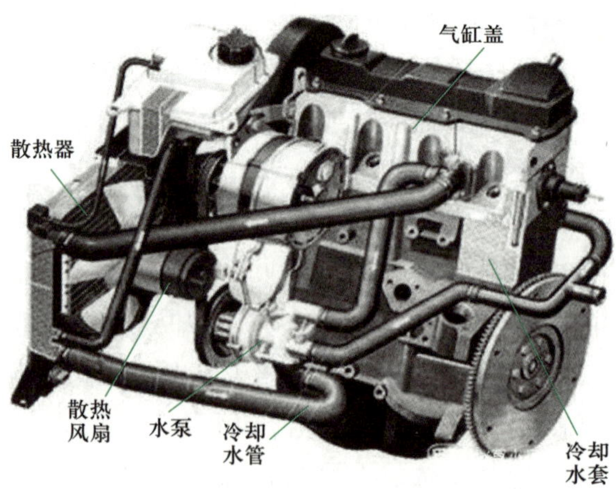

图 12-3 发动机冷却系统的结构组成

① 散热器。散热器俗称水箱，如图 12-4 所示，主要功能是使水套出来的热冷却液迅速冷却，即将冷却液自上而下或者横向分成很多支流，并将其热量散到大气中，从而降低冷却液的温度，故散热器应有足够的散热面积。

散热器通常置于车辆前端横梁上，装在风扇的前面。散热器芯部是散热器的主要散热部分，由于散热器的外部作用较差，为了保证良好的传热性和耐用性，散热器材料多采用耐腐蚀、导热性好的铜或铝片。

② 水泵。水泵的功用是将冷却系统内的冷却液加压，强制冷却液在气缸套和气缸盖的水套及散热器内进行循环，如图 12-5 所示。

图 12-4　散热器

图 12-5　水泵

目前车用发动机多数使用离心式水泵，水泵叶轮旋转时，水泵中的冷却液被叶轮带动一起旋转，在离心力的作用下甩向叶轮边缘，进入泵体的壳内，经壳体上与叶轮成切线方向的出水管被压送到发动机水套，实现冷却液在冷却系统的循环。

2）驱动电机冷却系统的结构组成

混合动力汽车驱动电机冷却系统一般由散热器、冷却风扇、低温膨胀水箱、电动水泵、冷却液软管及冷却液温度传感器等组成，如图 12-6 所示。

（3）冷却系统的工作原理

1）发动机冷却系统的工作原理

冷却系统中冷却液由水泵从散热器中抽取低温冷却液，加压后通过管道输入气缸体的冷却水套中，冷却液从气缸壁吸收热量，温度升高，向上流入气缸盖冷却水套内，再次受热升温后从气缸盖流出，沿水管流到散热器，不断地将流经散热器的冷却液的热量带走，冷却后的冷却液由水泵从散热器底部重新泵入水套，从而实现冷却液在冷却系统中的不断循环，保证发动机的高温零部件控制在合适的温度范围。

根据冷却液是否流经散热器，冷却液的循环路线可分为小循环、大循环、混合循环。

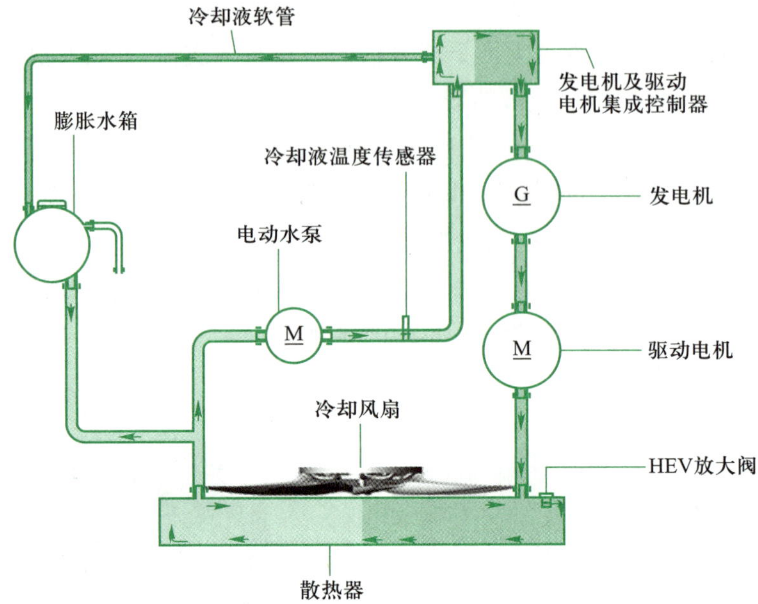

图 12-6　驱动电机冷却系统的组成

① 小循环。如图 12-7 所示，当发动机冷却液温度偏低时，如高速小负荷工况，节温器关闭阀门，冷却液从发动机缸盖出水口出来后经分水管、水套、节温器最后经水泵又回到了缸体水套，促使发动机冷却液温度快速上升至有利于发动机工作的适合温度。

② 大循环。如图 12-8 所示，当发动机处于低速大负荷工况下，温度偏高时，节温器阀门打开，冷却液从缸盖出水口流出后经分水管、水套、节温器流经散热器散发热量，同时冷却风扇开始工作，促使发动机冷却液温度不再升高，从而保持在最适当的工作温度。

③ 混合循环。当发动机处于一般工况时，一部分冷却液经大循环流动，一部分经小循环流动，提高发动机的经济性。

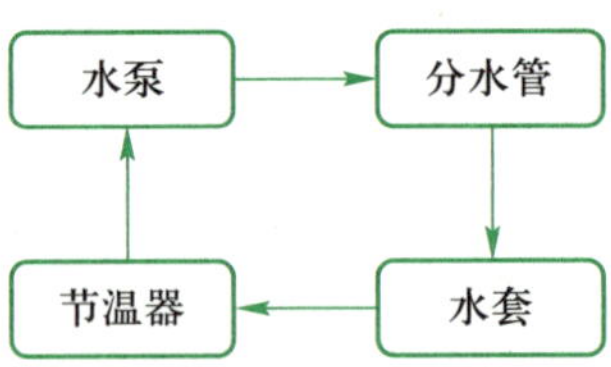

图 12-7　冷却液小循环

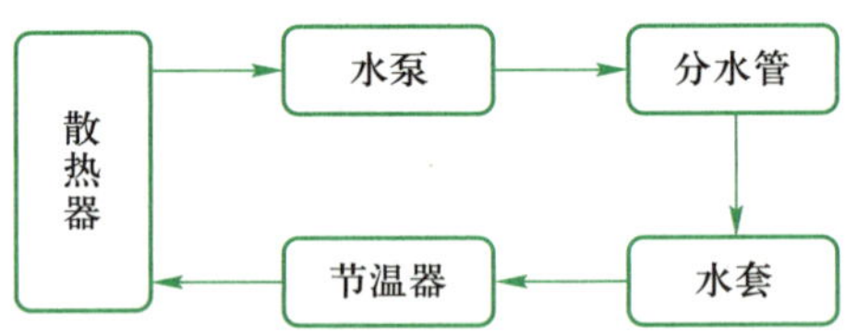

图 12-8　冷却液大循环

2）驱动电机冷却系统的工作原理

混合动力汽车驱动电机与控制器的冷却系统主要依靠电动水泵带动冷却液在冷却管道中循环流动，通过散热器热交换等物理过程，促使冷却液带走电机与控制器产生的热量，为使散热器热量散发更充分，通常还在散热器后方设置风扇。

如图 12-9 所示，热量从驱动电机组件传递到冷却液中，冷却液从驱动电机出液口流经散热器，带有热量的冷却液流过散热器内的蒸发管路，通过冷却风扇吹动气流，将热量传递到大气中。

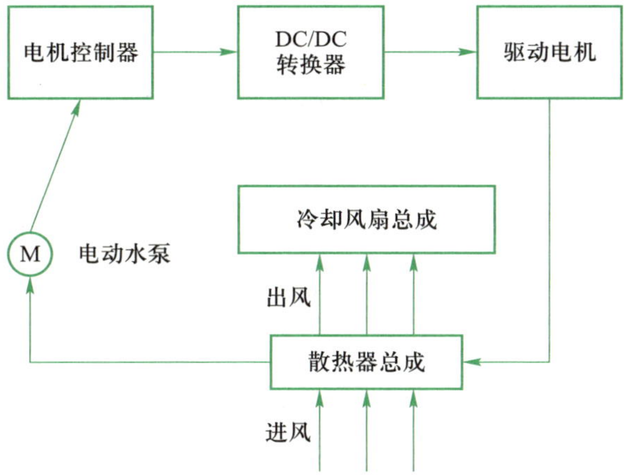

图 12-9 驱动电机冷却系统的工作原理

当系统处于较低温度时，电动水泵不工作。当温度上升后，电动水泵工作，冷却液经过软管流入散热器内，散热器将热量散发到空气中，使驱动电机组件保持在最佳的工作温度范围。

冷却系统的温度由冷却液温度传感器进行测量。该传感器向电机控制器发送信号，根据需要控制冷却风扇。冷却液温度信号由电机控制器经过 CAN 总线到组合仪表。该组合仪表上会实时显示冷却液的温度，如果冷却液温度变得过高，那么组合仪表上的警示灯和消息将提醒驾驶人。

（4）冷却系统的维护方法

为保障冷却系统的正常运行，冷却系统需要定期维护和保养，其中冷却液需要具备防冻、防沸、防腐、防锈、防垢等功能。冷却系统常见的维护作业是补充或更换冷却液。

1）补充冷却液

为防止冷却液温度过高，当冷却液液面接近于冷却液储液罐最低刻度时，则需补充冷却液。补充冷却液前必须关闭发动机，并使其充分冷却后，打开冷却液罐盖，加入冷却液到最高刻度线。需要注意，补充的冷却液与原冷却液应是同一牌号。

2）更换冷却液

为防止冷却液中存在杂质影响冷却性能，必要时需更换冷却液。更换冷却液同样需要发动机处于冷机状态，举升车辆，松开放水螺塞，将冷却液排尽。添加新的冷却液至最高刻度线。用手按压散热器进水软管和出水软管数次，检查冷却液的液位是否正常，若过低，则继续添加冷却液。起动发动机，暖机后循环踩踏加速踏板多次，继续用手按压散热器进出水软管数次，排出系统中的空气后，再次检查冷却液的液位是否正常，若过低，则补充冷却液至正常液位。

（5）发动机冷却系统排故思路

查阅维修手册可知，发动机本体冷却系统主要从故障码、数据流、漏水检测、水泵检测、节温器检测、散热器检测、电动冷却风扇检测等方面进行，其排故思路如图 12-10 所示。

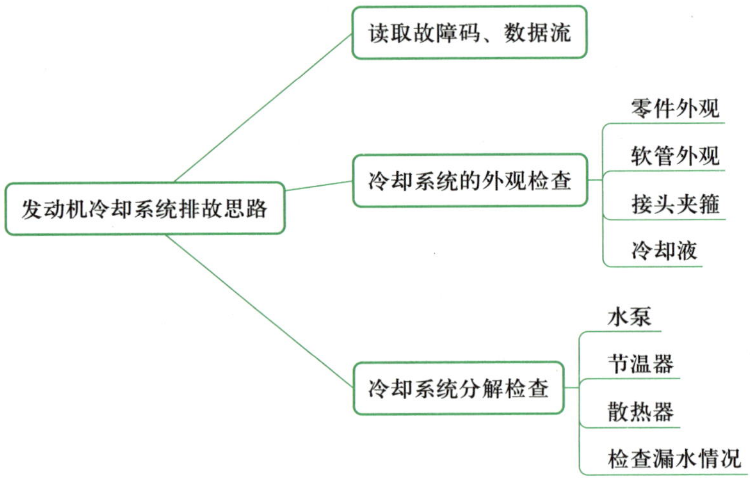

图 12-10　发动机冷却系统排故思路

2. 技能操作

（1）操作准备

准备技能操作所需的物料，如表 12-2 所示。

表 12-2　物料准备

类别	所需物料
教学整车 / 实训平台	新能源教学整车
设备、仪器、工具	高压安全防护用品、绝缘工具、绝缘扭力扳手、举升机、清洁布、手套、诊断仪、万用表等

（2）读取故障码

用诊断仪读取车辆故障码，将故障码填写在表 12-3 中，并根据故障码进行分析。

表 12-3　车辆故障码记录表

序号	故障码	故障码描述	是否正常	维修意见
1			是□　否□	
2			是□　否□	
3			是□　否□	

（3）读取数据流

用诊断仪读取数据流，将数据流填写在表 12-4 中，并根据数据流进行分析。

表 12-4　数据流信息

序号	控制单元	名称	当前值 / 状态	标准值 / 状态	是否正常
1					是□　否□
2					是□　否□
3					是□　否□

（4）冷却系统的外观检查

查阅维修手册，对冷却系统进行基础检查，将检查结果填写在表 12-5 中。

表 12-5　检查记录

序号	项目	检查结果	处理方式
1	检查冷却系统各零件有无泄漏和损坏	□正常　□破损　□泄漏	
2	检查各软管有无裂纹或损坏	□正常　□破损　□裂纹	
3	检查各接头夹箍有无松动	□正常　□松动	
4	检查储水箱冷却液液面高度	□正常　□低于　□高于	
5	检查冷却液质量，有无水垢沉积物、有无机油等	□正常　□沉积物　□机油	

（5）冷却系统的分解检查

参考维修手册，按照标准流程分解和检修冷却系统，并将相关内容记录在表 12-6 中。

表 12-6 冷却系统分解检查记录

序号	项目	内容	操作记录	
1	检查水泵	放掉冷却液	是否清除干净：是□ 否□	
		脱开散热器、取暖器的进水和出水软管	是否完成：是□ 否□	
		脱开正时带	是否完成：是□ 否□	
		拆下冷却液进水壳，拆下水泵	是否完成：是□ 否□	
		转动带轮和水泵轴，检查水泵轴承转动是否平稳和有无噪声	平稳□ 转动不顺□ 有噪声□	
2	检查节温器	将节温器浸没在水中，逐渐加热，温度达到 80～90 ℃	温度：	旁通阀：打开□ 关闭□
		温度达到 95 ℃以上	温度：	旁通阀：打开□ 关闭□
		节温器是否符合要求	符合□ 不符合□	
3	检查散热器	用水或蒸汽清洗散热器	是否清除干净：是□ 否□	
		将散热器盖装在散热器试验器的泵滴上		
		保持试验器与水平位置夹角大于 30°	夹角：	
		以恒定速度运转泵试验器，测量溢流阀开启的压力	压力：	标准值：
		散热器是否符合要求	符合□ 不符合□	
4	检查漏水	安装上散热器盖试验器	是否完成：是□ 否□	
		发动机预热到工作温度	温度：	
		泵试验压力	压力：	
		检查压力是否下降	保持不变□ 下降□	
		是否漏水	漏水则检查：	
			不漏水则检查：	

（二）冷却液温度传感器的检测

1. 知识学习

（1）冷却液温度传感器的作用、结构和安装位置

冷却液温度传感器又称为水温传感器，用于检测发动机冷却水的温度变化，向ECU传递信号，ECU根据输入的信号来对喷射时间进行修正，调整空燃比，使进入发动机内的混合气能稳定地燃烧。

冷却液温度传感器的结构如图12-11所示，由封闭在金属盒内的负温度系数热敏电阻构成，利用电阻值的变化来检测冷却水的位置。

水温传感器一般安装在发动机缸体、缸盖的水套或节温器内。

微课 冷却液温度传感器工作原理与故障分析

（2）冷却液温度传感器的工作原理

冷却液温度传感器的工作特性如图12-12所示。

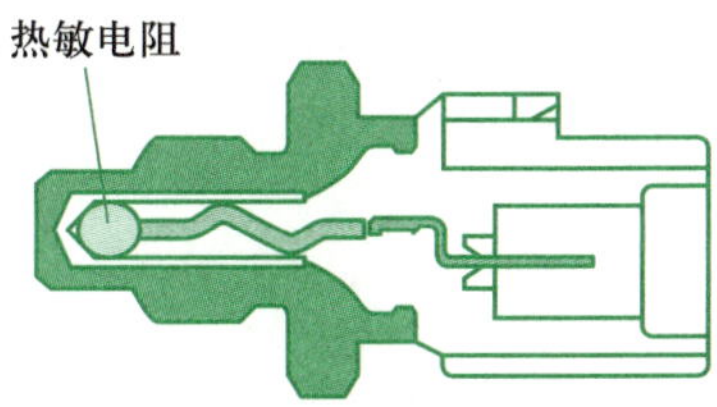

图12-11　冷却液温度传感器的结构

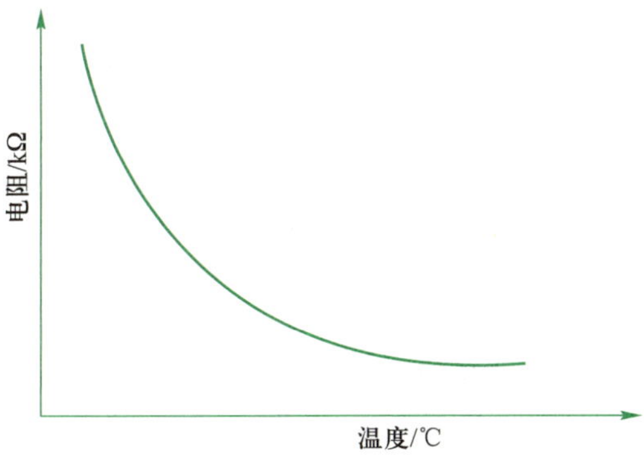

图12-12　冷却液温度传感器的工作特性

当环境温度较低的条件下起动发动机时，冷却液温度传感器的热敏电阻阻值较大，ECU接收到低温信号，给喷油器做较多额外喷油的指令，使喷油器多喷油；当发动机冷却水的温度逐渐升高时，热敏电阻的阻值逐渐减少，从而ECU控制喷油器逐渐减少额外喷油。当温度达到指定温度，ECU控制喷油器进行正常喷油，发动机进入正常工作状态。

（3）冷却液温度传感器的电气图

查阅相关手册可知，冷却液温度传感器与ECU连接的电气图如图12-13所示。

（4）冷却液温度传感器的故障检测思路

当冷却液温度传感器出现故障时，同样会出现混合气过浓或过稀，从而导致燃烧变坏，发动机工不稳定。如图12-14所示，一般从冷却液温度传感器电阻、冷却液温度传感器电压、冷却液温度传感器与ECU的连接线束通断等方面进行检测。

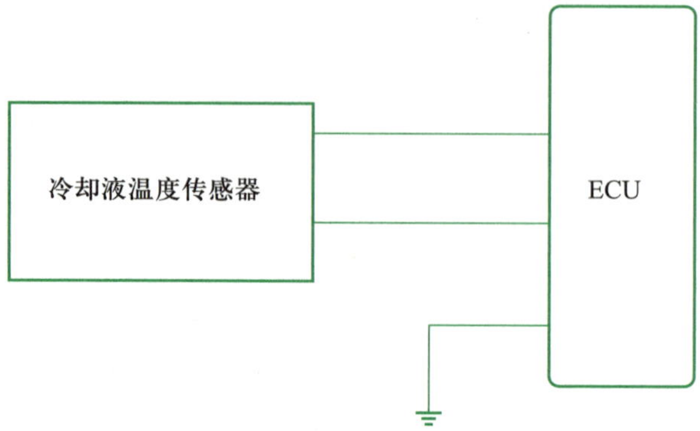

图 12–13　冷却液温度传感器的电气图

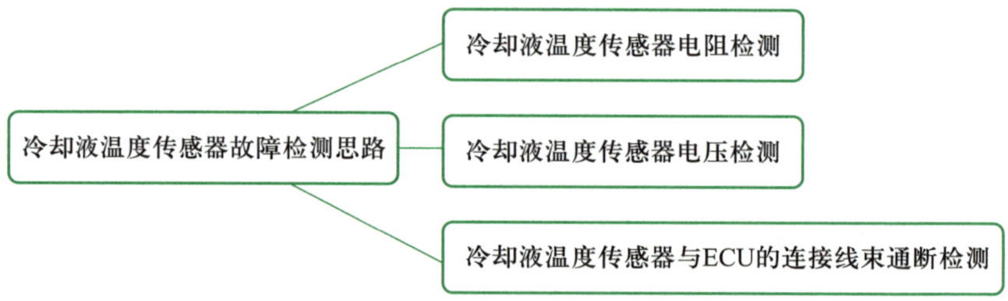

图 12–14　冷却液温度传感器的故障检测思路

2. 技能操作

（1）操作准备

准备技能操作所需的物料，如表 12–7 所示。

表 12–7　物料准备

类别	所需物料
教学整车 / 实训平台	新能源教学整车
设备、仪器、工具	高压安全防护用品、绝缘工具、绝缘扭力扳手、制冷剂 / 压缩空气、电吹风 / 热水、温度计、示波器

（2）冷却液温度传感器电阻检测

拆下传感器，对冷却液温度传感器升降温，使用温度计测量传感器的温度，并用万用表电阻挡测量传感器两端子间的电阻，升降温分别测量 10 组数值。最后将结果记录在表 12–8 中，并在图 12–15 中画出工作特性曲线。

（3）冷却液温度传感器电压检测

拔下传感器插头，接通点火开关，使用万用表电压挡测量插头上 ECU 连接器 THA 端子与 E2 端子之间的电压，将结果记录在表 12–9 中。

表 12-8　电阻值检测

序号	项目	内容	操作记录		
1	加热	加热冷却液温度传感器并测量电阻值	工具：	温度 1：	阻值 1：
				温度 2：	阻值 2：
				温度 3：	阻值 3：
				温度 4：	阻值 4：
				温度 5：	阻值 5：
2	冷却	冷却冷却液温度传感器并测量电阻值	工具：	温度 1：	阻值 1：
				温度 2：	阻值 2：
				温度 3：	阻值 3：
				温度 4：	阻值 4：
				温度 5：	阻值 5：

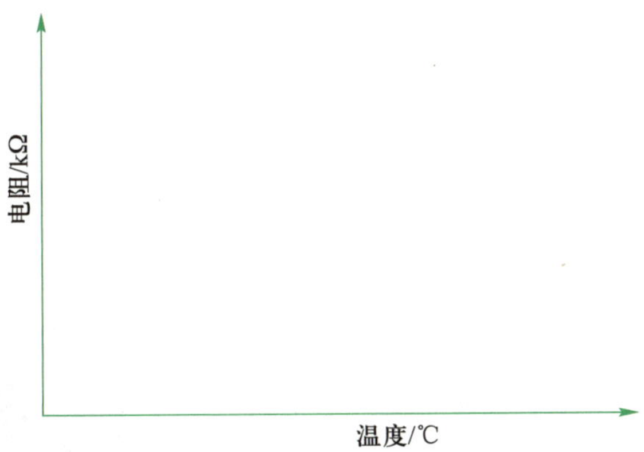

图 12-15　冷却液温度传感器工作特性曲线

表 12-9　电压值检测（1）

项目	内容	操作记录	
电压检测	拔下传感器插头，接通点火开关	测量值：	□正常　□不正常

插回插头，起动发动机，使用万用表电压挡测量冷却液温度传感器信号线或ECU 信号线端子和地线端子，将结果记录在表 12-10 中。

表 12-10 电压值检测（2）

序号	项目	内容	操作记录			
1	电压检测	插回插头，起动发动机，加热冷却液温度传感器，测量电压	工具：	温度 1：	电压 1：	电压变化情况：
				温度 2：	电压 2：	
				温度 3：	电压 3：	
2	电压检测	插回插头，起动发动机，冷却冷却液温度传感器，测量电压	工具：	温度 1：	电压 1：	电压变化情况：
				温度 2：	电压 2：	
				温度 3：	电压 3：	

（4）冷却液温度传感器与 ECU 的连接线束通断检测

用万用表测量传感器与 ECU 间的连接线束的通断情况，将结果记录在表 12-11 中。

表 12-11 线束通断检测

项目	内容	操作记录	
通断检测	测量信号端子间的电阻	测量值：	□正常 □不正常
	测量地线间的电阻	测量值：	□正常 □不正常

（三）冷却风扇检查

1. 知识学习

（1）冷却风扇的作用、结构、分类

冷却风扇的功用是使冷却空气在风道内不断流动，提高流经散热器的空气流速和流量，从而带走发动机和散热器内的热量，增强散热能力，其结构如图 12-16 所示。

发动机的风扇通常装在散热器的后面，与水泵同轴，将螺钉紧固在水泵轴前端的带轮或凸缘盘上。

图 12-16 冷却风扇

冷却风扇的控制方式主要有电动冷却风扇系统和硅油风扇离合器系统两种。其中电动冷却风扇系统一般由温度感应器、风扇、电动机和电动机控制开关组成。

发动机的电动冷却风扇系统的控制开关由散热器的冷却液温度控制。当车辆低速、大负荷运转，冷却液温度超过阈值需要冷却时，自动打开开关，带动风扇旋转。在一般行驶条件下，电动冷却风扇不工作。即发动机的风扇可以断续工作，提高了整车的经济性。

（2）冷却风扇的工作原理

如图 12–17 所示，冷却风扇受整车控制单元（VCU）控制，冷却风扇工作时，整车控制单元（VCU）控制冷却风扇在一定的占空比范围内匹配不同挡位的速度工作，以满足不同的冷却负荷要求。

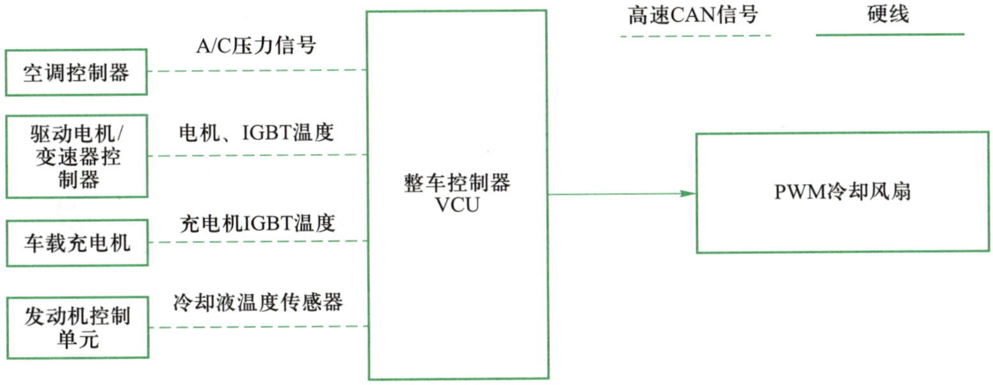

图 12–17　冷却系统冷却风扇的控制原理

① 冷却风扇开启条件：冷却风扇开启取决于压缩空气压力信号和冷却液温度这两个重要因素。当发动机转速提高或冷却液温度高于规定阈值（通常为 52 ℃）时，冷却风扇开始工作。

② 冷却风扇停止工作条件：如果冷却液温度低于规定阈值（通常为 65 ℃），并且无加速信号时，冷却风扇停止工作。

点火开关关闭，加速信号关闭，冷却液温度高于规定阈值（通常为 65 ℃），冷却风扇继续工作，如果环境温度低于 10 ℃，冷却风扇会工作 30 s 左右，环境温度高于 10 ℃，冷却风扇会工作更长时间。

2. 技能操作

（1）操作准备

准备技能操作所需的物料，如表 12–12 所示。

表 12–12　物料准备

类别	所需物料
教学整车 / 实训平台	新能源教学整车
设备、仪器、工具	高压安全防护用品、绝缘工具、绝缘扭力扳手、诊断仪、万用表等

（2）读取故障码

用诊断仪读取车辆故障码，将故障码填写在表 12-13 中，并根据故障码进行分析。

表 12-13　车辆故障码记录表

序号	故障码	故障码描述	是否正常	维修意见
1			是□　否□	
2			是□　否□	

（3）读取数据流

用诊断仪读取数据流，将数据流填写在表 12-14 中，并根据数据流进行分析。

表 12-14　数据流信息

序号	控制单元	名称	当前值 / 状态	标准值 / 状态	是否正常
1					是□　否□
2					是□　否□
3					是□　否□

（4）电动冷却风扇的检查

① 电动冷却风扇的就车检查。参考维修手册，就车检查冷却风扇，并将相关内容记录在表 12-15 中。

表 12-15　就车检查记录

序号	项目内容	操作记录
1	冷却温度在 85 ℃以下时，将点火开关转至“ON”位置，检查风扇是否转动	转动□　不转动□
		检查风扇继电器：
		检查温度开关：
		检查隔离连接器或配线：
2	脱开温度开关连接器，检查风扇是否转动	转动□　不转动□
		检查风扇继电器：
		检查风扇电动机：
3	脱开温度开关连接器，检查风扇是否转动	检查点火继电器：
		检查熔丝：
		检查是否短路：

续表

序号	项目内容	操作记录
4	安装温度开关连接器，起动发动机，保持冷却液温度升高到 95 ℃以上，检查风扇是否转动	冷却液温度：
		风扇：转动□　不转动□

② 电动冷却风扇的检查。参考维修手册，按照标准流程检查电动冷却风扇，并将相关内容记录在表 12–16 中。

表 12–16　电动冷却风扇检查记录

序号	项目	内容	操作记录
1	检查冷却风扇温度开关	冷却液温度高于 95 ℃时	导通□　不导通□
		冷却液温度低于 85 ℃时	导通□　不导通□
2	检查冷却风扇继电器	检查两端子之间是否导通	导通□　不导通□
3	检查风扇电动机	将蓄电池和安培表连接风扇电动机连接器的端子	转动□　不转动□
		检查电动机是否转动平顺	
		测量电流值	电流：
4	检查风扇电阻器	检查连接器端子之间是否导通	导通□　不导通□
		测量电阻值	电阻：
5	选择与添加冷却液	选择合适的冷却液	规格：
		冷却液添至膨胀水箱上标注的上线和下线之间	是否合适：是□　否□
		运转发动机至风扇转动，再次检查冷却液面并予以补充	

四、检查评估

对本任务的学习情况进行检查，并将相关内容填写在表 12–17 中。

表 12-17　检查表

检查项目	检查结果	结果点评
冷却系统部件检测		
是否正确完成故障码的读取作业	是□　否□	
是否正确完成数据流的读取作业	是□　否□	
是否正确完成冷却系统一般检查作业	是□　否□	
是否正确完成冷却系统拆卸作业	是□　否□	
冷却液温度传感器的检测		
是否正确完成冷却液温度传感器电阻的检测作业	是□　否□	
是否正确完成冷却液温度传感器电压的检测作业	是□　否□	
冷却风扇检查		
是否正确完成故障码的读取作业	是□　否□	
是否正确完成数据流的读取作业	是□　否□	
是否正确完成电动冷却风扇就车检查作业	是□　否□	
是否正确完成电动冷却风扇检查作业	是□　否□	
整理及恢复		
工具、设备是否整理恢复	是□　否□	
实训工位是否打扫干净	是□　否□	
工作页是否填写完整	是□　否□	

五、任务小结

本任务小结如图 12-18 所示。

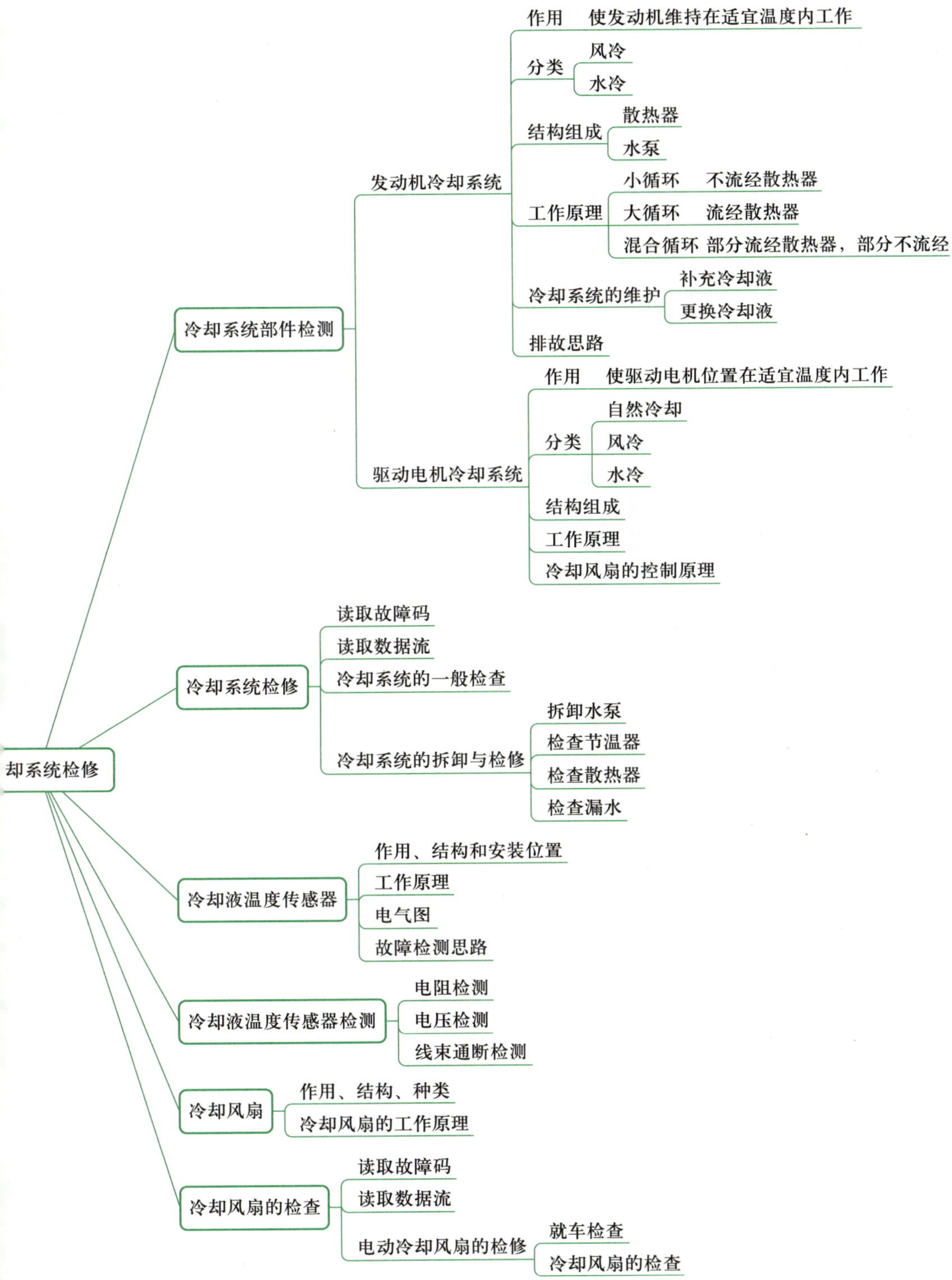
却系统检修
冷却系统部件检测
发动机冷却系统
作用　使发动机维持在适宜温度内工作
分类
风冷
水冷
结构组成
散热器
水泵
工作原理
小循环　不流经散热器
大循环　流经散热器
混合循环 部分流经散热器，部分不流经
冷却系统的维护
补充冷却液
更换冷却液
排故思路
驱动电机冷却系统
作用　使驱动电机位置在适宜温度内工作
分类
自然冷却
风冷
水冷
结构组成
工作原理
冷却风扇的控制原理
冷却系统检修
读取故障码
读取数据流
冷却系统的一般检查
冷却系统的拆卸与检修
拆卸水泵
检查节温器
检查散热器
检查漏水
冷却液温度传感器
作用、结构和安装位置
工作原理
电气图
故障检测思路
冷却液温度传感器检测
电阻检测
电压检测
线束通断检测
冷却风扇
作用、结构、种类
冷却风扇的工作原理
冷却风扇的检查
读取故障码
读取数据流
电动冷却风扇的检修
就车检查
冷却风扇的检查

图 12-18　任务小结

情境三
混动系统综合故障检修

一、情境介绍

混动系统故障包括但不限于混动发动机机械部件故障、混动发动机电控系统故障、混动传动系统机械故障和混动传动系统电控系统故障等。作为一名专业的新能源汽车技术服务人员，必须掌握和精通排除混动系统综合故障的手段、工具运用、测量方法、排除故障思路等。本情景面向混动系统综合故障检修的知识学习，包括混动发动机综合故障检修、混动传动系统综合故障检修、混动控制系统综合故障检修 3 个任务。

主要的学习内容有行星齿轮组的检测、行星齿轮的电控系统检修、混动发动机起动故障检修、混动发动机功率异常故障检修、混动发动机怠速异常故障检修、混动系统综合数据流分析等。

二、情境目标

◇ 能够参照维修手册的技术规范，按照操作流程和检修要求，规范完成混动传动系统部件检测、拆装、检修作业。

◇ 能够参照维修手册的技术规范，按照操作流程和检修要求，规范完成混动发动机系统部件检测、拆装、检修作业。

◇ 能根据混动系统总成的结构、原理，规范进行混动系统故障原因分析、故障诊断和排除。

3

任务十三　混动发动机综合故障检修

一、任务导入

场景：某品牌新能源汽车售后维修车间。

人物：维修技师李师傅、车主郭女士。

情节：郭女士的车辆无法起动被拖到了维修车间，李师傅检查后发现，按下起动开关后，组合仪表无 READY 字样显示，无动力蓄电池电量、续驶里程显示，车辆无法起动，车辆故障指示灯、发动机故障指示灯点亮。李师傅判断是发动机电控系统出现故障，导致车辆无法起动。本任务将对发动机电子控制系统综合故障进行排除。

二、任务目标

◇ 能根据故障检测流程，使用诊断仪、万用表等工具，规范完成发动机不能起动或起动困难故障的诊断与检修。

◇ 能根据故障检测流程，使用诊断仪、万用表等工具，规范完成发动机动力不足、无法加速故障的诊断与检修。

◇ 能根据故障检测流程，使用诊断仪、万用表等工具，规范完成发动机怠速不稳故障的诊断与检修。

三、任务实施

（一）发动机不能起动或起动困难故障诊断与维修

1. 知识学习

（1）混合动力发动机常见故障

按照工作原理分类，发动机电子控制系统故障主要有发动机不能起动或起动困难、发动机运转无力、发动机怠速不稳、性能间歇性异常、加速无力等。

各类故障对应的故障现象及其原因如表 13-1 所示。

（2）发动机不能起动或起动困难故障检测流程

查阅维修手册，发动机不能起动或起动困难故障检测流程如图 13-1 所示。

微课

发动机不能起动故障检测流程

3

表 13-1 发动机电子控制系统故障现象及其原因

序号	故障类型	故障现象	故障原因（举例）
1	发动机动力不足无法加速	加速时转速偏低或熄火	（1）燃油压力低，供油不畅； （2）点火系统不良或点火时间过晚 （3）空气流量传感器或进气压力传感器信号失准； （4）气缸压缩力不足
		加速时反应慢	
		加速时无力，加速性能差	
2	发动机间歇性故障	加速时车辆顿挫、抖动	（1）接头松动； （2）点火系统故障，高压火花异常； （3）真空管漏气 （4）个别电子元件虚接
		匀速时车辆顿挫、抖动	
3	发动机不能起动或起动困难	起动时，发动机不转或转动缓慢	（1）蓄电池电源故障； （2）起动机故障； （3）点火开关故障； （4）线路故障； （5）燃油供油不足、油路堵塞； （6）喷油器及其控制回路不良； （7）火花塞故障或点火时间不恰当； （8）进气系统漏气，混合气太稀
		起动时，发动机可以拖转但不能成功	
		热车起动困难	
		冷车起动困难	
		转速正常，任何时候均起动困难	
4	发动机怠速不稳	起动正常，任何时候均怠速不稳	（1）氧传感器不良； （2）冷却液温度传感器不良； （3）废气再循环系统不良； （4）点火系统不良或点火时间不当； （5）冷起动喷油器漏油或各缸喷油器喷油不均； （6）进气系统漏气，混合气过稀
		起动正常，暖机过程中怠速不稳	
		起动正常，暖机结束后怠速不稳	
		起动正常，部分负荷（如开空调）下怠速不稳或熄火	
		起动正常，怠速过高	

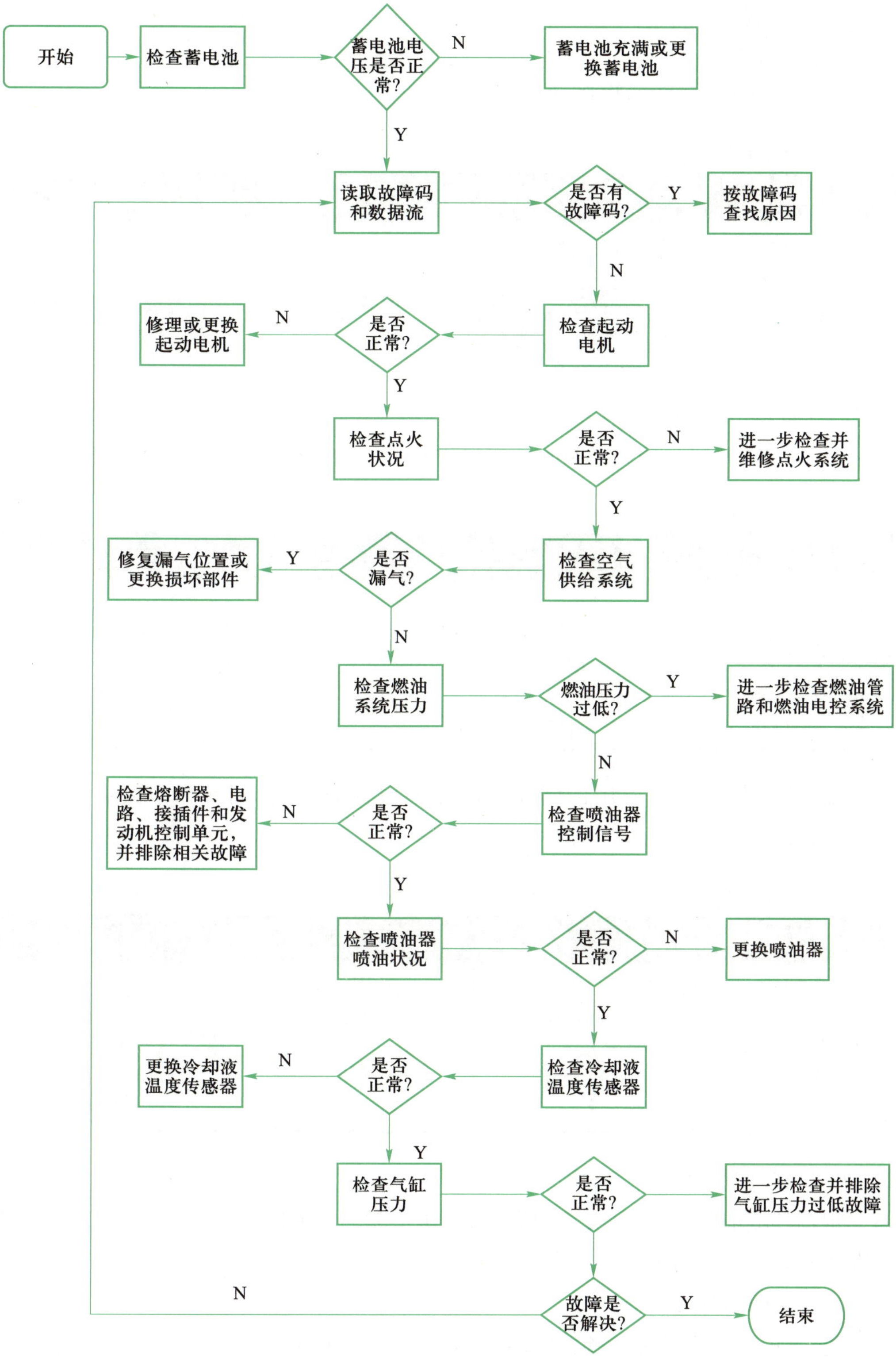

图 13-1　发动机不能起动或起动困难故障检测流程

2. 技能操作

（1）操作准备

准备技能操作所需的物料，如表 13-2 所示。

表 13-2　物料准备

类别	所需物料
实训平台	新能源教学整车
仪器、设备、工具	维修手册、高压安全防护用品、绝缘工具、绝缘扭力扳手、万用表、诊断仪、燃油压力表

（2）读取故障信息

① 读取故障码。使用诊断仪读取故障码，将相关内容填写在表 13-3 中。

表 13-3　故障码信息

序号	故障码	故障码描述
1		
2		
3		

② 读取数据流。使用诊断仪读取相关数据流，分析判断异常数据，填写在表 13-4 中。

表 13-4　数据流记录

序号	系统	名称	当前值	正常值	是否正常
1					是□　否□
2					是□　否□
3					是□　否□

（3）制订维修方案

根据读取的故障信息，参考电路图，分析可能的故障原因及故障点，并制订维修方案，完成表 13-5 的填写。

（4）故障检测与维修

① 蓄电池电压检测。检测蓄电池的电压值，判断是否亏电或损坏，将结果填写在表 13-6 中。

表 13-5 故障分析及维修方案

故障分析：可能的故障原因或故障点		
1		
2		
3		
维修方案 / 检测流程		
1		
2		
3		
4		
5		

表 13-6 蓄电池电压检测记录

检测项目	检测值	正常值	是否一致
蓄电池电压值			是□ 否□

② 起动电机检测。使用万用表对起动电机进行检测，完成表 13-7 的填写。

表 13-7 起动电机检测记录

序号	检测项目	检测点	标准状态	检测状态	处理方式
示例	起动电机线束连接情况	起动电机线束	正常连接	线束脱出	更换线束
1	起动电机工作状态	起动电机运转声音	运转顺畅	卡死	修理或更换起动电机
2		起动电机运转震动			
3	起动电机电压	正极接线柱	大于 8 V	小于 8 V	修复或更换线束
4	起动电机电阻	正极接线柱			
5	起动电机电磁开关性能检测	起动电机电磁开关			

③ 点火系统检测。检查点火系统状况是否良好，将结果记录在表 13-8 中。

表 13-8　点火系统检测记录

序号	检测项目	检测点	标准状态	检测状态	处理方式
示例	火花塞点火状况	火花塞	有高压火花	无高压火花	检修点火系统
1	点火线圈检测	点火线圈			
2	点火正时检测	点火正时			

④ 空气供给系统检测。检查空气供给系统部件及各部件的连接是否存在泄漏，并完成表 13-9 相关内容的填写。

表 13-9　空气供给系统检测记录

序号	检测项目	检测点	标准状态	检测状态	处理方式
示例	进气歧管是否泄漏	进气歧管及其连接处	无泄漏	有泄漏	更换进气歧管或修复泄漏处
1	空气滤清器是否脏污	空气滤清器滤芯			
2	节气门是否脏污	节气门			
3	各连接件是否有泄漏				
4	各连接件是否有泄漏				
5	各连接件是否有泄漏				

⑤ 燃油系统检测。检查燃油压力，若燃油压力低，则对燃油系统进一步检测。外接燃油压力表进行检测，并完成表 13-10 相关内容的填写。

表 13-10　燃油压力检测记录

检测项目	内容	标准状态	检测状态	处理方式
燃油压力检测	外接燃油压力表检测燃油压力			

⑥ 喷油器检测。检查喷油器的控制信号和喷油器是否存在堵塞、滴油或喷油颗粒雾化不良等异常，并完成表 13-11 相关内容的填写。

表 13-11　喷油器检测记录

序号	检测项目	内容	标准状态	检测状态	处理方式
1	喷油器控制信号	检测插头搭铁及供电			
2	喷油器喷油状况	检查喷油器是否堵塞			
3		检查喷油器是否滴油			
4		检查是否有喷油颗粒			
5		检查是否有雾化不良			

⑦ 冷却液温度传感器检测。检查冷却液温度传感器是否存在异常，并完成表 13-12 相关内容的填写。

表 13-12　冷却液温度传感器检测记录

序号	检测项目	内容	标准状态	检测状态	处理方式
1	冷却液温度传感器电阻检测				
2	冷却液温度传感器信号检测				
3	冷却液温度传感器电压检测				

（5）维修结果检验

维修完成后，对车辆进行检查，并完成表 13-13 相关内容的填写。

表 13-13　维修结果检验记录

序号	检测项目	内容	标准状态	检测状态	处理方式
1	故障信号确认	观察仪表盘故障信号装置是否点亮	否		
2	故障码确认	使用诊断仪确认故障码是否被清除	是		
3	数据流确认	使用诊断仪确认数据流是否正常	是		

（二）发动机动力不足，无法加速故障诊断与维修

1. 知识学习

发动机动力不足，无法加速故障检测流程如图 13-2 所示。

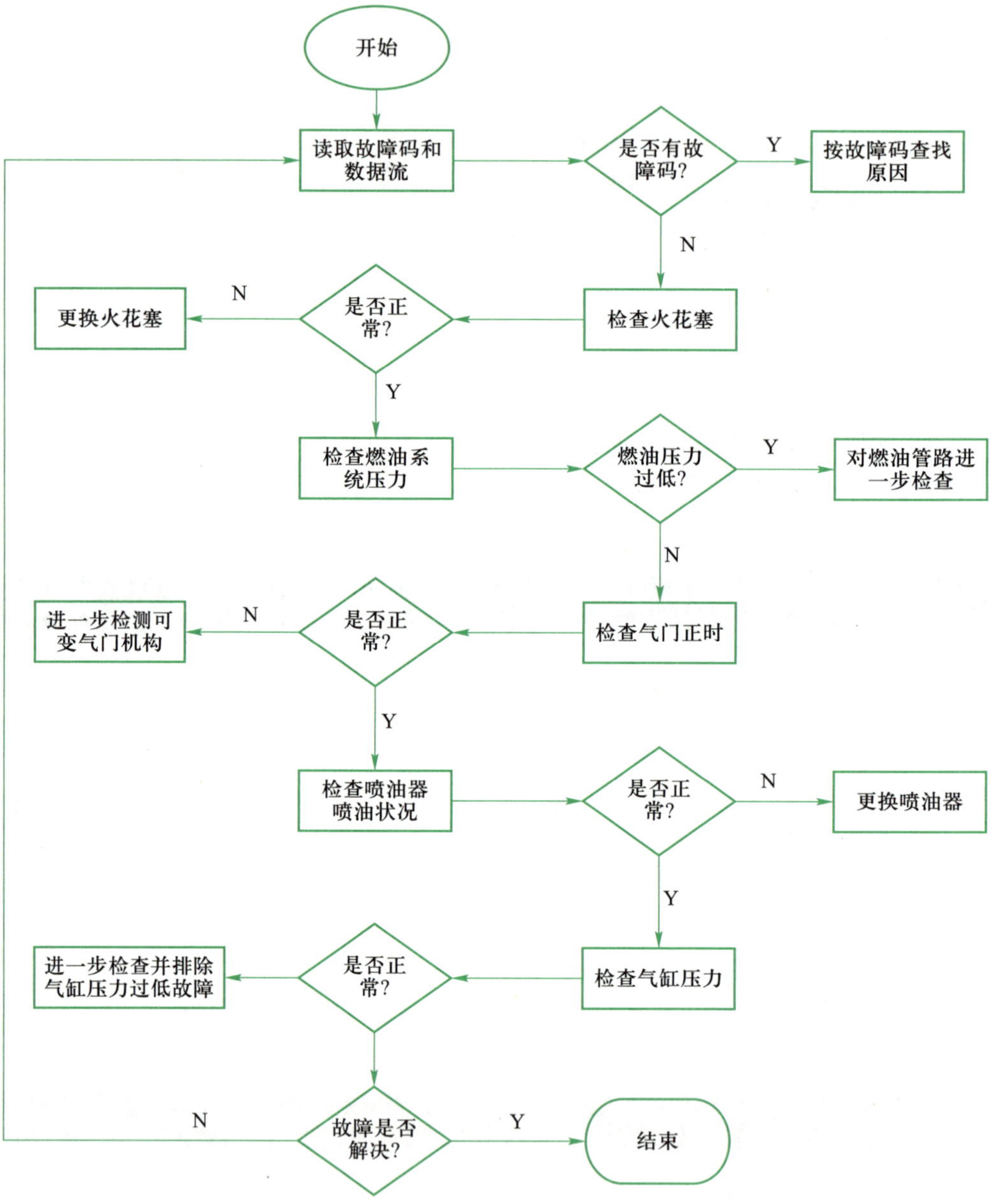

图 13-2　发动机动力不足，无法加速故障检测流程

2. 技能操作

（1）操作准备

准备技能操作所需的物料，如表 13-14 所示。

表 13-14　物料准备

类别	所需物料
实训平台	新能源教学整车
仪器、设备、工具	维修手册、高压安全防护用品、绝缘工具、绝缘扭力扳手
	万用表、诊断仪、燃油压力表、气缸压力表

（2）读取故障信息

① 读取故障码。使用诊断仪读取故障码，将相关内容填写在表 13-15 中。

表 13-15　故障码信息

序号	故障码	故障码描述
1		
2		
3		

② 读取数据流。使用诊断仪读取相关数据流，分析判断异常数据，填写在表 13-16 中。

表 13-16　数据流记录

序号	系统	名称	当前值	正常值	是否正常
1					是□　否□
2					是□　否□
3					是□　否□

（3）制订维修方案

根据读取的故障信息，参考电路图，分析可能的故障原因及故障点，并制订维修方案，完成表 13-17 的填写。

表 13-17　故障分析及维修方案

<table>
<tr><th colspan="3">故障分析：可能的故障原因或故障点</th></tr>
<tr><td>1</td><td colspan="2"></td></tr>
<tr><td>2</td><td colspan="2"></td></tr>
<tr><td>3</td><td colspan="2"></td></tr>
<tr><th colspan="3">维修方案 / 检测流程</th></tr>
<tr><td>1</td><td></td><td></td></tr>
<tr><td>2</td><td></td><td></td></tr>
</table>

续表

维修方案 / 检测流程		
3		
4		
5		

（4）故障检测与维修

① 点火系统检测。检查点火系统状况是否良好，将结果记录在表 13–18 中。

表 13–18　点火系统检测记录

序号	检测项目	检测点	标准状态	检测状态	处理方式
示例	火花塞点火状况	火花塞	有高压火花	无高压火花	检修点火系统
1	点火线圈检测	点火线圈			
2	点火正时检测	点火正时			

② 燃油系统检测。检查燃油压力，若燃油压力低，则对燃油管路进一步检测。外接燃油压力表进行检测，并完成表 13–19 相关内容的填写。

表 13–19　燃油压力检测记录

检测项目	内容	标准状态	检测状态	处理方式
燃油压力检测	外接燃油压力表检查燃油压力			

③ 气门正时检测。检查电子节气门体是否存在积炭，线路是否正常，将结果记录在表 13–20 中。

表 13–20　节气门检测记录

序号	检测项目	检测点	标准状态	检测状态	处理方式
示例	电子节气门体外观	电子节气门体顶端	无积炭	有积炭	检修点火系统
1	电子节气门体输入电压				
2	电子节气门体输出信号电压				
3	电子节气门体电阻				

④ 喷油器检测。检查喷油器的控制信号和喷油器是否存在堵塞、滴油或喷油颗粒雾化不良等异常，并完成表 13–21 相关内容的填写。

表 13-21 喷油器检测记录

序号	检测项目	内容	标准状态	检测状态	处理方式
1	喷油器控制信号	检测插头搭铁及供电			
2	喷油器喷油状况	检查喷油器是否堵塞			
		检查喷油器是否滴油			
		检查是否有喷油颗粒			
		检查是否有雾化不良			

⑤ 气缸压力检测。检查各缸的气缸压力是否偏低，并完成表 13-22 相关内容的填写。

表 13-22 气缸压力检测记录

序号	检测项目	标准状态	检测状态	处理方式
1	气缸 1 压力			
2	气缸 2 压力			
3	气缸 3 压力			
4	气缸 4 压力			

（5）维修结果检验

维修完成后，对车辆进行检查，并完成表 13-23 相关内容的填写。

表 13-23 维修结果检验记录

序号	检测项目	内容	标准状态	检测状态	处理方式
1	故障信号确认	观察仪表盘故障信号装置是否点亮	否		
2	故障码确认	使用诊断仪确认故障码是否被清除	是		
3	数据流确认	使用诊断仪确认数据流是否正常	是		

（三）发动机怠速不稳故障诊断与维修

1. 知识学习

发动机怠速不稳故障检测流程如图 13-3 所示。

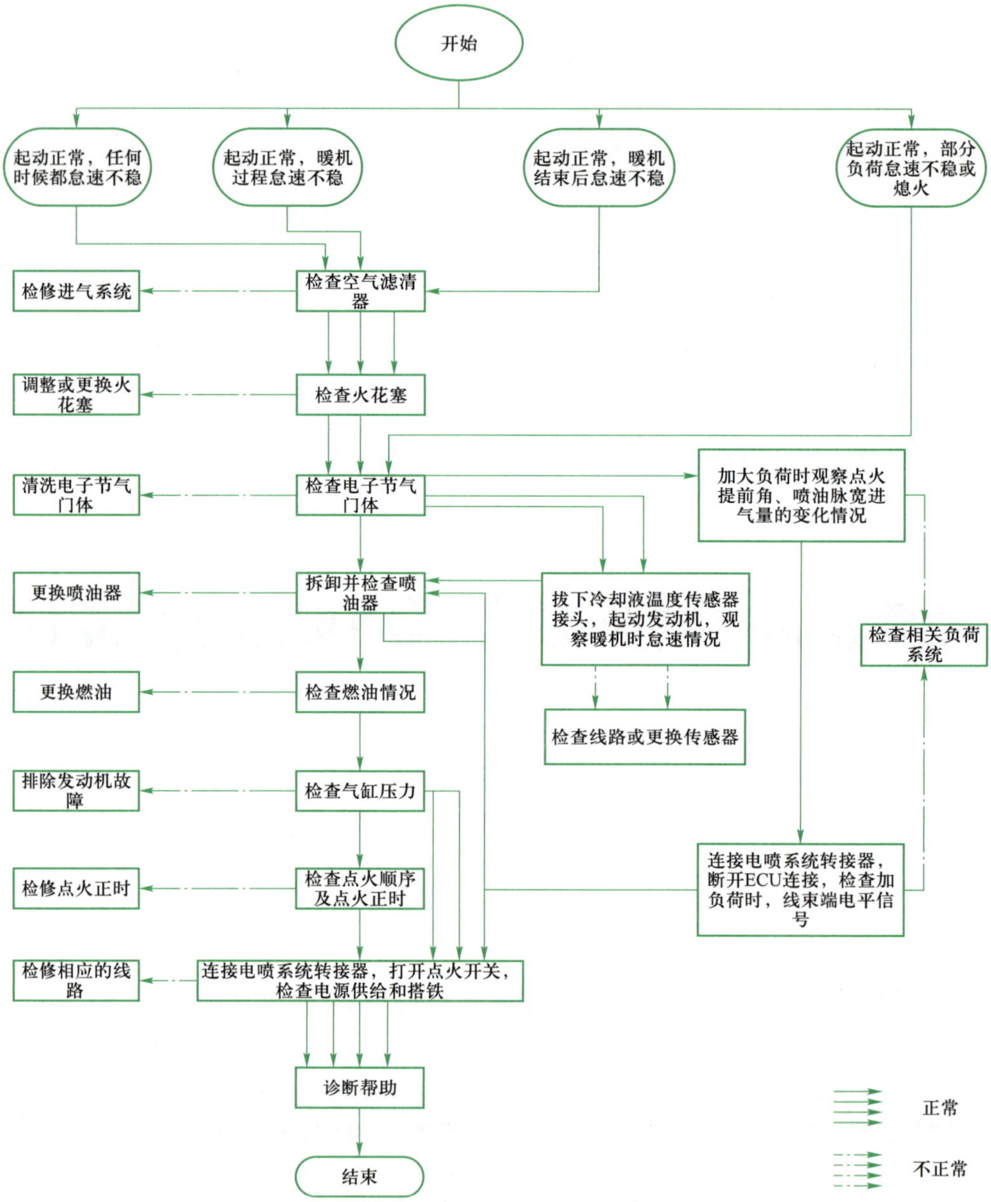

图 13-3　发动机怠速不稳故障检测流程

2. 技能操作

（1）操作准备

准备技能操作所需的物料，如表 13-24 所示。

表 13-24　物料准备

类别	所需物料
实训平台	新能源教学整车
仪器、设备、工具	维修手册、高压安全防护用品、绝缘工具、绝缘扭力扳手
	万用表、诊断仪、塞尺、燃油压力表、气缸压力表、气门正时检测仪

（2）读取故障信息

① 读取故障码。使用诊断仪读取故障码，将相关内容填写在表 13-25 中。

表 13-25　故障码信息

序号	故障码	故障码描述
1		
2		
3		

② 读取数据流。使用诊断仪读取相关数据流，分析判断异常数据，填写在表 13-26 中。

表 13-26　数据流记录

序号	系统	名称	当前值	正常值	是否正常
1					是□　否□
2					是□　否□
3					是□　否□

（3）制订维修方案

根据读取的故障信息，参考电路图，分析可能的故障原因及故障点，并制订维修方案，完成表 13-27 的填写。

表 13-27　故障分析及维修方案

故障分析：可能的故障原因或故障点	
1	
2	
3	

续表

维修方案 / 检测流程		
1		
2		
3		
4		
5		

（4）故障检测与维修

① 检测火花塞。查阅维修手册，检查火花塞，并将检查结果记录到表 13-28 中。

表 13-28　火花塞检测记录

序号	检测项目	内容	标准状态	检测状态	处理方式
1	目视检查	检查火花塞表面颜色	无发白，变色		
		检查火花塞表面是否有油渍	无油渍		
		检查火花塞顶端与电极间是否有沉积物	无沉积物		
		检查表面是否有烧蚀	无烧蚀		
		检查火花塞的螺纹和绝缘垫片是否损坏	无损坏		
2	电阻检查	检查火花塞电极的绝缘情况	绝缘		
3	跳火检查	检查发动机起动时，火花塞跳火情况	无跳火		
4	电极间隙检查	检查火花塞电极间的间隙			

② 空气流量传感器检测。查阅维修手册，检查空气流量传感器，并完成表 13–29 中。

表 13–29 空气流量传感器检测记录

序号	检测项目	检测点	标准状态	检测状态	处理方式
示例	空气流量传感器外观	空气流量传感器内通道	干净、完整	表面油污	清洁元件及进气道
1	空气流量传感器供电电压				
2	空气流量传感器接地电阻				
3	空气流量传感器输出信号				

③ 电子节气门体检测。查阅维修手册，检查电子节气门体，并完成表 13–30。

表 13–30 电子节气门体检测记录

序号	检测项目	检测点	标准状态	检测状态	处理方式
示例	电子节气门体外观	电子节气门体顶端	无积炭	有积炭	检修点火系统
1	电子节气门体输入电压				
2	电子节气门体输出信号电压				
3	电子节气门体电阻				

④ 喷油器检测。检查喷油器的控制信号和喷油器是否存在堵塞、滴油或喷油颗粒雾化不良等异常，并完成表 13–31 相关内容的填写。

表 13–31 喷油器检测记录

序号	检测项目	内容	标准状态	检测状态	处理方式
1	喷油器控制信号	检测插头搭铁及供电			
2	喷油器喷油状况	检查喷油器是否堵塞			
		检查喷油器是否滴油			

续表

序号	检测项目	内容	标准状态	检测状态	处理方式
2	喷油器喷油状况	检查是否有喷油颗粒			
		检查是否有雾化不良			

⑤ 燃油系统检测。外接燃油压力表检测燃油压力，并完成表 13–32 相关内容的填写。

表 13–32　燃油压力检测记录

检测项目	内容	标准状态	检测状态	处理方式
燃油压力检测	外接燃油压力表检测燃油压力			

⑥ 气缸压力检测。检查各缸的气缸压力是否偏低，并完成表 13–33 相关内容的填写。

表 13–33　气缸压力检测记录

序号	检测项目	标准状态	检测状态	处理方式
1	1 缸压力			
2	2 缸压力			
3	3 缸压力			
4	4 缸压力			

⑦ 点火正时检测。检查点火正时，并将相关内容记录在表 13–34 中。

表 13–34　点火正时检测

序号	检测项目	内容	标准状态	检测状态	处理方式
1	观察正时闪光与正时标志是否对准	第一次观察	对准		
2		第二次观察	对准		
3		第三次观察	对准		

（5）维修结果检验

维修完成后，对车辆进行检查，并完成表 13–35 相关内容的填写。

表 13-35　维修结果检验记录

序号	检测项目	内容	标准状态	检测状态	处理方式
1	故障信号确认	观察仪表盘故障信号装置是否点亮	否		
2	故障码确认	使用诊断仪确认故障码是否被清除	是		
3	数据流确认	使用诊断仪确认数据流是否正常	是		

四、检查评估

对本任务的学习情况进行检查，并将相关内容填写在表 13-36 中。

表 13-36　检查表

检查项目	检查结果	结果点评
发动机无法起动或起动困难故障检测与维修		
是否准确检测出故障点	是□　否□	
故障点维修方式是否正确	是□　否□	
发动机动力不足，无法加速故障检测与维修		
是否准确检测出故障点	是□　否□	
故障点维修方式是否正确	是□　否□	
发动机怠速不稳故障检测与维修		
是否准确检测出故障点	是□　否□	
故障点维修方式是否正确	是□　否□	
整理及恢复		
工具、设备是否整理恢复	是□　否□	
实训工位是否打扫干净	是□　否□	
工作页是否填写完整	是□　否□	

五、任务小结

本任务小结如图 13-4 所示。

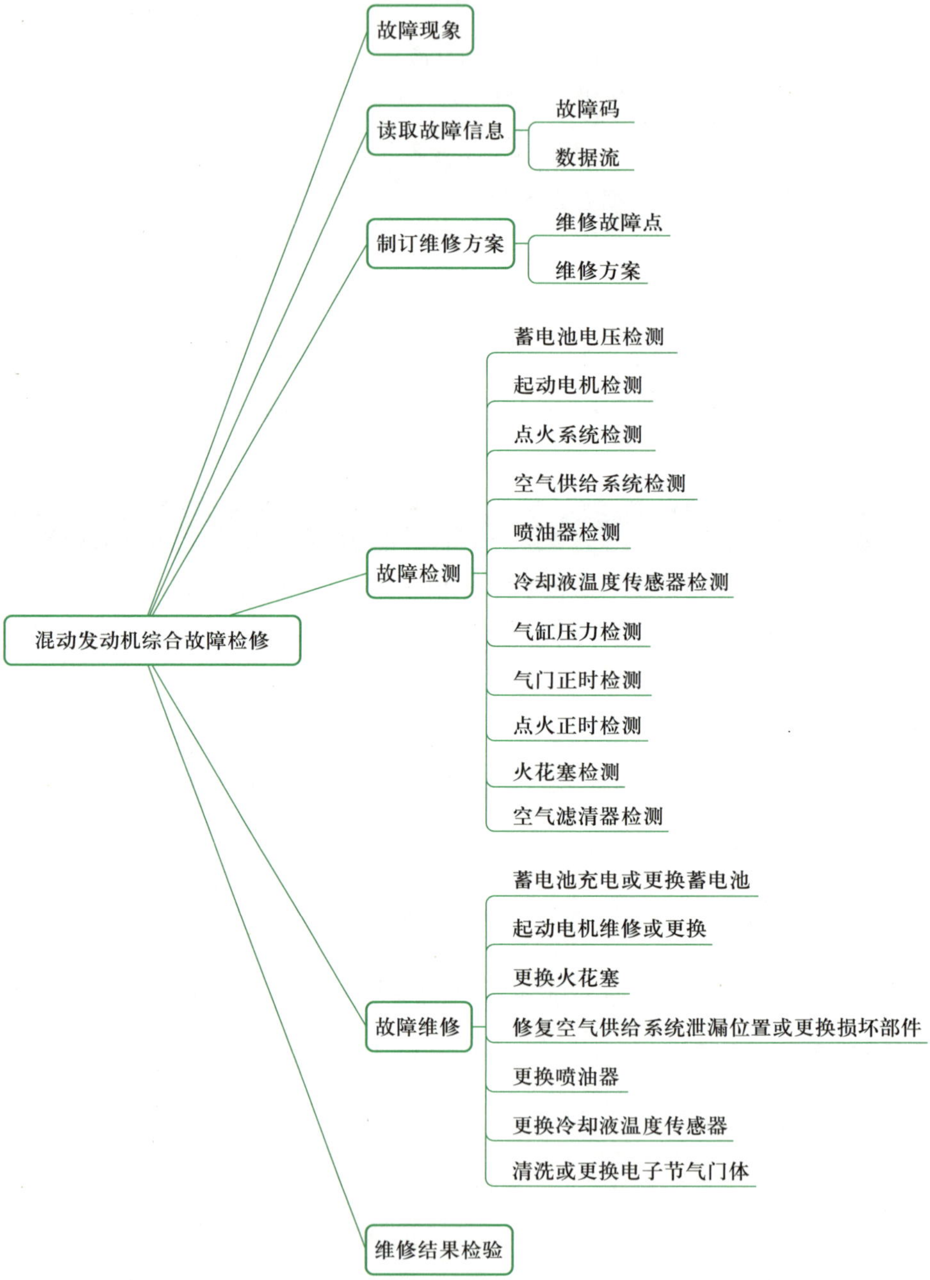

图 13-4　任务小结

任务十四　混动传动系统综合故障检修

一、任务导入

场景：某品牌新能源汽车售后维修中心。

人物：维修技师小刘、客户黄女士。

情节：黄女士的某品牌混动汽车在行驶约 49 000 km 时，有哐当哐当的声音，报发动机故障。经维修技师小刘初检后，判断为行星齿轮组异常导致，需要对行星齿轮组进行检修。

二、任务目标

◇ 能根据行星齿轮的结构原理，规范完成齿轮和行星架的检查作业。

◇ 能根据混动汽车行星齿轮的原理，规范完成数据流、故障码的检测作业。

三、任务实施

（一）行星齿轮组的检测

1. 知识学习

（1）行星齿轮组的作用和组成

动画　行星齿轮组的结构与组成

目前混动汽车常用行星齿轮组作为动力耦合装置调节电动机与发电机之间的关系。行星齿轮组如图 14–1 所示，其中中间齿轮是太阳轮，外圈是齿圈，第二层的小齿轮是行星轮，小齿轮上方的是行星架。太阳轮、齿圈、行星架分别连接 3 个动力输出或输入端。如果固定其中任何一个，那么另外两个相当于普通的齿轮咬合。如果固定其中两个，那么整个行星齿轮被锁死。此外，行星轮并不连接任何输入输出机构，它也一直是自由转动的，否则整个行星齿轮组都不能转动。连接动力的是行星架，行星架固定以后，行星轮只自转，但不围绕太阳轮公转。

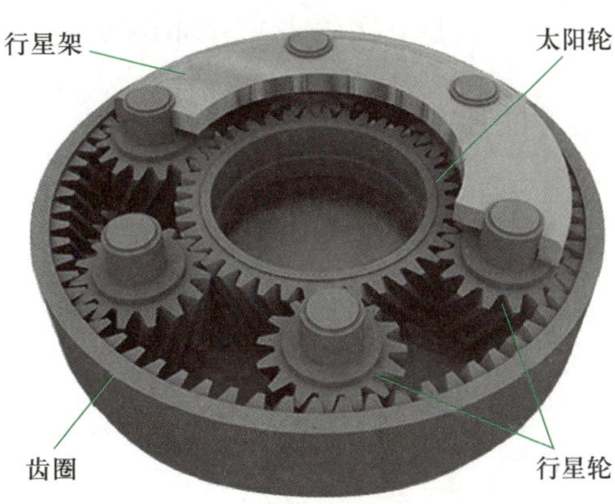

图 14–1　行星齿轮组

（2）行星齿轮组的构型

行星齿轮组的行星架、太阳轮、齿圈连接不同的动力总成（电机、发动机）时就能排列组合成不同的构型，如表 14-1 所示。

表 14-1　行星齿轮组的构型

序号	动力总成连接组合		缩略图
1	齿圈（上节点）	MG2	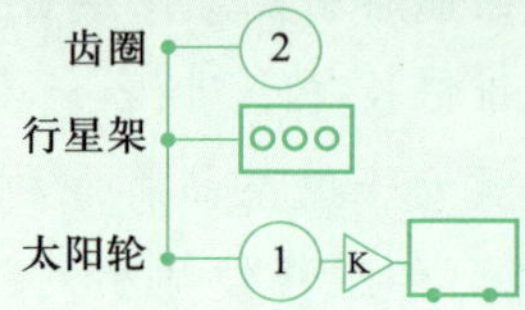
	行星架（中节点）	发动机	
	太阳轮（下节点）	MG1- 驱动轮	
2	齿圈（上节点）	发动机	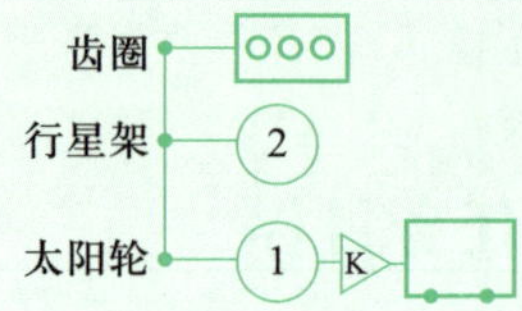
	行星架（中节点）	MG2	
	太阳轮（下节点）	MG1- 驱动轮	
3	齿圈（上节点）	驱动轮	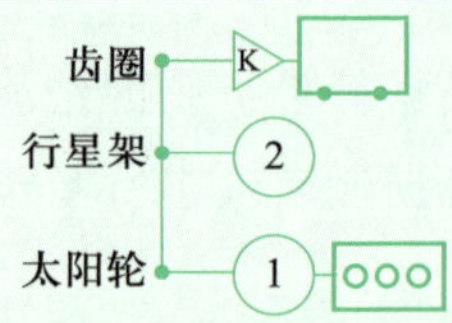
	行星架（中节点）	MG2	
	太阳轮（下节点）	MG1- 发动机	
4	齿圈（上节点）	MG2	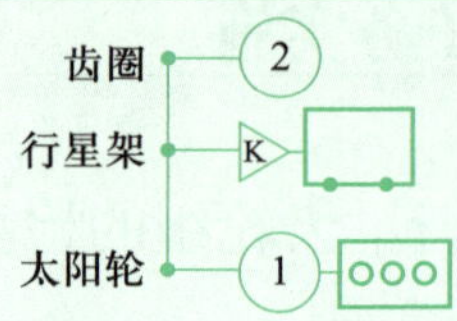
	行星架（中节点）	驱动轮	
	太阳轮（下节点）	MG1- 发动机	
5	齿圈（上节点）	MG2	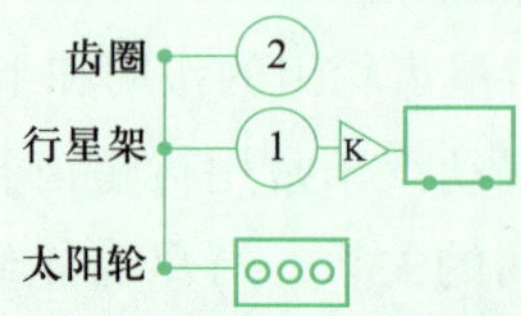
	行星架（中节点）	MG1- 驱动轮	
	太阳轮（下节点）	发动机	
6	齿圈（上节点）	发动机	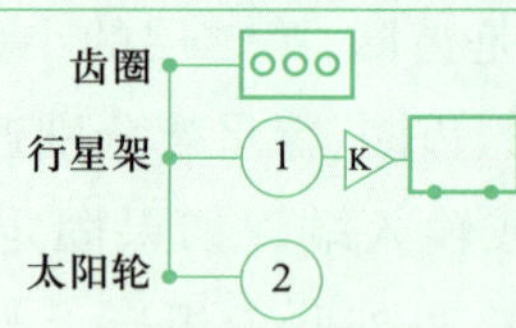
	行星架（中节点）	MG1- 驱动轮	
	太阳轮（下节点）	MG2	
7	齿圈（上节点）	驱动轮	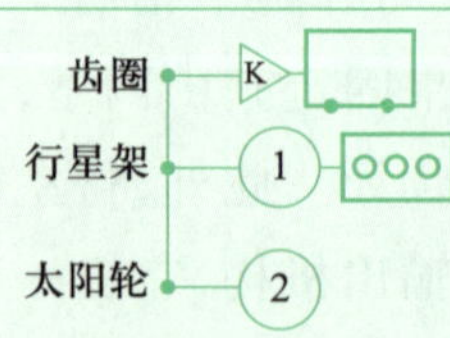
	行星架（中节点）	MG1- 发动机	
	太阳轮（下节点）	MG2	
8	齿圈（上节点）	MG2	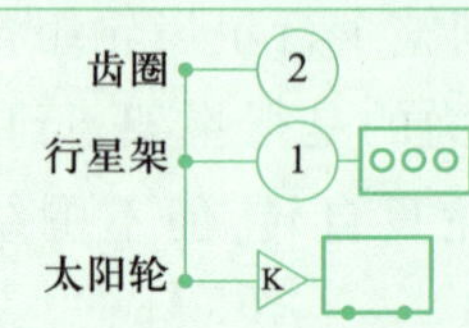
	行星架（中节点）	MG1- 发动机	
	太阳轮（下节点）	驱动轮	

续表

序号	动力总成连接组合		缩略图
9	齿圈（上节点）	MG1- 驱动轮	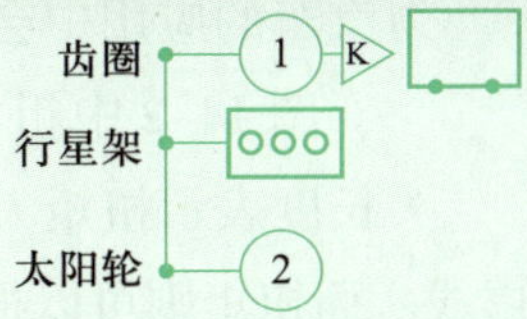
	行星架（中节点）	发动机	
	太阳轮（下节点）	MG2	
10	齿圈（上节点）	MG1- 驱动轮	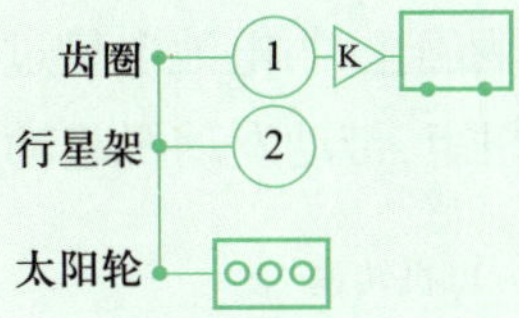
	行星架（中节点）	MG2	
	太阳轮（下节点）	发动机	
11	齿圈（上节点）	MG1- 发动机	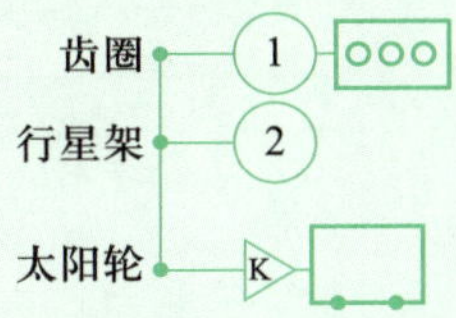
	行星架（中节点）	MG2	
	太阳轮（下节点）	驱动轮	
12	齿圈（上节点）	MG1- 发动机	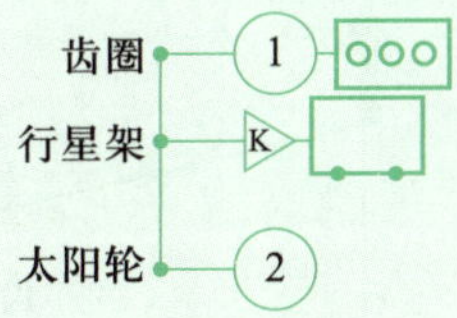
	行星架（中节点）	驱动轮	
	太阳轮（下节点）	MG2	

注：缩略图中“1”代表“MG1”，“2”代表“MG2”。

通过排列组合理论得出，行星齿轮组排列组合有 12 种构型。市场上实际应用在混动发动机上的有第 9 种构型和第 12 种构型，部分混合动力系统会采用两套行星齿轮机构组合的方式来实现发动机与电机的动力分配，还有部分是使用单电机替代双电机。

（3）行星齿轮组的转速关系

如图 14–2 所示，右侧的杠杆图可以很清楚地解释 3 个转速的关系，在一定程度上，动力流的扭矩和速度都被解耦了。这也是基于行星齿轮的混合动力被称为“动力分流”的原因。也就是说，基于行星齿轮组的混合动力可以相对自由地将一个输出 / 输入轴的动力分流到两个输入 / 输出轴。

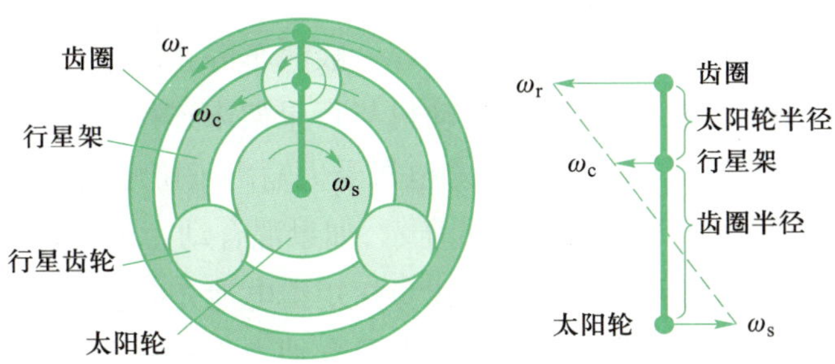

图 14–2　行星齿轮组的转速关系

微课
行星齿轮组工况

（4）行星齿轮组的工作模式

根据上述行星齿轮组的转速关系，可以推测行星齿轮组在混合动力汽车的应用中会出现如下工作模式。

图 14–2 中粗实线与三纵轴的交点高低表示正负转速的大小，箭头长度表示扭矩大小。因为转速呈线性关系，所以杠杆是一条直线，即图 14–2 中虚线。而扭矩则可以根据正负功率相等来计算（功率 = 转速 × 扭矩）。

① 车辆静止时，电池电量过低。如图 14–3 所示，辆静止时，如果电池电量过低，电机正转、正扭矩，带动发动机起动。这替代了传统燃油汽车上 12 V 起动电机的功能。

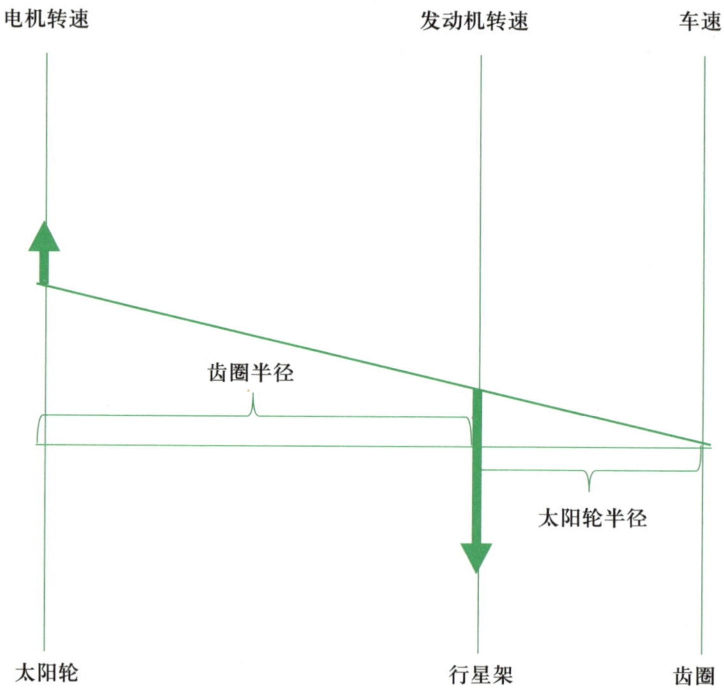

图 14–3　车辆静止时，电池电量过低

② 发动机起动。如图 14–4 所示，一旦起动发动机，则发动机为正扭矩，在热车的同时带动电机给电池充电。

③ 静止或低速行驶。如图 14–5 所示，一般汽车静止时不必起动发动机，在低速行驶时也可以使用电机驱动，此时发动机与行星架未连接，且行星架被制动器锁止连接到变速器壳体上，不能自由运转。电机受力输出正扭矩，带动汽车前进。

④ 在车速较低时制动。如图 14–6 所示，如果混合动力汽车在车速较低时刹车制动，会使车轮产生负扭矩，带动电机输出负扭矩给电池充电。

⑤ 稳步提高车速。如图 14–7 所示，当混合动力汽车需要瞬时提高车速时，电机驱动车轮已经没有发动机驱动车轮高效，则电机会加大扭矩，带动发动机起动。

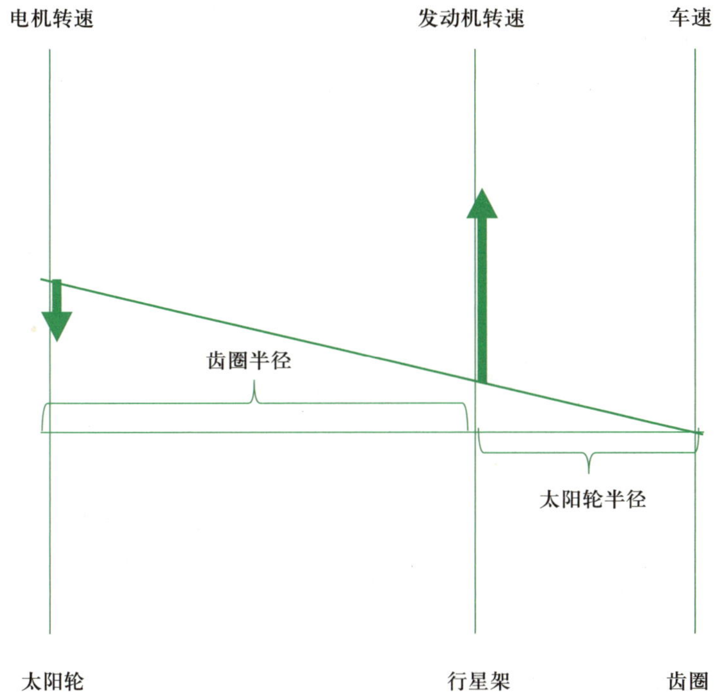

图 14-4　发动机起动

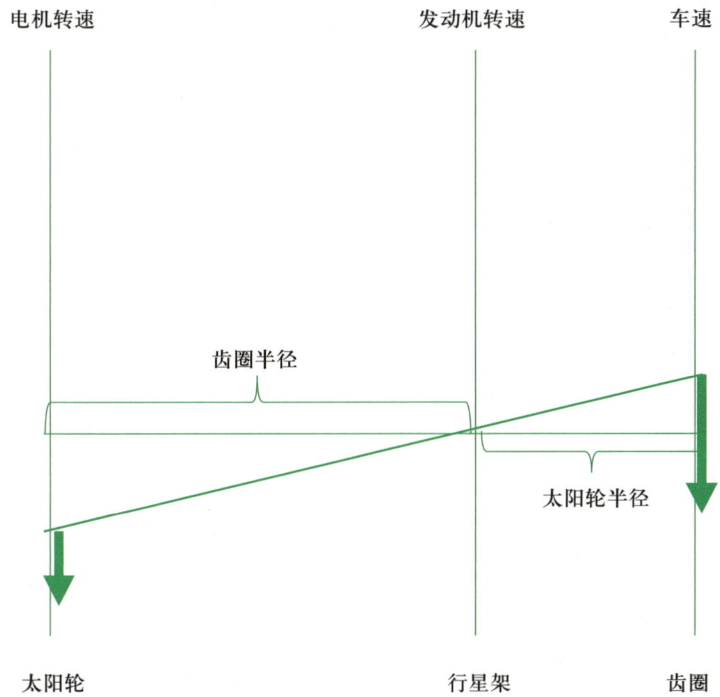

图 14-5　静止或低速行驶

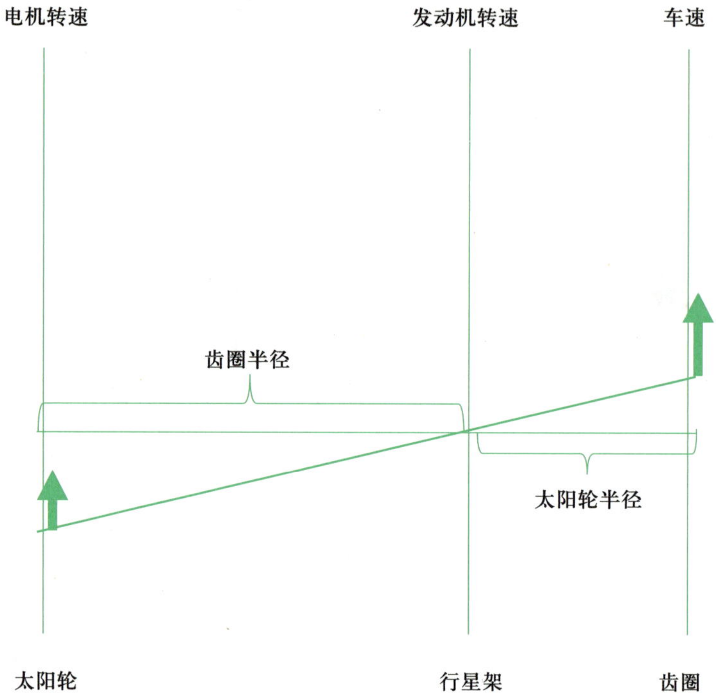

图 14-6　在车速较低时制动

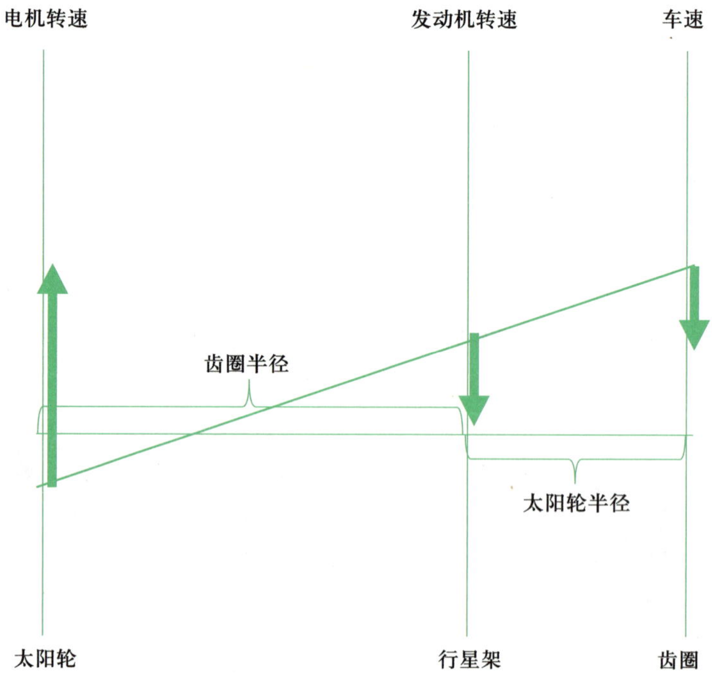

图 14-7　稳步提高车速

⑥ 车辆高速运转。如图 14–8 所示，当混合动力汽车高速运转时，发动机运转在高速区间，直接驱动车轮，此时一般使用锁止器将连接电机的太阳轮固定。

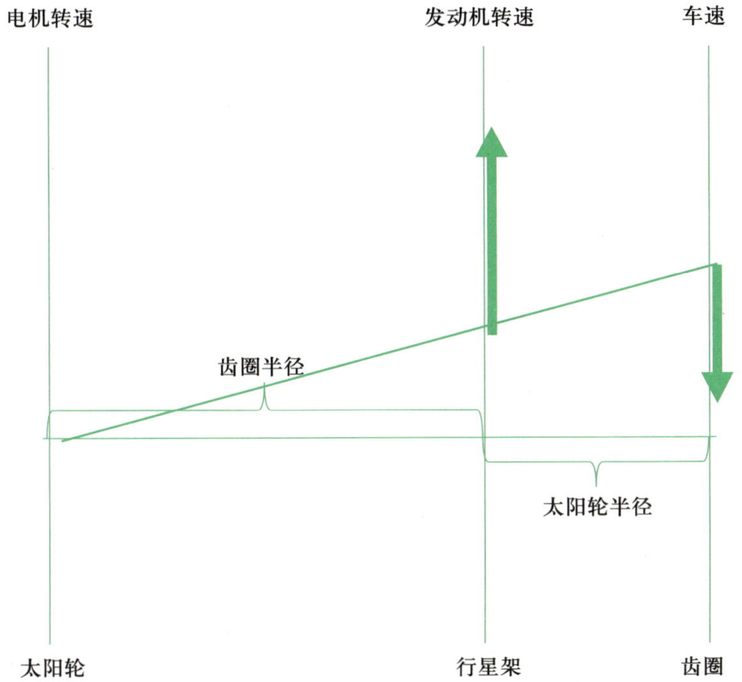

图 14–8　车辆高速运转

⑦ 车速进一步提升，所需驱动功率小于发动机输出功率。如图 14–9 所示，如果需要车速进一步提升，就需要将发动机继续保持在高效区间，因为三者转速为线性关系，此时电机必须参与工作。如果此时驱动汽车所需功率小于发动机高效区输出功率，那么多余功率将用于带动电机输出负扭矩，给电池充电。

⑧ 车速进一步提升，所需驱动功率大于发动机输出功率。如图 14–10 所示，车速进一步提升，如果所需驱动功率大于发动机高效区输出功率，那么电机输出正扭矩作为补充。

⑨ 低速时急加速。如图 14–11 所示，混合动力汽车在低车速时需要急加速，则电机和发动机需要同时输出正扭矩，但由于电机转速的限制，发动机的转速只能保持在中低转速，限制了发动机的动力输出。

⑩ 高速时急加速。如图 14–12 所示，混合动力汽车在高速时急加速，则需要发动机和电机都保持高转速和大扭矩。

（5）行星齿轮组排除故障思路

查阅相关手册，行星齿轮组的故障检测主要从齿轮检查、行星架检查等方面进行，如图 14–13 所示。

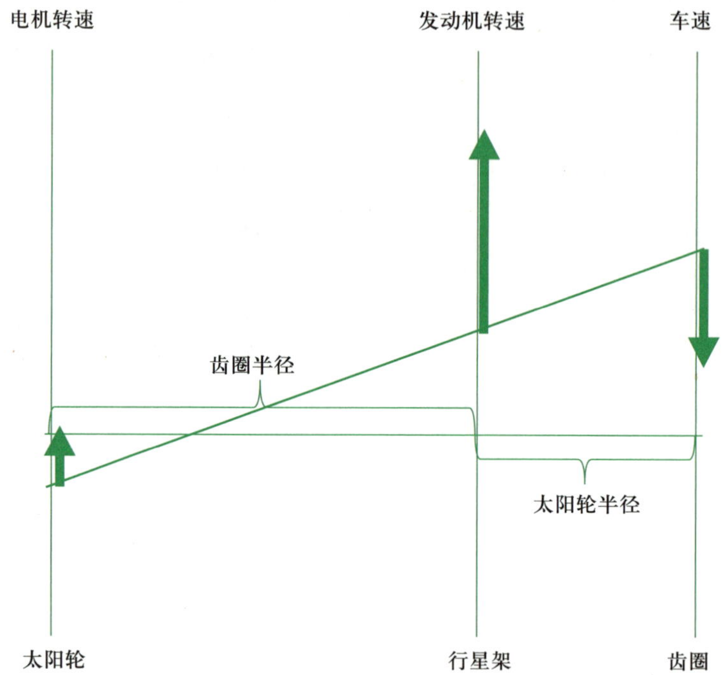

图 14-9　车速进一步提升，所需驱动功率小于发动机输出功率

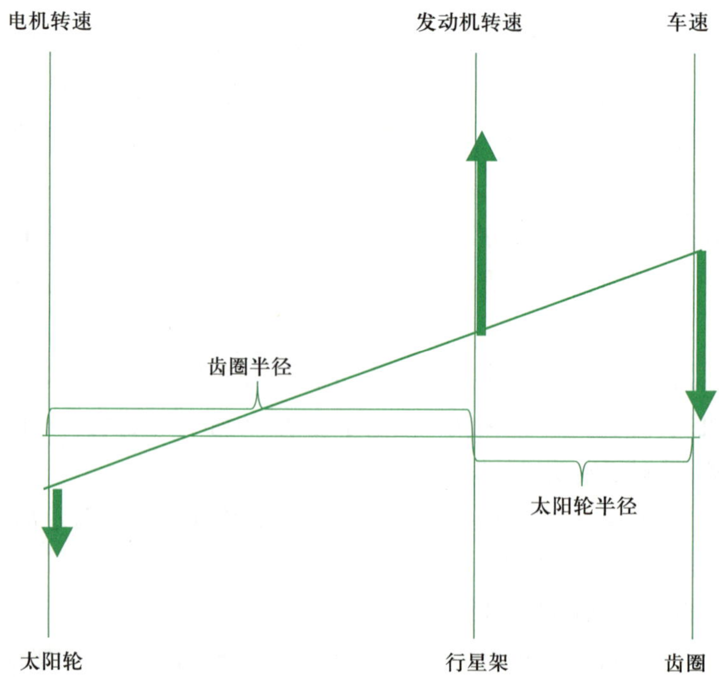

图 14-10　车速进一步提升，所需驱动功率大于发动机输出功率

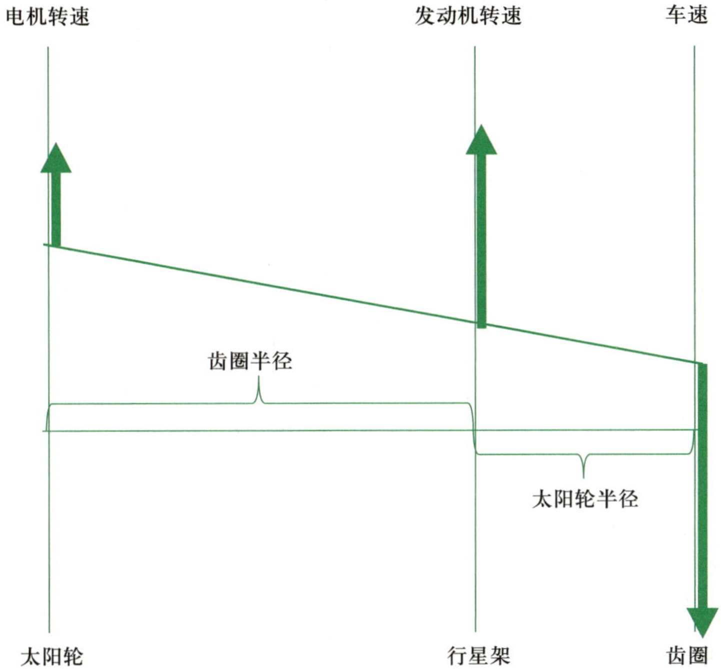

图 14-11　低速时急加速

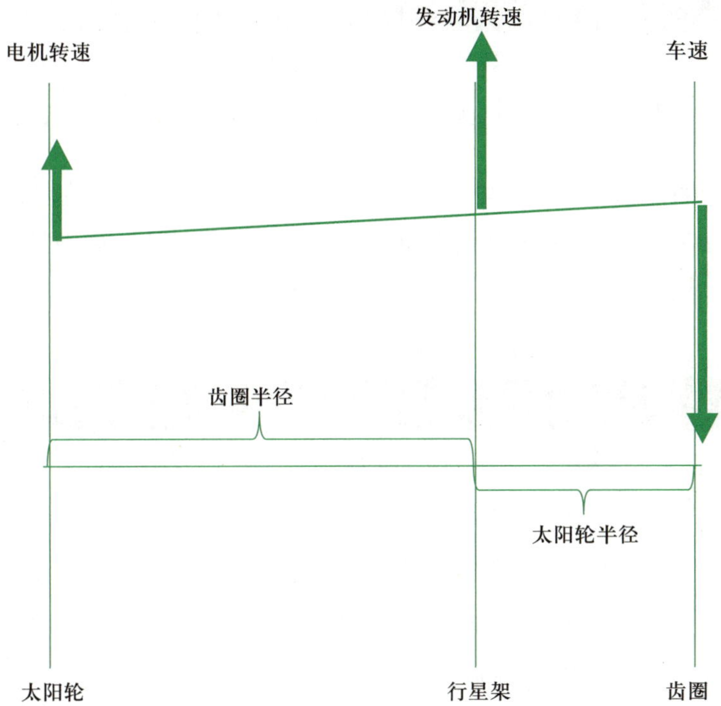

图 14-12　高速时急加速

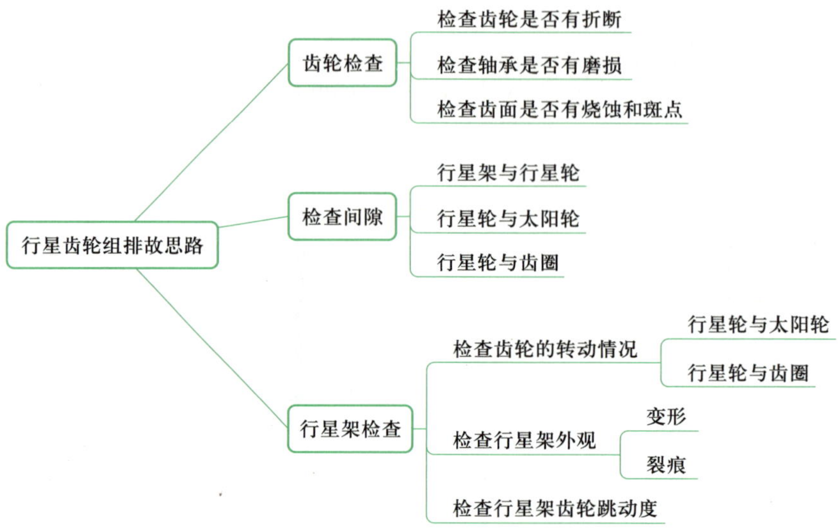

图 14-13　行星齿轮组排故思路

2. 技能操作

（1）操作准备

准备技能操作所需的物料，如表 14-2 所示。

表 14-2　物料准备

类别	所需物料
教学整车 / 实训平台	新能源教学整车、行星齿轮组
设备、仪器、工具	高压安全防护用品、绝缘工具、绝缘扭力扳手、塞尺、千分表

（2）齿轮的检查

查阅维修手册，检查齿轮是否折断、轴承是否磨损而松旷、齿面是否有烧蚀和斑点等现象，并记录到表 14-3 中。

表 14-3　齿轮的检查记录

序号	项目	内容	操作记录
1	检查齿轮外观	检查行星轮轮齿是否折断	
		检查太阳轮轮齿是否折断	
		检查齿圈轮齿是否折断	
2	检查轴承	检查行星轮轴承是否有磨损	
		检查太阳轮轴承是否有磨损	
		检查齿圈轴承是否有磨损	

续表

序号	项目	内容	操作记录
3	检查齿面	检查行星轮齿面是否有烧蚀和斑点	
		检查太阳轮齿面是否有烧蚀和斑点	
		检查齿圈齿面是否有烧蚀和斑点	
4	检查间隙	检查行星轮与行星架间隙	
		检查行星轮与太阳轮间隙	
		检查行星轮与齿圈间隙	

（3）行星架的检查

查阅维修手册，检查每个齿轮是否松旷，转动是否正常，行星架是否有变形、裂纹或其他故障，并记录到表 14-4 中。

表 14-4　行星架的检查记录

序号	项目	内容	操作记录
1	检查齿轮转动	检查行星轮与太阳轮的转动是否正常	
		检查行星轮与齿圈的转动是否正常	
2	检查行星架外观	检查行星轮是否有变形	
		检查行星轮是否有裂痕	
3	检查行星架齿轮跳动度	检查行星轮轮齿的跳动度	跳动度：

（二）行星齿轮的电控系统诊断

1. 知识学习

（1）混合动力汽车的行星齿轮动力耦合

以某国产典型混动车型为例，说明行星齿轮组作为动力耦合装置在混合动力发动机中的作用。

如图 14-14 所示，该系统使用单电机替代双电机，从输入端和输出端看该系统的连接如下。

输入端：太阳轮与发动机经过一个离合器相连，有一台制动器直接连接在太阳轮的一端，即发动机和行星齿轮组是软连接；行星齿轮组的齿圈连接一台电机。

输出端：通过一台 CVT 变速箱连接行星架，无论是发动机还是电机，所有动力都要通过 CVT 变速箱向车轮传递动力。

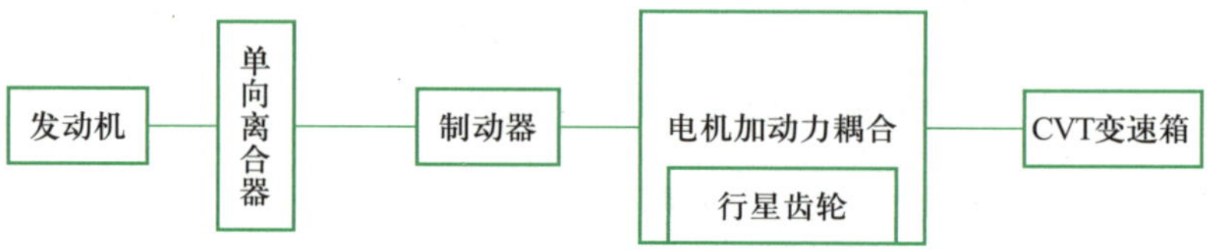

图 14–14　混合动力总成结构

（2）行星齿轮组的工况

混合动力汽车通过固定不同的部件以适应不同的工况。

① 齿圈固定，太阳轮主动，行星架被动。如图 14–15 所示，齿圈固定，太阳轮主动，行星架被动，此时为发动机单独驱动，发动机连接太阳轮，太阳轮带动行星架同向转动，行星架将动力传递给变速箱，变速箱把扭矩传递给车轮。

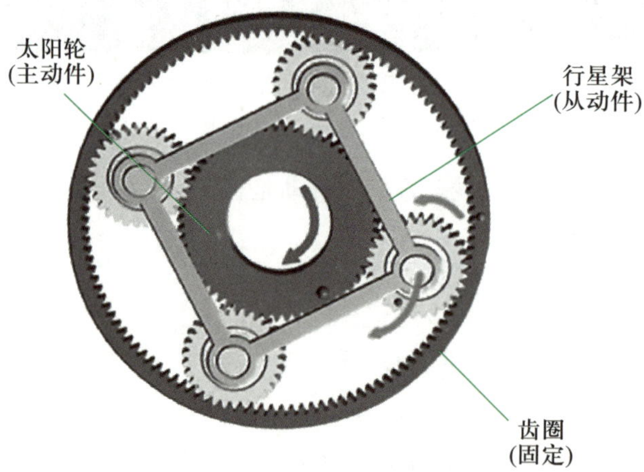

图 14–15　齿圈固定，太阳轮主动，行星架被动

② 齿圈固定，行星架主动，太阳轮被动。如图 14–16 所示，齿圈固定，行星架主动，太阳轮被动，对于艾瑞泽 7e 的行星架直接连接 CVT 变速箱，没有动力源不可能作为主动件。

③ 太阳轮固定，齿圈主动，行星架被动。如图 14–17 所示，太阳轮固定，齿圈主动，行星架被动，此时可以视为纯电行驶状态，电机连接齿圈，带动行星架和齿圈同向运动，行星架将动力传递给 CVT 变速箱，CVT 变速箱把扭矩传递给车轮。

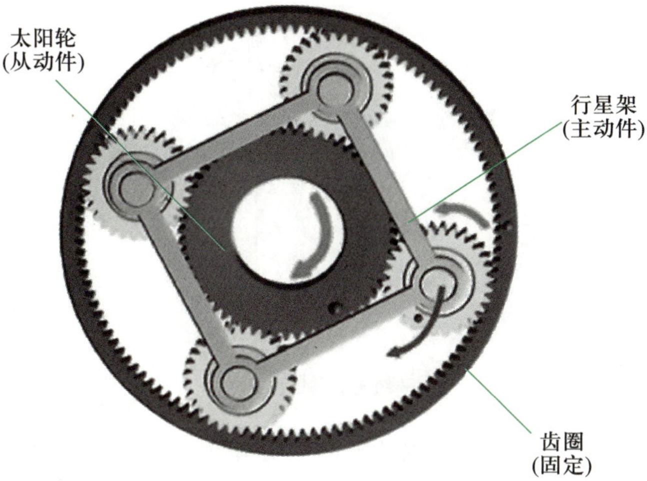

图 14-16　齿圈固定，行星架主动，太阳轮被动

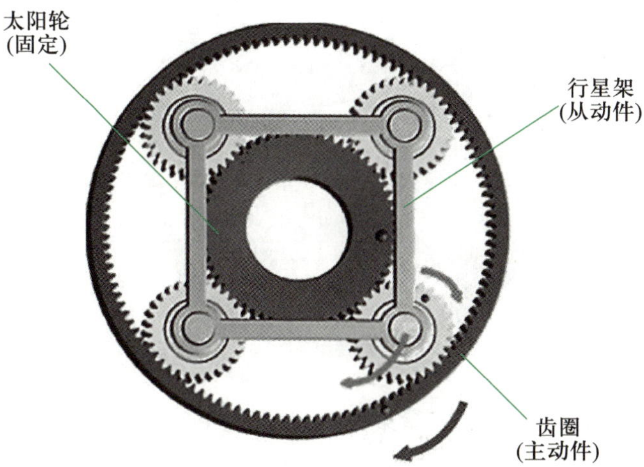

图 14-17　太阳轮固定，齿圈主动，行星架被动

④ 太阳轮固定，行星架主动，齿圈被动。如图 14-18 所示，太阳轮固定，行星架主动，齿圈被动，对于艾瑞泽 7e，因为行星架直接连接 CVT 变速箱，没有动力源，所以不可能作为主动件。

⑤ 行星架固定，太阳轮主动，齿圈被动。如图 14-19 所示，行星架固定，太阳轮主动，齿圈被动，此时可以视为停车状态下，发动机为电池充电，发动机连接太阳轮，通过行星轮带动齿圈，齿圈和发动机反向运动，带动电机反转为电池充电。

⑥ 行星架固定，齿圈主动，太阳轮被动。如图 14-20 所示，行星架固定，齿圈主动，太阳轮被动，即在停车状态下，电机带动齿圈通过行星齿轮带动太阳轮和齿圈反转，因为发动机不会反转，所以这种情况不存在。

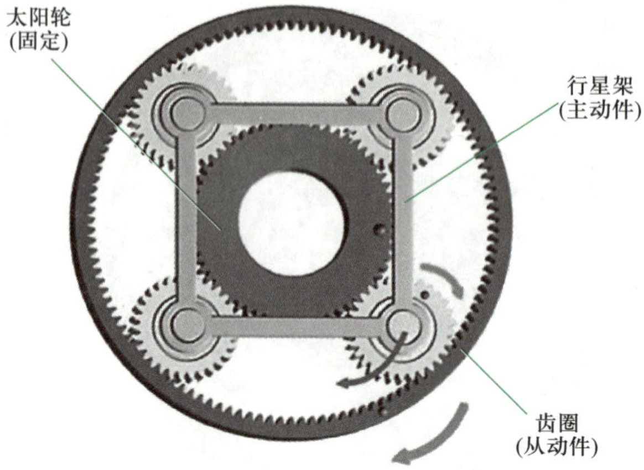

图 14-18　太阳轮固定，行星架主动，齿圈被动

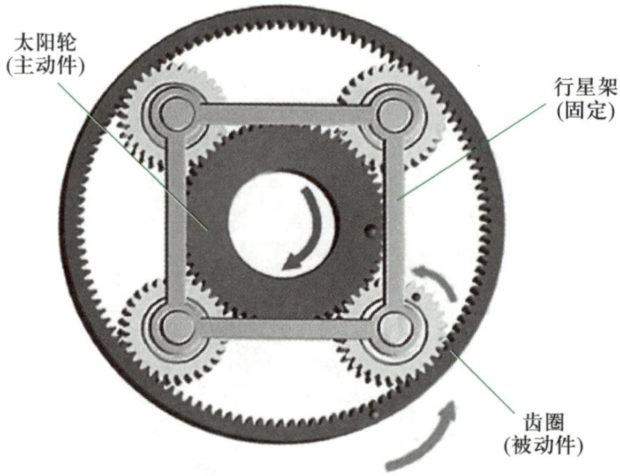

图 14-19　行星架固定，太阳轮主动，齿圈被动

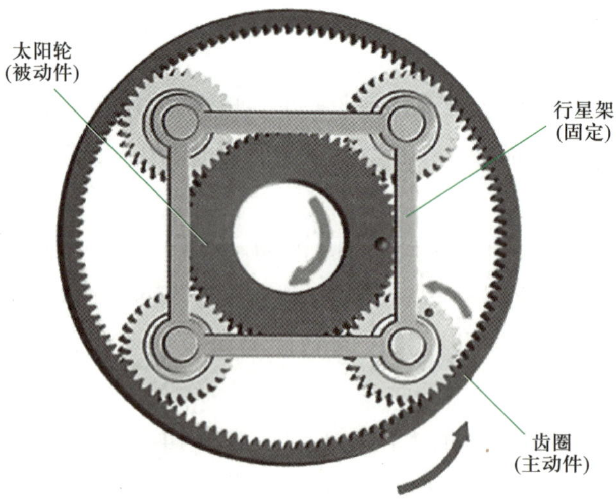

图 14-20　行星架固定，齿圈主动，太阳轮被动

⑦ 把三元件中任意两元件结合为一体的情况。根据行星齿轮组的原理，当三元件中任意两个元件锁止的状态下相当于行星齿轮直接传动，这种情况可以被视为发动机和电机同时发力带动变速箱运转，此时发动机作为发电机为电池充电（因为发动机同时承担驱动和发电，所以充电功率不高），如果电机正反转均可以发电，那么视为发动机和电机同时为电池充电。

（3）行星齿轮组电控系统排除故障思路

混合动力汽车中，行星齿轮的电控系统故障与发动机、电机、变速箱密切相关，排除故障思路如图 14–21 所示。

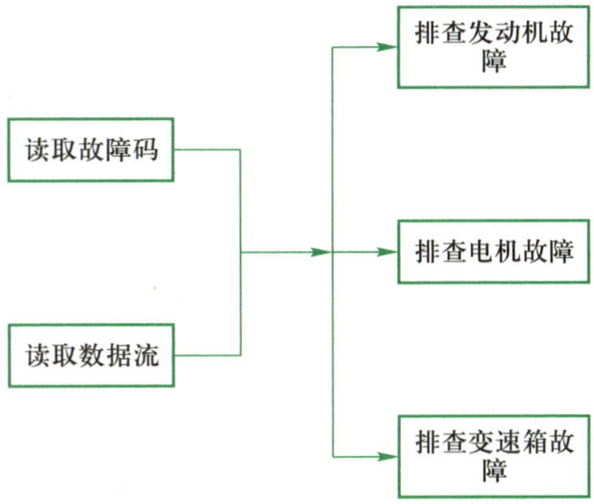

图 14–21　行星齿轮电控系统的排除故障思路

2. 技能操作

（1）操作准备

准备技能操作所需的物料，如表 14–5 所示。

表 14–5　物料准备

类别	所需物料
教学整车 / 实训平台	新能源教学整车
设备、仪器、工具	高压安全防护用品、绝缘工具、诊断仪

（2）读取故障码

用诊断仪读取车辆故障码，将故障码填写在表 14–6 中，并根据故障码进行分析。

表 14–6　车辆故障码记录表

序号	故障码	故障码描述	是否正常	维修意见
1			是□　否□	
2			是□　否□	
3			是□　否□	

（3）读取数据流

用诊断仪读取数据流，将数据流填写在表 14–7 中，并根据数据流进行分析。

表 14-7　数据流信息

序号	控制单元	名称	当前值 / 状态	标准值 / 状态	是否正常
1					是□　否□
2					是□　否□
3					是□　否□

四、检查评估

对本任务的学习情况进行检查，并将相关内容填写在表 14-8 中。

表 14-8　检查表

检查项目	检查结果	结果点评
齿轮的检查		
是否正确完成齿轮折断的检查作业	是□　否□	
是否正确完成元件间间隙的检查作业	是□　否□	
是否正确完成齿面的外观检查作业	是□　否□	
齿轮间隙的检查		
是否正确完成行星轮和行星架间隙的检查作业	是□　否□	
是否正确完成行星轮和太阳轮间隙的检查作业	是□　否□	
是否正确完成行星轮与齿圈间隙的检查作业	是□　否□	
行星架的检查		
是否正确完成行星轮与太阳轮齿轮转动的检查作业	是□　否□	
是否正确完成行星轮与齿圈齿轮转动的检查作业	是□　否□	
是否正确完成行星架外观的检查作业	是□　否□	
是否正确完成行星架齿轮跳动度的检查作业	是□　否□	
行星齿轮电控系统的检查		
是否正确完成数据流的读取分析作业	是□　否□	

续表

检查项目	检查结果	结果点评
是否正确完成故障码的读取分析作业	是□　否□	
整理和恢复		
工具、设备是否整理恢复	是□　否□	
实训工位是否打扫干净	是□　否□	
工作页是否填写完整	是□　否□	

五、任务小结

本任务小结如图 14–22 所示。

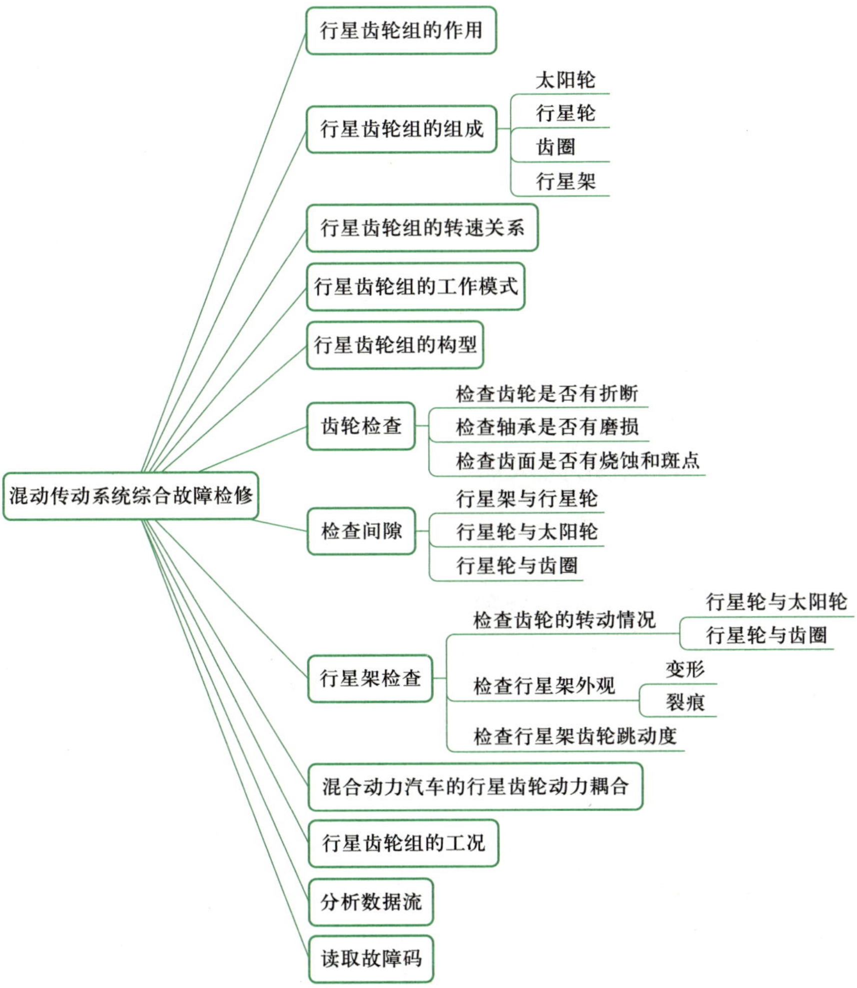

图 14–22　任务小结

任务十五　混动控制系统综合故障检修

一、任务导入

场景：某品牌新能源汽车售后维修车间。

人物：维修技师张师傅、学徒小李、车主钟女士。

情节：钟女士的某品牌混动汽车因无法起动被拖到了维修车间，学徒小李检查后发现，按下起动开关后，组合仪表无 READY 字样显示，无动力蓄电池电量、续驶里程显示，车辆无法起动，且系统故障信号装置、发动机故障信号装置点亮。张师傅判断是混动系统出现故障，导致车辆无法起动。本任务将对混动控制系统综合故障进行检修。

二、任务目标

◇ 能根据混合动力汽车的结构认知，正确完成教学车辆的结构判断。

◇ 能根据混合动力控制系统的排除故障思路，规范完成发动机不能起动的故障检测。

三、任务实施

（一）混合动力系统结构认知

1. 知识学习

（1）混合动力汽车概述

混合动力汽车是指由两种或两种以上不同类型的动力源联合驱动的车辆。车辆的行驶功率依据实际的车辆行驶状态由单个驱动系统单独或共同提供。

通常所说的混合动力汽车是指油电混合动力汽车，即采用传统的燃油（柴油机或汽油机）和电动机作为动力源。油电混合动力系统中的能量转换器为发动机和电机，能量储存系统为油箱和动力电池。

（2）混合动力汽车的优缺点

混合动力汽车比传统的燃油汽车更加省油，燃油系统效率和经济性更高，显著改善了整车的排放性能，更节能、环保；与纯电动车相比，弥补了其行驶里程不足的缺点，达到两种车辆优点的折中统一。混合动力汽车动力系统的优点如图 15-1 所示。

混合动力汽车动力系统的缺点是动力系统结构及控制复杂，所以成本较高，动力系统的质量增加，占用空间增大，故障率也高于传统燃油汽车。

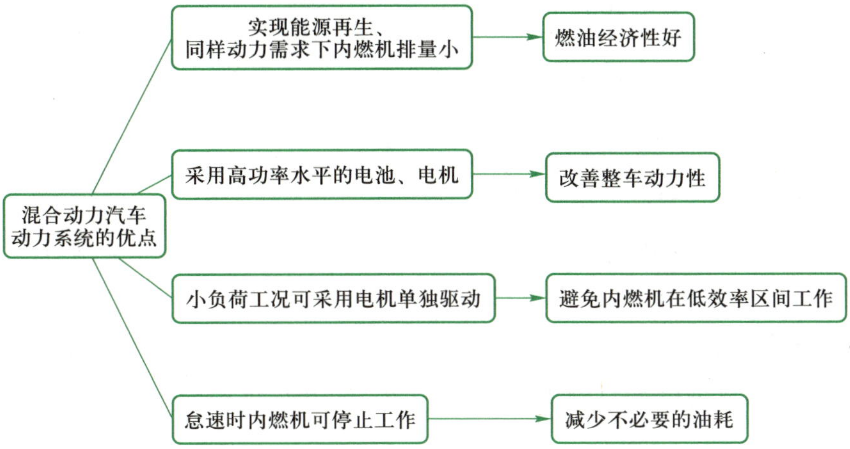

图 15–1　混合动力汽车动力系统的优点

（3）混合动力汽车动力系统的结构

汽车行业标准 QC/T 837—2010 对于混合动力汽车的类型进行了严格的划分，分别为按照动力系统结构形式、混合度、外接充电能力、行驶模式的选择方式划分。

① 按照动力系统结构形式划分。混合动力汽车按照动力系统结构形式划分如表 15–1 所示。

表 15–1　混合动力汽车按照动力系统结构形式划分

类型	驱动力	特　点
串联式混合动力汽车	电机	发动机带动发电机发电，电能通过电机控制器输送给电机，由电机驱动
		动力蓄电池可以单独向电机提供电能驱动车辆行驶
并联式混合动力汽车	电机、发动机	可单独使用发动机或电机作为动力源
		可同时使用发动机和电机作为动力源
混联式混合动力汽车	电机、发动机	可在串联混动模式下工作
		可在并联混动模式下工作

② 按照混合度划分。在混合动力系统中，根据电机的输出功率在整个系统输出功率中的占比情况，可以分为轻度混合动力、中度混合动力、重度混合动力。混合度不同，功能要求也有差别，如表 15–2 所示。

表 15-2　不同类型的混合度及功能要求

类型	混合度	节油率	功能要求
轻度混合动力	< 20%	5% ~ 15%	发动机自动起停
中度混合动力	≈ 30%	20% ~ 30%	发动机自动起停 + 回馈制动
重度混合动力	> 50%	30% ~ 50%	发动机自动起停 + 回馈制动 + 电动辅助 + 纯电驱动

③ 按照外接充电能力划分。在混合动力汽车中，根据外接充电能力，可以划分为外接充电型混合动力汽车、非外接充电型混合动力汽车。其中插电式混合动力汽车属于外接充电混合动力汽车，其利用电网给动力蓄电池充电，可以使用纯电模式驱动车辆行驶，且纯电动行驶里程较长；电能不足时，车辆仍然可以重度混合模式行驶。

④ 按照行驶模式的选择方式划分。混合动力汽车还可以按照行驶模式的选择划分为有手动选择功能的混合动力汽车和无手动选择功能的混合动力汽车。顾名思义，有手动选择功能的混合动力汽车用户可自己选择行驶模式，包括发动机模式、纯电动模式、混合动力模式；相反，无手动选择功能的混合动力汽车会根据不同工况自动切换。

（4）混合动力系统的功能

如图 15-2 所示，与传统的燃油汽车动力系统相比，混合动力系统可增加电能利用率，提高燃油经济性，增加安全性。

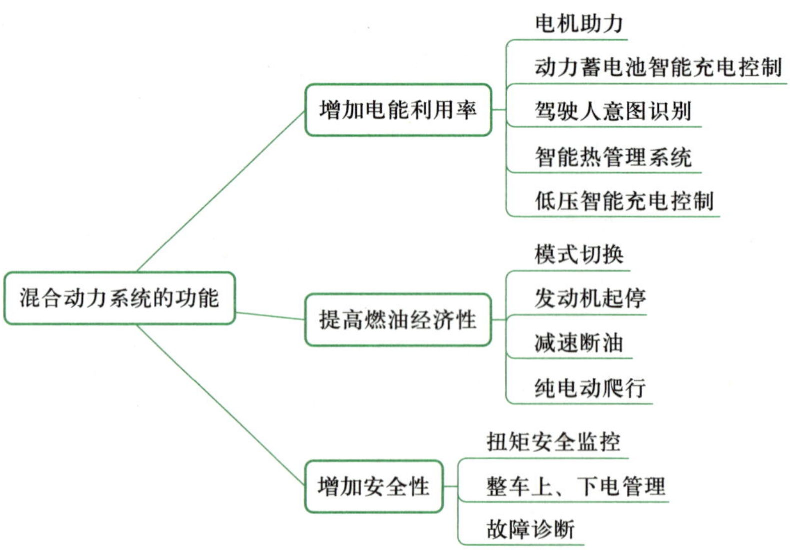

图 15-2　混合动力系统的功能

1）增加电能利用率

① 电机助力。混合动力需要急加速时，电机会提供辅助动力共同驱动车辆，增强整车的动力性。

② 动力蓄电池智能充电控制。混合动力汽车可以根据车辆行驶工况和驾驶人的需求，合理控制动力蓄电池的充放电。

③ 驾驶人意图识别。混合动力汽车会根据驾驶人的踩加速踏板或制动踏板的行为，判断和控制是发动机或者电机或者两者同时驱动车辆。

④ 低压智能充电控制。混合动力汽车与传统燃油汽车的区别是，VCU 会根据车辆低压系统的实时负载情况及低压蓄电池的状态控制 DC/DC 转换器，有效提高电能的利用效率。

⑤ 智能热管理系统。除传统的冷却系统涉及的零部件外，混合动力汽车发动机需要增加对电机、蓄电池的工作温度的监控。

2）提高燃油经济性

① 模式切换。混合动力汽车中，VCU 会根据动力系统的状态切换不同的工作模式，以提高燃油效率，改善加速性能。

② 发动机起停。混合动力汽车可以由电机快速、平稳地起动发动机，提高燃油经济性。

③ 减速断油。在混合动力汽车中，由于电机的存在，可以随时减速断油，而不用像传统的燃油汽车一样当转速下降到一定值时应及时供油以保证重新加速时，发动机能立即恢复正常工作。即混合动力汽车进一步降低了油耗。

④ 纯电动爬行。混合动力汽车可以在设定的车速范围下，只通过电机驱动车辆行驶，无须起动发动机，提高了燃油经济性。

3）增加安全性

① 扭矩安全监控。混合动力汽车的扭矩安全监控更多的是实时监控发动机和电机的扭矩输出，判断控制系统程序是否正常运行，及时采取保护措施，确保驾驶的安全性。

② 整车上、下电管理。在混合动力系统中，ECU 会控制高压系统关闭、上电、正常运行、下电、故障报警的过程，确保高压主接触器仅在安全情况下闭合。

③ 故障诊断。在混合动力汽车工作过程中，混合动力系统的各主要控制器都将对系统的各种故障进行检测，将结果反馈给 ECU，ECU 会根据实际情况制订应对措施，以保证动力系统安全、合理地运行。常见的故障检测有发动机电控系统故障检测、电机故障检测、电池故障检测、高压安全故障检测、DC/DC 转换器故障检测等。

2. 技能操作

（1）操作准备

准备技能操作所需的物料，如表 15-3 所示。

表 15-3　物料准备

类别	所需物料
教学整车 / 实训平台	新能源教学整车
仪器、设备、工具	维修手册、高压安全防护用品、绝缘工具、绝缘扭力扳手、诊断仪

（2）混合动力系统结构的检查认识

检查混合动力系统的发动机、电机、动力蓄电池，进行初步认识，并记录到表 15-4 中。

表 15-4　新能源教学车动力系统的结构检查记录

序号	项目	内容	操作记录
1	检查发动机	检查发动机与电机的连接	直接机械连接：□是　□否
		检查发动机与驱动轮的连接	直接机械连接：□是　□否
2	检查电机	检查电机的功率	功率：　　kW
		检查电机数量	数量：
3	检查动力蓄电池	检查动力蓄电池的容量	容量：　　A·h
初步判断：□串联混合动力系统　□并联混合动力系统　□混联混合动力系统			
结论：与实际是否一致：□是　□否			

（二）混合动力控制系统故障诊断与检修

1. 知识学习

（1）串联式混合动力系统

① 串联式混合动力系统的基本结构。串联式混合动力系统由发动机、发电机、驱动电机三部分用串联的方式组成，如图 15-3 所示。

串联式混合动力系统利用发动机驱动发电机发电，将动力蓄电池中存储的电能和内燃机带动发电机工作产生的电能耦合在一起，最终由驱动电机通过减速器驱动车轮。

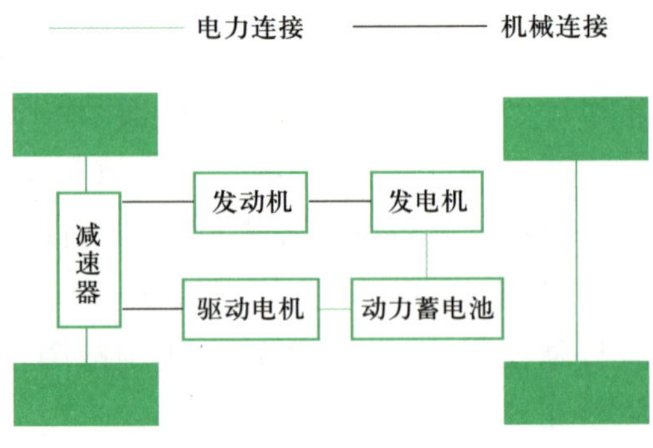

图 15-3　串联式混合动力系统框图

② 串联式混合动力系统的优缺点。如图 15–4 所示，串联式混合动力系统的优点是机械结构简单，控制原理也相对简单。在发动机工作的时候，由于发动机不用驱动车辆，使得发动机可以一直被控制在最佳工况点，可以提高燃油效率，减低废气排放。

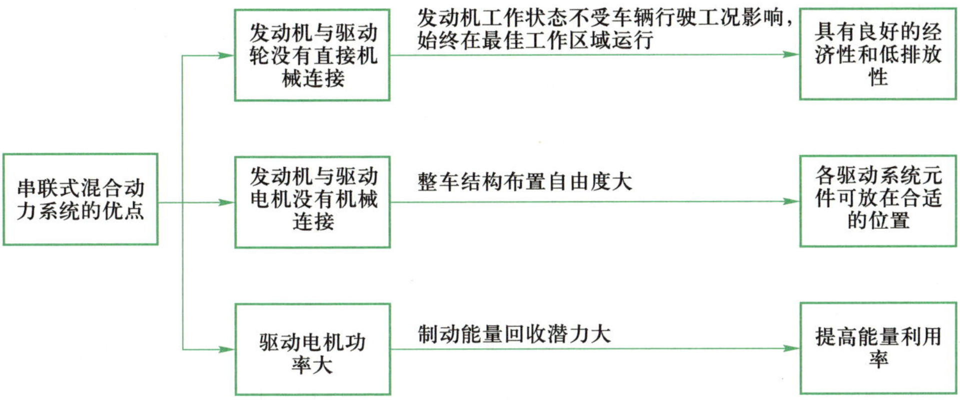

图 15–4　串联式混合动力系统的优点

如图 15–5 所示，串联式混合动力系统的缺点是能量转换次数多，使得整体效率较低，而且需要较大的驱动电机和较高功率的动力蓄电池，且必须使用两套电机系统，导致成本上升。

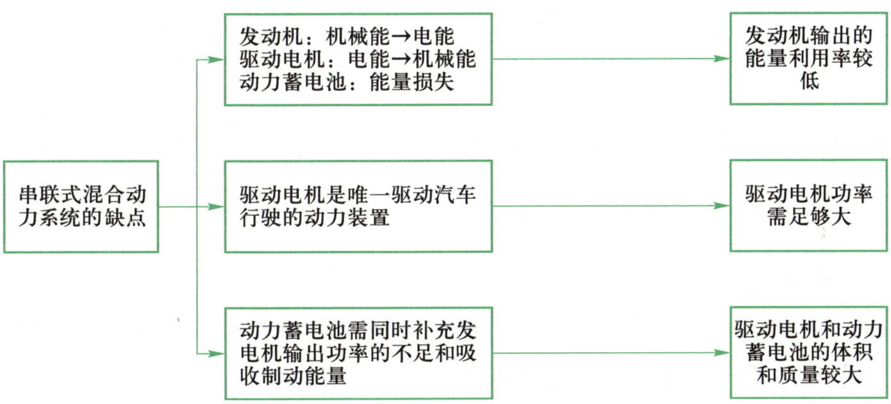

图 15–5　串联式混合动力系统的缺点

③ 串联式混合动力系统工况。串联式混合动力系统主要有 4 种工况：纯电动工况、怠速充电工况、串联工况、制动能量回收工况。

a. 纯电动工况。纯电动工况顾名思义就是利用动力蓄电池来驱动车辆，此时动力蓄电池充满电。工况如图 15–6 所示，动力蓄电池输出的电压通过驱动电

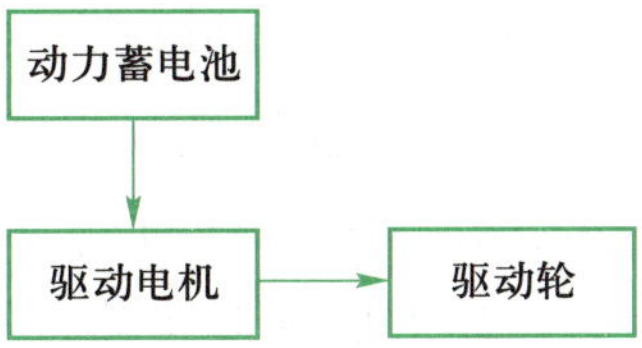

图 15–6　纯电动工况

机带动驱动轮转动。

b. 怠速充电工况。如图 15-7 所示，当动力蓄电池的电量降低到阈值时，发动机起动，发动机输出的功率一部分通过发电机发电使驱动电机运转从而驱动驱动轮，另一部分给动力蓄电池充电。

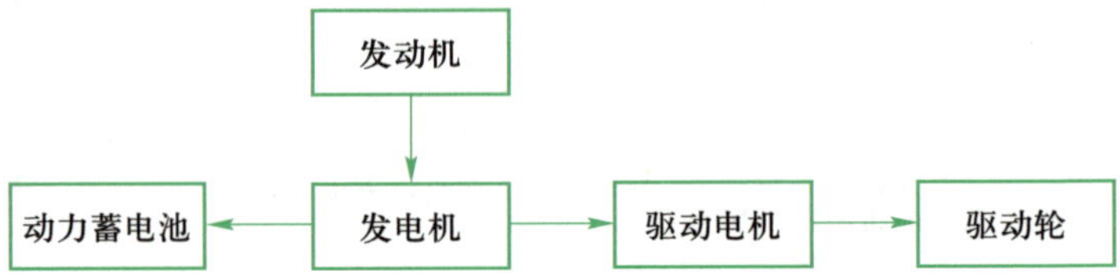

图 15-7　怠速充电工况

c. 串联工况。如图 15-8 所示，当发动机的最大功率低于车辆所需的功率时，动力蓄电池会提供这部分差额的功率，与发动机一起给驱动电机提供功率驱动车辆行驶。

d. 制动能量回收工况。如图 15-9 所示，当车辆制动或减速时，制动能量回收到驱动电机，驱动电机发电，给动力蓄电池充电。

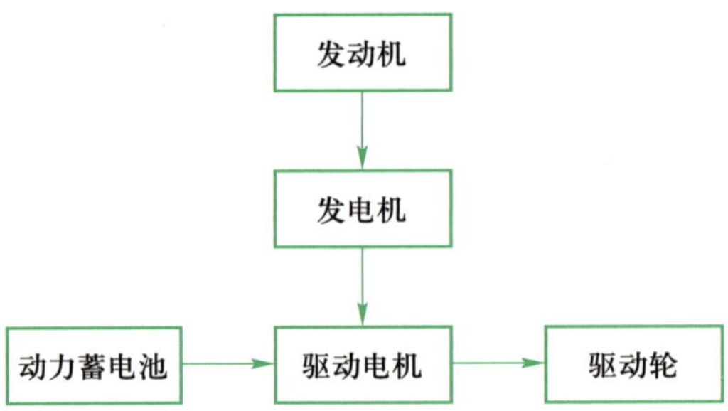

图 15-8　串联工况

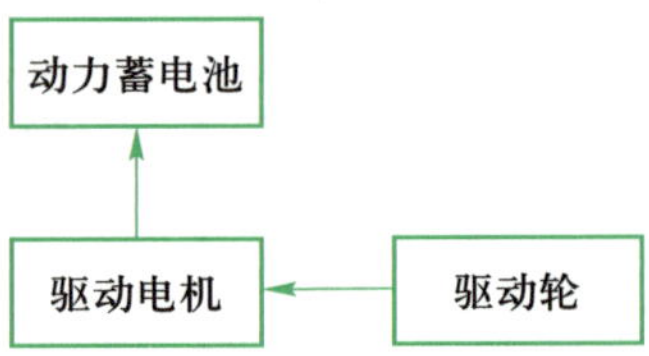

图 15-9　制动能量回收工况

（2）并联式混合动力系统

① 并联式混合动力系统的基本结构。并联式混合动力系统框图如图 15-10 所示，它由驱动电机、发动机、动力蓄电池、减速器等组成。并联式混合动力系统驱动车辆的机械动力来自两部分：一是由发动机通过燃烧燃油将化学能转换为机械能来驱动车辆；二是驱动电机通过将动力蓄电池中储存的电能转换为机械能来驱动车辆，动力的流向是并联的。

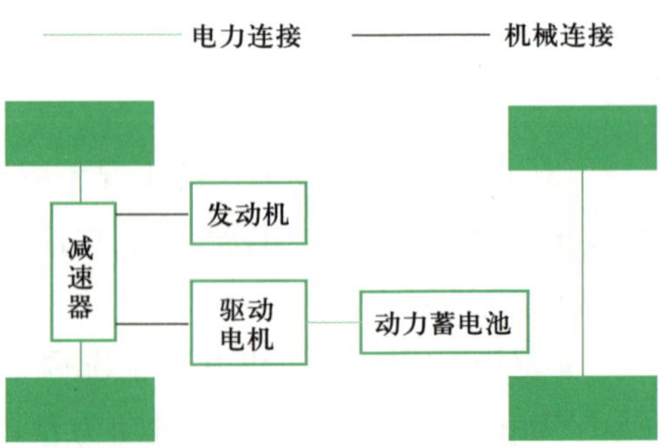

图 15-10　并联式混合动力系统框图

② 并联式混合动力系统的特点。并联式混合动力系统与串联式混合动力系

统相比，能量转换次数更少，系统效率更高。发动机与驱动电机并联驱动，系统结构会变得复杂，通常情况下，只需要功率较小的驱动电机和动力蓄电池，且低速运转时可以纯电动模式驱动，其特点如图 15-11 所示。

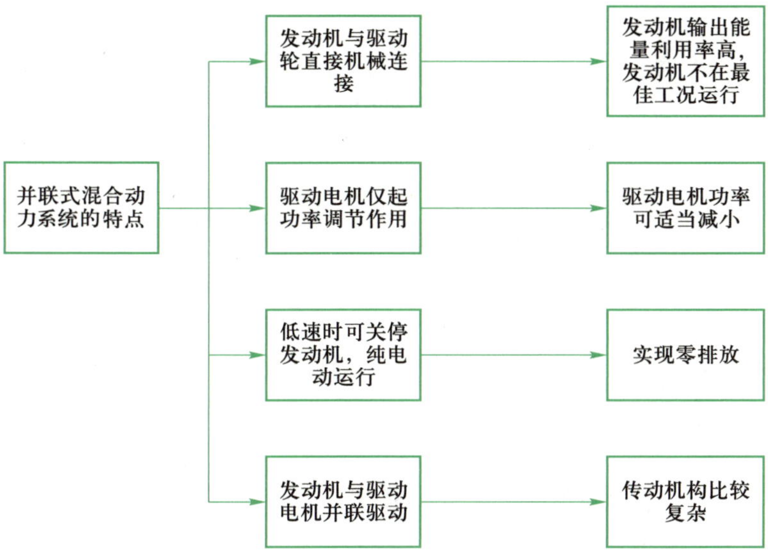

图 15-11　并联式混合动力系统的特点

③ 并联式驱动系统工况。由于驱动电机和动力蓄电池的存在，可以充分利用发动机的最优工作区间，使发动机工作在一个相对高效的工况，从而使排放和燃油经济性得到改善。并联式混合动力系统主要有纯电动工况、混合动力工况、行车充电工况、纯发动机工况、制动能量回收工况。

a. 纯电动工况。如图 15-12 所示，当车辆起动、小负荷运行时，发动机关闭，由驱动电机提供驱动力。

b. 混合动力工况。如图 15-13 所示，当车辆加速、爬坡时，发动机和驱动电机同时驱动车辆行驶。

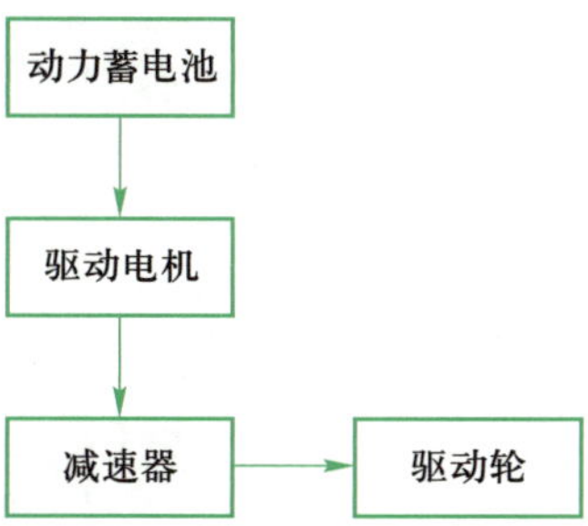

图 15-12　并联式混合动力系统纯电动工况

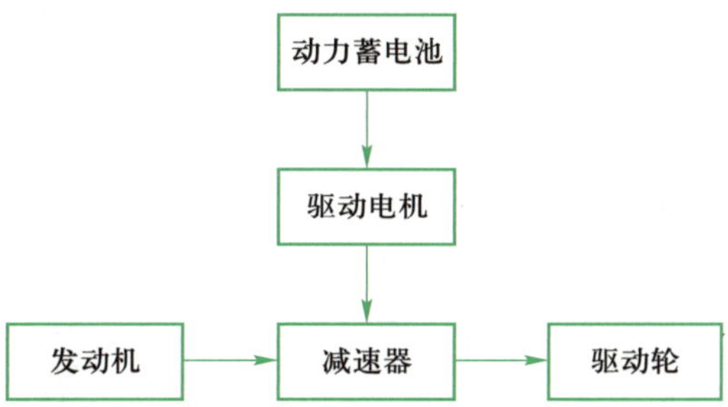

图 15-13　并联式混合动力系统混合动力工况

c. 行车充电工况。在车辆行驶过程中,当动力蓄电池电量低于设定的阈值时,发动机起动,在驱动车辆行驶的同时向动力蓄电池充电,其工况如图 15-14 所示。

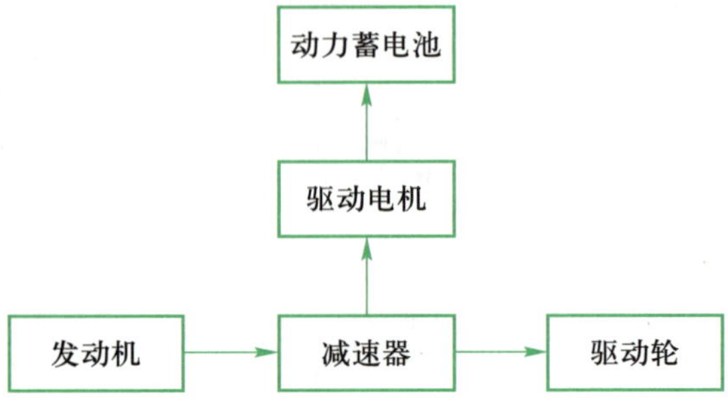

图 15-14　并联式混合动力系统行车充电工况

d. 纯发动机工况。如图 15-15 所示,车辆高速行驶时,驱动电机关闭,发动机单向驱动车辆行驶。

图 15-15　并联式混合动力系统纯发动机工况

e. 制动能量回收工况。如图 15-16 所示,当车辆减速或制动时,电动机以发电机模式工作,回收车辆制动能量向动力电池充电。

微课
混联式混合动力系统基本结构与工况

(3) 混联式混合动力系统

① 混联式混合动力系统的基本结构。混联式混合动力系统的结构框图如图 15-17 所示,在结构上综合了串联式和并联式的特点,也称为动力分流系统,主要由驱动电机、发电机、动力蓄电池、发动机、减速器等组成。

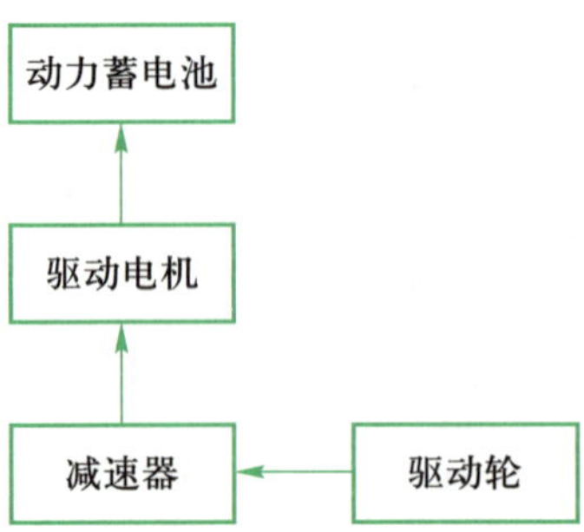

图 15-16　并联式混合动力系统制动能量回收工况

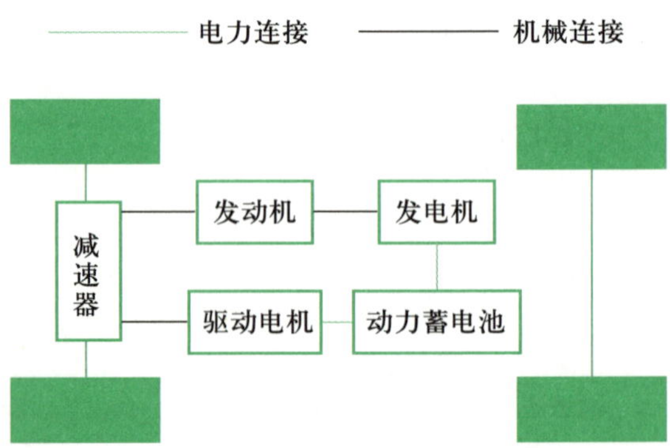

图 15-17　混联式混合动力系统的基本结构框图

混联式混合动力系统利用发动机和驱动电机共同驱动车辆，发动机和驱动电机分属两套系统，可以分别向系统提供扭矩，且驱动电机在行驶过程还可以发电。

依据不同的行驶条件，可以仅靠驱动电机驱动或者利用发动机和驱动电机共同驱动，另外系统还安装有发电机，可以一边行驶一边给动力蓄电池充电。

② 混联式混合动力系统的特点。混联式混合动力系统低速时串联方式工作，高速时并联方式工作，因此集合了串联和并联的优点，但结构复杂程度也超过了这两种混合系统。混联式混合动力系统的特点如图 15–18 所示。

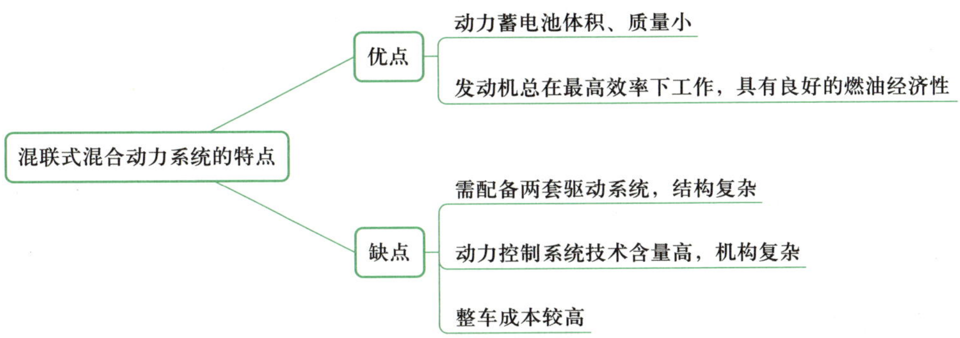

图 15–18 混联式混合动力系统的特点

③ 混联式混合动力系统的工况。由于混联式混合动力系统中驱动电机和发动机单独存在于不同的驱动系统，系统根据不同的工况运行，最大限度地适应车辆的行驶工况，使系统达到最高的燃油经济性和最低的排放。下面分别从起动时、低速－中速行驶时、一般行驶时、全速行驶时、减速 / 能量再生时、停车时方面阐述混联式混合动力系统的运行。

a. 起动时（纯电动）。如图 15–19 所示，混合动力汽车点火起动时，发动机运转至充分预热后不再工作，动力蓄电池提供能量给驱动电机带动驱动轮工作。由于发动机不工作，此时为纯电动模式。

b. 低速－中速行驶时（纯电动）。混合动力汽车低速－中速行驶时，发动机的效率并不理想，而驱动电机在此区间性能优越。因此，在低速－中速行驶时，由动力蓄电池的电力驱动电机运行，从而驱动车辆动作。此时，发动机不工作，为纯电动模式，其工作过程如图 15–19 所示。

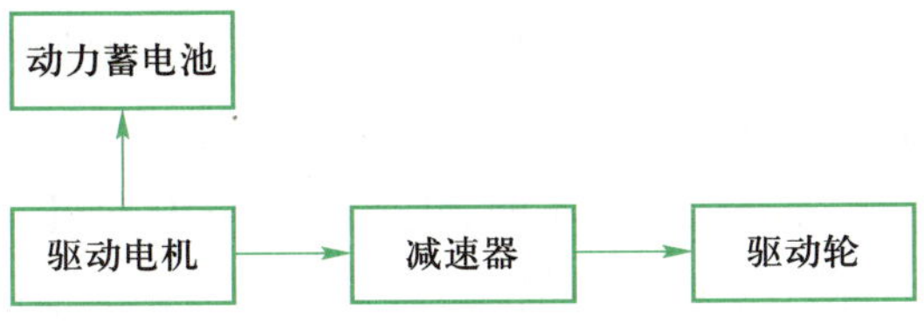

图 15–19 混联式混合动力系统起动、低速－中速行驶时

c. 一般行驶时（剩余能量充电）。如图 15–20 所示，当混合动力汽车一般行驶时，发动机处于最高效率的工作区间，此时由发动机产生的动力直接驱动车轮，依照行驶状况部分动力会被分配给发动机从而给动力蓄电池存储电量。如果动力蓄电池的电量少于规定的阈值，那么发动机的输出功率会被提高以加大发电量，给动力蓄电池充电。

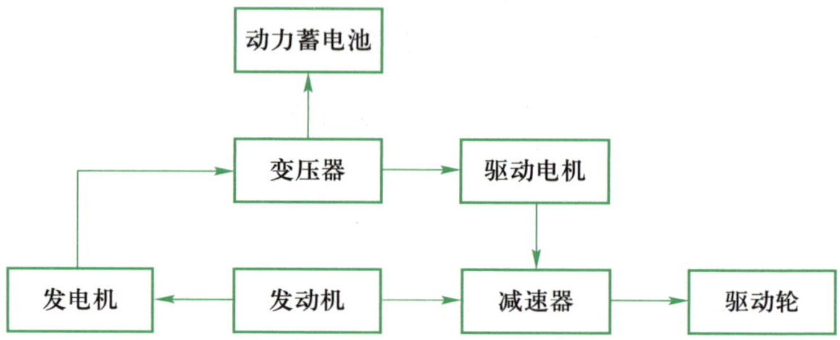

图 15–20　混联式混合动力系统一般行驶时

d. 全速行驶时。如图 15–21 所示，当混合动力汽车全速行驶时，双动力系统的存在会使动力更上一层楼，车辆将获得更高一级的加速。在需要强劲加速（如超车、爬陡坡等）时，动力蓄电池也提供电力，来提高驱动电机的驱动力，同时，发动机协同驱动电机的双动力合作，让加速变得更流畅和强劲。

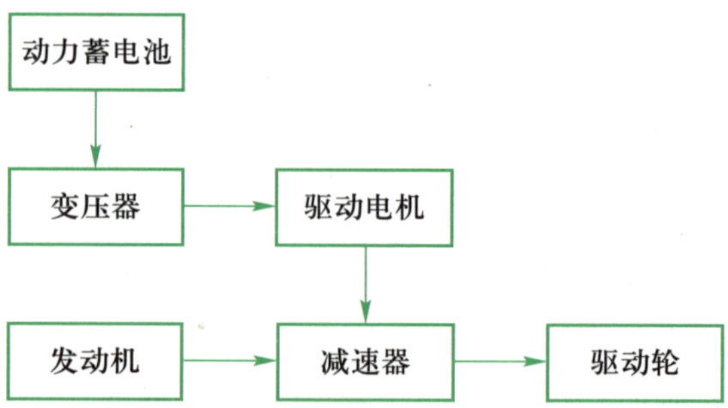

图 15–21　混联式混合动力系统全速行驶时

e. 减速 / 能量再生时。如图 15–22 所示，混联式混合动力系统会将减速时的能量回收到动力蓄电池中再次利用。在踩制动踏板和松开加速踏板时，使用车辆的旋转力带动驱动电机运转，将其作为发电机使用。当减速时通常经摩擦散失掉的能量，在此被转换为电能，回收到动力蓄电池中再利用。

f. 停车时。当混合动力汽车停车时，正常情况下发动机、驱动电机、发电机会全部自动停止运转，不会因怠速而浪费能量。而当动力蓄电池的电量低于规定阈值时，发动机继续运转，给动力蓄电池充电。

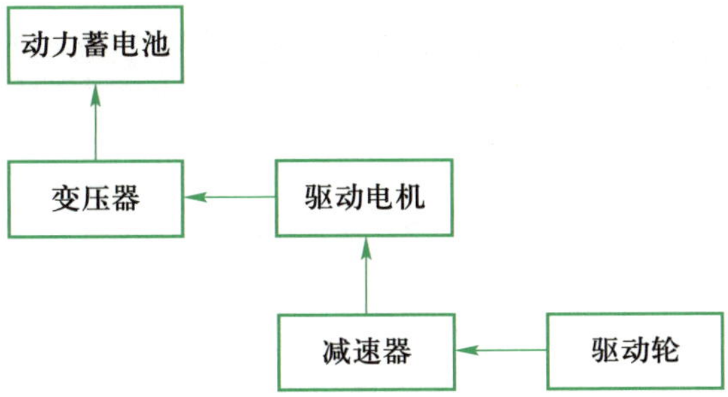

图 15-22　混联式混合动力系统减速 / 能量再生时

（4）混合动力控制系统常见故障

混合动力控制系统故障会导致仪表指示灯点亮，车辆不能起动或功率降低。未起动车辆前，会导致车辆不能正常起动；高速运行的车辆会导致车辆降低运行功率。

混合动力控制系统常见的故障主要为 ECU 模块本身故障、接触器不能正常吸合、驱动系统故障等。

（5）混合动力控制系统故障诊断思路

查阅维修手册，混合动力控制系统故障诊断思路如图 15-23 所示。

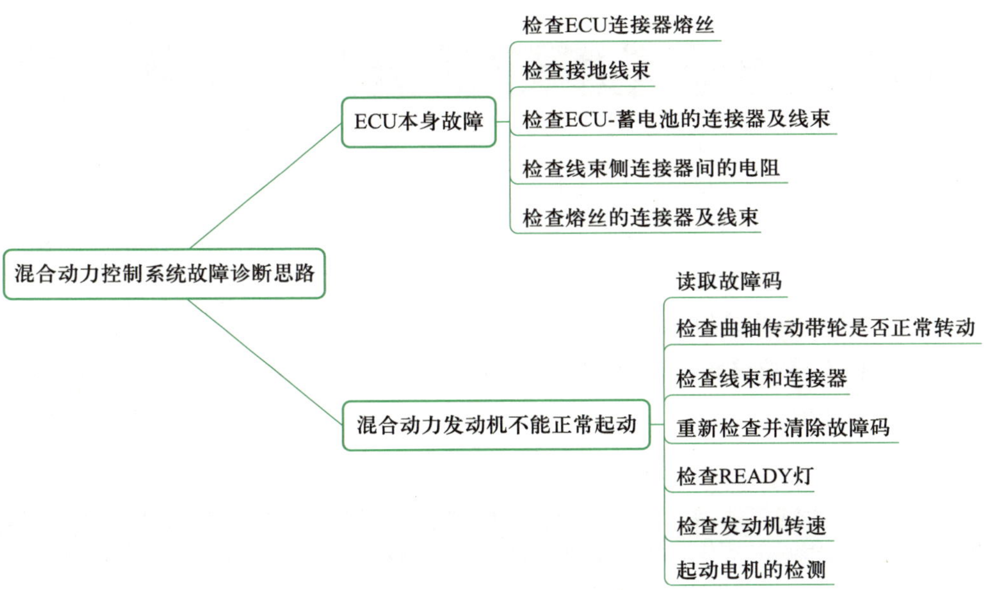

图 15-23　混合动力控制系统故障诊断思路

2. 技能操作

（1）操作准备

准备技能操作所需的物料，如表 15-5 所示。

表 15-5　物料准备

类别	所 需 物 料
教学整车 / 实训平台	新能源教学整车
仪器、设备、工具	维修手册、高压安全防护用品、绝缘工具、绝缘扭力扳手、万用表等

（2）读取故障码

使用诊断仪读取故障码，将相关内容填写在表 15–6 中。

表 15-6　故障码信息

序号	故障码	故障码描述
1		
2		
3		

（3）读取数据流

使用诊断仪读取相关数据流，分析判断异常数据，填写在表 15–7 中。

表 15-7　数据流记录

序号	系统	名称	当前值	正常值	是否正常
1					是□　否□
2					是□　否□
3					是□　否□

（4）混合动力系统故障检测

① ECU 本身故障检查。查阅维修手册，使用万用表对 ECU 本身进行检测，并记录到表 15–8 中。

表 15-8　ECU 本身故障检查记录

序号	项目	内容	操作记录	
1	检查熔丝	拆卸发动机舱继电器盒的熔丝	工具：	
		检查熔丝的电阻	电阻：	是否正常：□是　□否
2	检查接地线路	检查 ECU 接地线路的通断	工具：	□通　□断

续表

<table>
<tr><th>序号</th><th>项目</th><th>内容</th><th colspan="2">操作记录</th></tr>
<tr><td rowspan="3">3</td><td rowspan="3">检查 ECU–蓄电池的连接器及线束</td><td>断开备用蓄电池负极端子</td><td colspan="2">工具:</td></tr>
<tr><td>断开 ECU 连接器</td><td colspan="2">数量:</td></tr>
<tr><td>检查线束侧连接器间的电阻</td><td>电阻:</td><td>是否正常:□是 □否</td></tr>
<tr><td>4</td><td>检查线束侧连接器</td><td>检查线束侧连接器间的电阻</td><td>电阻:</td><td>是否正常:□是 □否</td></tr>
<tr><td rowspan="2">5</td><td rowspan="2">检查熔丝的连接器及线束</td><td>断开 ECU 连接器</td><td colspan="2">工具:</td></tr>
<tr><td>检查线束侧连接器间的电阻</td><td>电阻:</td><td>是否正常:□是 □否</td></tr>
</table>

② 混合动力汽车发动机不能正常起动故障检查。查阅维修手册,使用万用表检查混合动力汽车发动机不能正常起动的原因,并记录到表 15-9 中。

表 15-9 混合动力汽车发动机不能正常起动故障检查记录

<table>
<tr><th>序号</th><th>项目</th><th>内容</th><th colspan="2">操作记录</th></tr>
<tr><td rowspan="2">1</td><td rowspan="2">检查曲轴传动带轮的转动</td><td>关闭电源开关,举升车辆</td><td colspan="2"></td></tr>
<tr><td>手动转动曲轴传动带轮检查曲轴的旋转情况</td><td colspan="2">是否旋转:□是 □否</td></tr>
<tr><td rowspan="5">2</td><td rowspan="5">检查线束和连接器</td><td>断开 ECU 连接器和曲轴位置传感器连接器</td><td colspan="2"></td></tr>
<tr><td>检查 ECU 端子与曲轴传感器端子 1 间的电阻</td><td>电阻:</td><td>是否正常:□是 □否</td></tr>
<tr><td>检查 ECU 端子与曲轴传感器端子 2 间的电阻</td><td>电阻:</td><td>是否正常:□是 □否</td></tr>
<tr><td>检查曲轴传感器端子 1 与车身搭铁间的电阻</td><td>电阻:</td><td>是否正常:□是 □否</td></tr>
<tr><td>检查曲轴传感器端子 2 与车身搭铁间的电阻</td><td>电阻:</td><td>是否正常:□是 □否</td></tr>
<tr><td rowspan="2">3</td><td rowspan="2">重新检查并清除故障码</td><td>重新读取故障码</td><td colspan="2">故障码:</td></tr>
<tr><td>清除故障码</td><td colspan="2">故障码:</td></tr>
</table>

续表

<table>
<tr><th>序号</th><th>项目</th><th>内容</th><th colspan="2">操作记录</th></tr>
<tr><td rowspan="2">4</td><td rowspan="2">检查READY灯</td><td>读取发电机转速和发动机转速</td><td>发电机转速:</td><td>发动机转速:</td></tr>
<tr><td>打开电源开关检查READY灯</td><td>电阻:</td><td>是否正常:□是 □否</td></tr>
<tr><td>5</td><td>检查发动机转速</td><td>READY灯亮,挂P挡,踩下加速踏板10 s</td><td colspan="2">发动机转速:□增加 □不变</td></tr>
<tr><td rowspan="2">6</td><td rowspan="2">检查起动电机</td><td rowspan="2">检查起动电机运转是否正常</td><td>□正常</td><td>□冒烟</td></tr>
<tr><td>□剧烈震动</td><td>□有嗡嗡声</td></tr>
</table>

四、检查评估

对本任务的学习情况进行检查,并将相关内容填写在表15-10中。

表15-10 检查表

检查项目	检查结果	结果点评
混合动力系统结构认知		
是否正确完成混合动力系统结构的检查认识作业	是□ 否□	
混合动力控制系统故障检测		
是否正确完成故障码读取的作业	是□ 否□	
是否正确完成数据流分析的作业	是□ 否□	
是否正确完成ECU本身故障检查的作业	是□ 否□	
是否正确完成发动机不能正常起动检测的作业	是□ 否□	
整理及恢复		
工具、设备是否整理恢复	是□ 否□	
实训工位是否打扫干净	是□ 否□	
工作页是否填写完整	是□ 否□	

五、任务小结

本任务小结如图 15-24 所示。

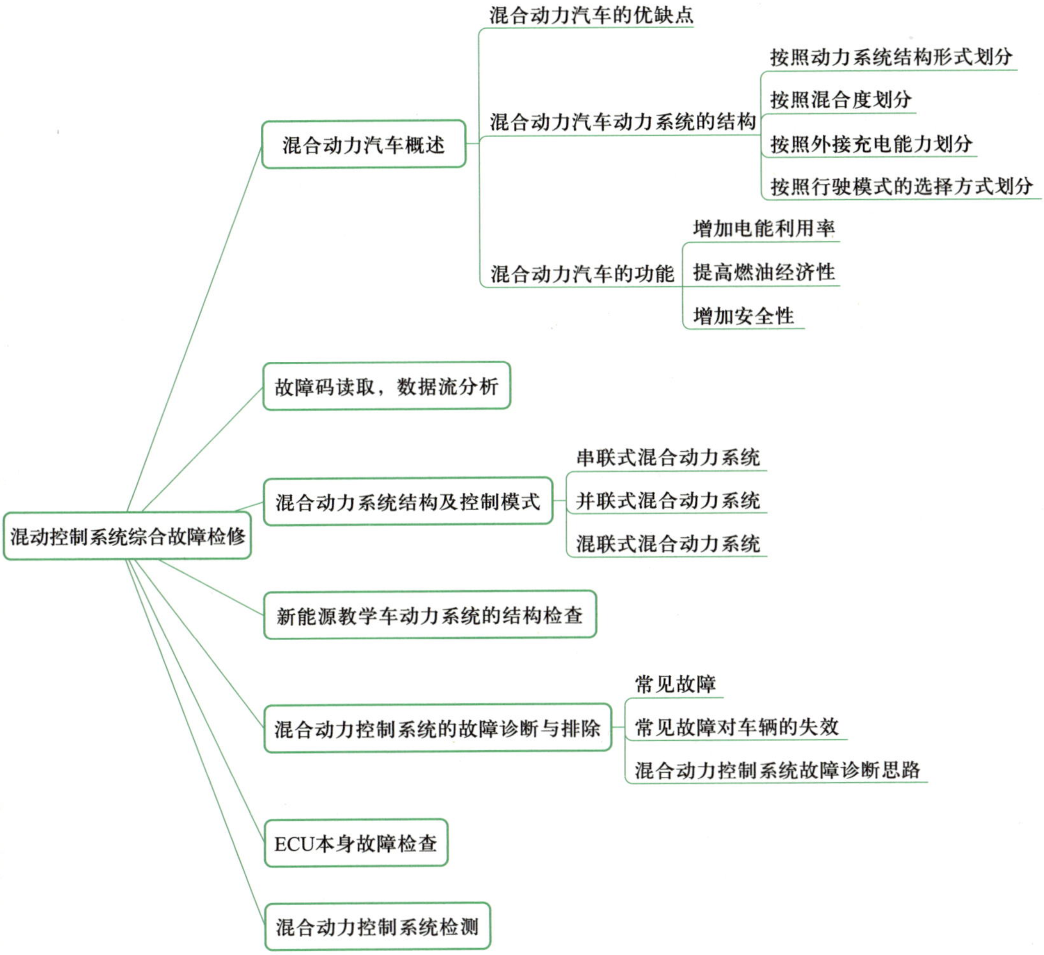

图 15-24　任务小结

参考文献

[1] 人力资源社会保障部办公室．新能源汽车底盘[M]．北京：中国劳动社会保障出版社，2021.

[2] 谢伟钢，毛芬花．汽车发动机维修难点解析[M]．北京：机械工业出版社，2022.

[3] 陈陆华，李宏．奥迪车系混动系统结构原理与经典案例[M]．沈阳：辽宁科学技术出版社，2022.

[4] 李伟．新型直喷、混合动力发动机构造原理与故障排除[M]．北京：机械工业出版社，2014.

[5] 王毅，薛远水．汽车发动机电控系统检修[M]．北京：机械工业出版社，2021.

读者意见反馈

为收集对教材的意见建议，进一步完善教材编写并做好服务工作，读者可将对本教材的意见建议通过如下渠道反馈至我社。

咨询电话　400-810-0598

反馈邮箱　gjdzfwb@pub.hep.cn

通信地址　北京市朝阳区惠新东街 4 号富盛大厦 1 座

高等教育出版社总编辑办公室

邮政编码　100029